그 많던 신여성은
어디로 갔을까

필자소개

근대잡지 《신여성》을 강독하기 위해 '연구공간 수유+너머'에 모여 2002년부터 약 3년 동안 함께 공부하고 《신여성》 강좌를 기획했다. 또한, 이를 바탕으로 2005년 《신여성—매체로 본 근대 여성 풍속사》를 출간했다. 이후 각자의 길을 가다 《신여성》 발간 100주년을 맞이해 20년 만에 개정판을 내고자 다시 모였다.

김명임 ◦ 인하대학교 국어국문학과를 졸업하고 동 대학원에서 석·박사학위를 받았다. 현대소설 전공자로서 문학과 잡지 매체 등에 관심을 가지고 연구했으며 글쓰기 교재를 편찬하기도 했다. 지금은 인하대 프런티어대학에서 강의를 한다.

김민숙 ◦ 시인을 꿈꾸는 느린 문학 연구자. 건국대학교에서 현대시를 전공했다. 이후 1920-30년대 한국시의 장소성을 연구해 왔으며, 건국대학교 강사를 거쳐 현재 배화여자대학교 학술연구원으로, 한국 여성시의 트라우마와 장소성을 공부한다.

김연숙 ◦ 경희대학교 국어국문학과를 졸업하고 동 대학원에서 석·박사학위를 받았다. 현재 경희대학교 후마니타스칼리지에서 인문교양 강의를 한다. 저서로 《그녀들의 이야기, 신 여성》 《나, 참 쓸모 있는 인간》 《박경리의 말》 등이 있다.

문경연 ◦ 경희대학교 국어국문학과를 졸업하고 동 대학원에서 석·박사학위를 받았다. 현재 동국대학교 다르마칼리지에 재직하며 인문교양과 문화예술 강의를 맡고 있다. 저서로 《취미가 무엇입니까?》 《한국 근대 극장예술과 취미 담론》, 역서로 《연기된 근대》 《포스트 콜로니얼 드라마》 등이 있다.

박지영 ◦ 현대시를 전공했으며, 현재 성균관대 동아시아학술원 연구원으로 한국 근대 문학/문화와 매체, 번역, 검열이란 키워드에 관심을 두고 공부한다. 주요 저서로 《번역의 시대, 번역의 문화정치》 《'불온'을 넘어, '반시론'의 반어》 《젠더와 번역》(공저) 등이 있다.

손유경 ◦ 서울대학교 국어국문학과를 졸업하고 동 대학원에서 석·박사학위를 받았다. 현재 서울대학교 국어국문학과에서 한국현대소설과 비평을 가르친다. 저서로 《고통과 동정》 《프로문학의 감성 구조》 《슬픈 사회주의자》 《삼투하는 문장들》이 있다.

이희경 ◦ '인문학공동체 문탁네트워크'에서 공부한다. 최근에는 친구들과 '나이듦연구소'를 꾸려 나이 듦, 돌봄, 죽음, 애도 등에 대해 탐구한다. 또한 포스트휴먼 시대, 우리 집 늙은 엄마, 가난한 비혼 여성 후배, 앞산의 도롱뇽, 불청객 러브버그, 이웃집 아스퍼거 꼬마와 서로 돌보며 함께 사는 삶의 방식을 고민한다.

전미경 ◦ 동국대학교 가정교육과를 졸업하고 동 대학원에서 석·박사학위를 받았다. 현재 동국대학교 가정교육과에서 가족학을 가르친다. 저서로 《근대계몽기 가족론과 국민 생산 프로젝트》, 역서로 《근대가족, 길모퉁이를 돌아서다》 등이 있다.

허보윤 ◦ 서울대학교 미술대학 공예과와 동 대학원을 마치고, 영국 미들섹스 대학과 포츠머스 대학에서 석·박사학위를 받았다. 현재 서울대학교 미술대학에서 현대공예론을 연구하며 가르친다. 저서로 《권순형과 한국현대도예》, 역서로 《욕망의 사물, 디자인의 사회사》 《일본 근대와 민예론》 《공예란 무엇인가》 등이 있다.

도시로 숨 쉬던 모던걸이 '스위트 홈'으로 돌아가기까지

그 많던 신여성은
어디로 갔을까

新女性

김명임·김민숙·김연숙·문경연·박지영·
손유경·이희경·전미경·허보윤 지음

일러두기

- 잡지 《신여성》의 연도 표기는 가독성을 위해 십의 자리와 일의 자리만을 적었다(예시: 24년 3월). 모두 1900년대의 자료임을 미리 밝힌다.

- 미주는 각 장 끝에 위치하며, 새로운 장에서 미주 번호는 다시 1번부터 시작한다.

- 본문의 맞춤법은 국립국어원 우리말샘의 용례를 따랐다. 다만, 작가의 의도에 따라 표준어가 아님에도 당시의 표현을 살린 부분이 있다. 특히 당대 잡지, 신문, 소설 등의 인용은 가독성을 위해 현대어로 풀어 쓰되 필요한 경우 별도의 교정 없이 당시의 문장 및 표기를 그대로 싣기도 했다.

- 단행본, 잡지, 신문의 경우 겹화살괄호(《》)로, 그 외 소설, 논문, 음악, 영화 등은 홑화살괄호(〈〉)를 활용해 표기했다.

- 본문에 삽입된 이미지는 관계 기관의 허가를 거쳤고, 소장처와 저작권자를 찾기 위해 최선의 노력을 했다. 각종 이유로 소장처, 저작권자를 찾지 못한 경우 표기를 생략했으나 추후 정보가 확인되면 저작권자 정보를 다음 쇄에 표기하고, 적법한 절차를 밟겠다.

이 책이 아니었다면, 우리는 1930년대 권투 경기에 여성이 남성보다 더 열광했다는 사실을 몰랐을 것이다. 가부장제 사회에 관한 개념 중 하나는, 여성에 대한 남성의 임의적 재현이다. 당연히 그것은 여성의 '실제'가 아니라 남성이 바라는 여성의 모습이자 남성 그 자신을 드러내는 행위이다. 한국의 신여성은 실재에 비해 과잉 재현된 일종의 현상이었다.

전 세계적으로 '신여성'new women은 있어도 '신남성', '구남성'이라는 말은 없다. 여성은 언제나 남성이 상정하는 시간성의 기표가 되기 때문이다. 남성 주체는 여성이라는 대상을 통과해 자신을 인식한다. 남성의 글쓰기가 여성에 대한 이중 메시지와 자기 분열로 점철된 이유다. 신여성의 재현 주체가 주로 남성이었다는 사실, 즉 '신여성 담론'은 여성도 근대적 보편성(평등)에 포함된다는 모던에 대한 남성의 당황과 두려움의 표현이었다. 동시에, 당대 신자유주의 통치 체제에서 여성의 개인화에 대한 남성의 반발도 비슷한 맥락에 있다. 이것이 오늘날 여성의 시각에서《신여성》을 재해석해야 하는 절실한 이유이다.

이러한 작업은 여성의 역사뿐 아니라 남성의 역사를 새로 쓰는 일이다. 이 책은 이러한 사명의 선구자적 역할에 충실하다. 100여 년 전의 우리 사회의 일상사, 정치경제, 문화에 대한 지식만으로도 읽을 가치와 재미가 충분하다.

정희진(서평가, 문학박사)

《신여성》과 신여성
— 100년 전 그 언니들에게 말 걸기

머리는 위로 틀어 붙이고, 치마는 짧게 줄여 입고, 긴 양말에 굽 높은 구두를 신고, 일본말 좀 하고, 영어 좀 알아듣고, 걸음걸이 활발하게 뚜벅뚜벅 길거리를 걸어 다니고, 파라솔이나 향수를 잘 사고, 천박한 미국 영화나 보러 다니고 (…) 진고개에 가서 그림 그려진 편지지 나부랭이나 사고, 사흘에 한 번씩은 옷을 바꿔 입어야 깨끗한 줄 알고, 연애니 뭐니 짓고 까부는 걸 능사로 알고 (…) 천박한 아메리카니즘이 노골적으로 드러나는 자동차 타고 달리는 것 (…) 외모 잘 꾸미고 키스 잘하는 여자가 신여성이 아니라 굳은 의지력과 (…) 모성에 대한 철저한 자각과 현실 생활에 대한 깊은 성찰이 있는 여성이 신여성이다.[1]

지금부터 100여 년 전 일군의 여성이 거리에 등장한다. 수백 년

동안 집 안의 존재로서 목소리조차 울타리 밖으로 넘지 말아야 했던 여성들이 밖에, 거리에 등장하자 하나의 사건이 된다. '신여성'이라 불린 이 여성들은 책보를 끼고 학교에 다니고 쇼핑하러 진고개에 가는 등 욕망의 흐름에 따라 사회 곳곳을 누볐다. 새로운 유행에 따라 외모를 가꾸고, 자유연애의 적극적 주창자가 되었으며, 학교를 마치고도 '집 밖'에 남으려 했다. 그뿐 아니라 학교 교육을 통해 읽기와 쓰기를 익힌 여성들은 기존 조선 사회에서는 엄두도 내지 못한 거칠고 위협적인 목소리를 공공연히 내기도 했다. '신여성'의 출현은, 국민국가 건설을 위해 여성도 학교에 보내고 공부를 시켜야 한다고 역설하던 당시 남성 계몽주의자들을 아연 긴장시켰다. 이후 이 여성들의 삶은 어떻게 전개되었을까? 과연 이들은 남성과 평화롭게 '밖'을 공유했을까?

당대의 가장 문제적 기호이자 화제의 인물이었던 '신여성'을 정면에 내걸고, 1923년에 창간한 잡지 《신여성》은 신여성을 둘러싼 긴장과 갈등을 매우 첨예하게 보여준다. 우선 《신여성》의 탄생 배경을 살펴보자. 1920년대 초 근대 교육을 통한 계몽의 목소리가 높아지자 천도교 인사들은 문화개조운동의 일환으로 '개벽사'라는 잡지사를 차렸고 《천도교회월보》와 《개벽》 등의 잡지를 발행했다. 개벽사는 다른 한편으로 여성개조운동을 위해 1922년 여성잡지 《부인》을 창간하는데,[2] 《부인》은 여성 계몽의 대중적 실천을 목표 삼아 가정부인의 교양 교육에 주목했다. 그러나 새로운 흐름의 주인공은 1920년대 초반 이미 가정주부였던 여성이 아니라 당시 여학교를 다니던 여학생이었다. 개벽사는 《부인》이라는 제호에 드러나는 대상 독자의 한계에서 벗어나고자 새로운 잡지로 변신을 꾀하고, 그 결과 1923년 9월 《신여성》을 창간하게 된다.

《신여성》은 월간지를 표방했으나, 매월 꾸준히 발행하는 데 어려움을 겪었다. 편집후기에 제때 발간하지 못해 죄송하다는 사과의 글이 자주 실렸다. 발간을 어렵게 만든 원인 중 하나는 식민 당국의 검열이었다. 개벽사는 1926년 8월 당국의 탄압으로 《개벽》을 폐간하고, 이어서 같은 해 10월 《신여성》을 정간했다가, 1931년 속간한다.[3] 1930년대의 《신여성》은 1920년대와 사뭇 다르게 상업성이 짙은 잡지로 재탄생하는데, 그렇게 성격이 달라진 덕인지 1930년대에는 별 어려움 없이 거의 매월 발행되다가, 1934년 8월 폐간을 맞는다. 정리하자면, 1923년 9월부터 1926년 10월까지 31호, 1931년 1월 속간 후 1934년 8월까지 약 42호[4]로 총 73권 내외의 《신여성》이 발행된 것이다.

《신여성》의 필진은 매우 다양했다.[5] 다방면의 사회 명사와 여러 직업군의 일반인과 독자가 쓴 글을 실었다. 그중 천도교 청년당원이 주요 필진으로, 기사 편수가 가장 많은 방정환을 비롯하여 김기전, 박달성, 차상찬, 김명호, 김경재 등이 속해 있었다. 천도교 소년회 인사인 이정호, 손진태, 고한승, 윤석중, 정인섭 등도 비중 있는 필자였는데, 이들은 주로 동화, 동요, 민담, 실익기사를 담당했다.[6] 당시 다른 잡지의 주요 필진에 문단 인사의 비중이 높았듯이, 《신여성》의 경우에도 초반에 주요섭, 이상화 등 한두 명의 남성 문인이 참여했고 후반으로 갈수록 그 비율이 높아졌다.[7] 1931년 속간 후 《신여성》이 대중적 여성종합지로 전향하면서 분야별 전문가의 조언이 필요한 실익기사가 늘어나게 되자, 전문가 필진의 참여가 늘고 전문가라는 개념도 사회에 자리 잡게 되었다.[8] 각 분야의 전문가를 비롯한 《신여성》의 주요 필진은 다수가 유학파 혹은 전문학교 출신의 인텔리였다. 독자 역시 보통학교 이상의 학력으로 여자고등보통학교(여고보, 현재의 중등교육기관인 중고등학교)를 다니거나 졸업한 여성이 대다수였다. 즉, 《신여성》은 당시 인구 비례상 극소수에 불과한 사회 엘리트가 만든 세상이었고, 그것이 오늘날 대중 여성잡지의 시원始原이 되었다.

앞서 언급한 것처럼 《신여성》의 주요 필진은 대부분 남성이었다. 여성잡지임에도 여성 필자의 비율은 30퍼센트 안팎에 불과했고, 그마저 회가 거듭될수록 줄어들었다. 이는 《신여성》이 여성 '주체'의 잡지가 아니라, 여성 '대상'의 계몽 잡지였음을 잘 보여준다. 《신여성》보다 앞서 1917년에 발행된 잡지 《여자계》나 1920년 창간한 《신여자》는 이와 달랐다. 도쿄의 여자 유학생 친목회가 발간한 《여자계》는 일본에서 발행되어 영향력이 크지 않았지만, 여성 스스로의 문제의식과 목소리가 처음으로 공적 매체를 통해 유포된 사례였다. 일엽 김원주를 주축으로 한 일본 유학생 출신 여성들이 만든 잡지 《신여자》는 사회개조를 위한 가정개조의 장에서 여성의 책임을 강조했고, 편집진을 비롯한 필진이 모두 여성이었다. 그러나 《여자계》와 《신여자》는 시대를 앞선 극소수 엘리트 여성의 전유물이었고, 잡지의 수명도 매우 짧았다.[9] 반면 여성잡지의 대중적 확산을 도모하고 어느 정도 장수한 최초의 여성지인 《신여성》에서는 막상 신여성의 직접적인 발화를 자주 만날 수 없다. 김원주, 허정숙, 나혜석, 김명순, 신알베르트, 주세죽, 황신덕, 조백추 등 소수의 신여성이 필자로 나서서 여성의 입장을 대변했지만, 그들의 목소리는 작고 미미했다. 잘 알아들을 수 없는 웅얼거림으로, 보일 듯 보이지 않는 몸짓으로만 존재했다. 한마디로 《신여성》은 사회의 다수였던 남성이 신여성을 계몽하는 장場이었다.

그런데 신여성의 출현에 당황해 그 욕망을 경멸하고 질시하는 남성의 목소리를 담은 《신여성》에서 역설적으로 신여성의 새로운 욕망, 새로운 어법, 새로운 삶의 양식을 발견할 수 있다. 바로 그 때문에 《신여성》 읽기는 흥미롭다. 《신여성》 읽기는 100년 전의 그들에게 끊임없이 말을 걸고, 응답을 듣는 작업이다. 이 책은 20년 전, 2002년부터 2003년까지 약 1년 반 동안 《신여성》이라는 텍스트를 함께 읽은 '연구공간 수유+너머' 신여성읽기세미나 팀의 집합적 책 읽기와 글쓰기의 산물이다.[10] 전공도 관심도 다른 10명 남짓의 연구자가 모여 함께 텍스트를 읽고, 함께 강좌를 준비했다. 강좌의 내용을 다듬어 2005년 책의 초판을 출간했고, 거의 20년 만에 개정판을 발간하게 되었다.[11]

20년 전 초판을 출간할 때는 《신여성》이라는 매체를 탐사하는 성실한 연구자의 자세로, 매체 자체를 꼼꼼하게 재현하는 데 중점을 두었다. 그러나 이번 개정판을 내면서는 《신여성》이라는 매체의 소개보다 당시 '신여성'이라고 불리던 일군의 여성들을 지금 여기로 다시 소환하는 것을 목표 삼았다.

근대도시의 신교육과 신문물을 열망하며 '밖'으로 나온 100년 전의 신여성은 사실 여부가 확인되지 않은 수많은 소문과 시빗거리의 대상이 되었다. 1920년대 초반《신여성》의 첫머리에 실린 논평·논설류 기사들은 여성이 새로운 시대에 걸맞은 인재로 거듭나야 함을 부르짖으면서도, '밖'에 등장한 신여성을 끊임없이 비난했다.《신여성》의 주요 주제였던 여학생의 풍기 문란, 첩 문제, 수학여행 시비, 단발 시비 등은 모두 그러한 시선으로 구성되었다. 사회의 이중적 잣대, 강력한 여성혐오, 노동 기회의 원천 봉쇄 등으로 신여성은 '밖'에 자리하지 못하고 점차 도시의 거리에서 사라져갔다. 그 많던 신여성은 다 어디로 갔을까?

그들은 1931년 속간 이후《신여성》에서 재발견된다. 속간 후《신여성》의 독자 대상은 여학생에서 주부·아내·어머니로 바뀐다. 가정은 여성의 책임이 되고, 근대적으로 구체화한 아동의 교육과 위생 실천이 어머니의 의무가 된다. 생활 개선, 의학, 성, 위생, 아동의 양육에 대한 담론이 강화되어 1930년대에는 매호 한 꼭지씩 차지하는 양상을 보인다. 그뿐만 아니라, 부부생활 속 아내의 역할을 강조하는 기사나 '여인 열전', '여성 위인 소개' 등의 꼭지를 통해 신여성이 '집 안'의 현모양처가 되기를 강조했다. 도시의 거리를 활보하던 신여성이 '스위트 홈'의 어머니로 다시 소환된 것이다.

작년《신여성》은 창간 100주년을 맞았다. 100년이 지난 지금, 이 땅의 여성들은 어디에 있는가? 1990년대 여성 자살률 OECD 1위, 2020년 3월 한 달간 20대 여성 12만 명 실직, 독박 육아에서 독박 노인 돌봄으로 이어지는 K-장녀가 우리의 현실이다. 오래된 텍스트 속에 감춰진 오래전 여성들의 처지와 크게 다르지 않다.《신여성》 읽기는 당대와 지금 여기의 현실을 관통하는 문제의식을 구성하고 발전시키는 일이자, 100년 전 신여성을 통해 현재의 현실과 대결하는 일이다. 출간 20년이 지난 이 책의 이야기가 아직도 유효한 이유다.

이번 개정판은 100년 전 신여성과 대화하면서 동시에 지금 여기 함께 살아가는 동시대 여성들에게 말 걸기를 시도한다. 더 쉽고 친근하게 말을 걸기 위해, 오늘날 독자 취향에 맞게 자료와 내용을 가감하고, 인용문을 현대어로 풀어 쓰는 등 가독성을 높였다. 또한, 대중서의 느낌을 강조한 편집과 디자인을 적용해서 무거운 학술적 분위기를 덜어냈다. 그렇지만 20년 전 그대로 오늘도 같은 고민을 한다. 편재한 남성적 시선 속에서 분투한 100년 전 신여성의 통증을 지금의 일상 안에서 어떻게 승화시켜야 하는지 말이다.

주

1 팔봉산인, 〈소위 신여성 내음새〉, 《신여성》 2권 6호(24년 8월), 20~21쪽.

2 《부인》이 조선 최초의 여성잡지는 아니다. 여성잡지의 시초는 1906년 유일선이 발행한 《가정잡지》이나, 본격적인 근대 여성잡지는 1917년 12월에 도쿄 여자 유학생 친목회가 발행한 《여자계》이다.

3 개벽사는 1926년 10월에 《신여성》을 정간하고, 11월에 '취미잡지'라는 명목하에 정치성이 덜한 잡지로 《별건곤》을 창간한다. 이후 1931년 《신여성》이 속간될 때까지 《별건곤》에 실린 〈신여성의 란〉이 《신여성》을 대신한 것으로 보인다.

4 마지막 해인 1934년 5월, 6월, 7월호의 발행을 확인할 길이 없어서 명확한 발행 횟수를 말하기 어렵다.

5 확인 불가능한 필명이 많고, 찾지 못한 결호도 있어 완벽한 필자 분석은 불가능하다. 규명되지 않은 필명은 개벽사 직원으로 추측되는데, 개벽사가 발행하던 여러 잡지에서 필자 노릇을 하다 보니 여러 개의 필명을 사용하는 경우가 많았다. 백두산인(이돈화)이나 묘향산인(김기전)과 같이 자신이 태어난 지명, 혹은 자신이 사는 곳의 지명을 필명으로 삼거나, 자신의 천도교 소속 지부가 있는 지역명을 필명으로 사용하기도 했다. 1925년 이래 사회주의 계열의 필자가 많아지면서 신분을 감추는 방편으로 필명을 사용했을 가능성도 있다.

6 개벽사의 기자, 직원은 대부분 천도교 소속이었으며, 《신여성》도 천도교 인사들이 주요 필자였지만, 개벽사의 주력지 《개벽》이나 천도교 기관지 《신인간》과 필진이 크게 겹치지 않았다. 개벽사의 여성 기자였던 송계월, 김자혜, 이선희는 《신여성》의 편집에도 관여했다.

7 문인의 경우, 주요섭, 주요한, 김억, 최승일, 김기진, 이은상, 이상화, 백철, 이석훈 등이 기고했다.

8 작사가(유도순), 작곡가(안기영, 홍난파), 화가(안석영), 교육자(조동식), 의사(김승식) 등 전문가의 기사가 《신여성》에 곧잘 실렸다.

9   1910-1920년대 여성잡지 비교표.

구분	《여자계》	《신여자》	《부인》	《신여성》
창간 연도	1917년 12월	1920년 3월	1922년 6월	1923년 9월
발행 기간	1918.3.-1921.1. (6호 발행, 1927년 1월 속간)	1920.3.-1920.6. (5호 발행, 4호만 확인)	1922.6.-1923.8. (13호 발행, 1922년 10월 휴간)	1923.9.-1926.10. 1931.1.-1934.8. (최대 76권 최소 70권 발행으로 추측)
편집인 및 주요 필진	김덕서, 허영숙, 황에스더, 나혜석 찬조: 이광수, 전영택	김원주, 김활란, 박인덕 등 편집고문: 양우촌	현희운, 이종린, 이돈화 등 천도교 청년회	김기전, 이돈화, 방정환 등 천도교 청년회
발행인	유영준, 이숙종	빌링스 부인	이돈화	방정환, 차상찬
발행소	여자계사	신여자사	개벽사	개벽사
편집 형식	국한문 혼용	국한문 혼용	순한글 원칙 한자 첨가	순한글 원칙 한자 첨가

10 이 책의 필자들이 읽은 《신여성》은 영인본으로 출간된 48호, 그리고 연세대
    학교 도서관에서 찾은 원본 15호로 총 63호이다.

11 세미나와 강좌는 책의 저자 모두 함께 참여했으며, 초판과 개정판의 각 장을
    담당한 필자는 다음과 같다.

초판(2005)			개정판(2024)		
	머리말	이희경		머리말	김민숙/허보윤
1장	제3신분의 탄생	이희경	1장	모던걸이 온다	허보윤
2장	모던걸의 등장	허보윤	2장	신여성 수난사	김연숙

3장	신여성 수난사	김연숙		**3장**	문제적 기호, '여학생'	이희경
4장	대중문화의 첨병이 되다	문경연		**4장**	대중문화의 첨병이 되다	문경연
5장	은밀한/폭로된 성 이야기	김명임 전미경		**5장**	은밀한, 그리고 폭로된 성性	김명임 박지영
6장	과학, 또다시 어머니를 만들다	전미경		**6장**	과학, 또다시 어머니를 만들다	전미경
7장	슈퍼우먼의 탄생	손유경		**7장**	슈퍼우먼의 탄생	손유경
보론	숭고한 모성과 천사적 동심	박지영		**부록**	《신여성》을 펼치다	김민숙
부록1	《신여성》의 탄생과 구성	김명임 허보윤				
부록2	권호정리표	김민숙				

차례

머리말 《신여성》과 신여성—100년 전 그 언니들에게 말 걸기   6

1장 · 모던걸이 온다

새로운 신분의 등장   21
모던하게 보이기   24
도회 문명을 향유하다   38
모던걸과 '못된 걸'   61

2장 · 신여성 수난사

근대의 새로운 스타   69
색상자, 소문을 쫓아라   72
관음하는 미행자 은파리   78
신여성에 관한 우스개   86
사전과 어록, 정당화된 상징폭력   90
참을 수 없는 존재의 불온함   96
덧붙이는 글 1 《신여성》의 어록, 십계명   99

3장 · 문제적 기호, '여학생'

'여학생'의 탄생   107
여성교육 속 '맨스플레인'   112
소녀를 보호하라   117
규율과 감시, 단속되는 몸   122
상상된 학교, 핍진한 현실   127
'데마'를 뚫고 나아가라   132
덧붙이는 글 2 1920년대 실제 여학생 수는 얼마나 되었을까?   136
덧붙이는 글 3 왜 여학생 중에는 영어 이름이 많을까?   137

4장 。 대중문화의 첨병이 되다

대중문화와 조우하다   151
여성팬, 그녀들이 위험하다   165
열망과 절망 사이에서 대중문화 즐기기   178
덧붙이는 글 4 1927년 어느 봄날, 영화관을 찾은 '극다팡 구보씨의 일일'   182

5장 。 은밀한, 그리고 폭로된 성性

연애가 유행인 시대   191
성욕을 인정하라   204
제2부인, 경계에서 출현하다   215

6장 。 과학, 또다시 어머니를 만들다

지금은 과학의 시대   229
여성과 모성의 새로운 결속   232
신여성의 과학적인 어머니 노릇   237
막힌 출구, 어머니   247
덧붙이는 글 5 봉근이는 어미의 손으로 죽었습니다   251

7장 。 슈퍼우먼의 탄생

어쨌든 직업을 가져야 한다   259
직업부인의 공공성 문제   275
다시, 집으로…   282
날아라, 슈퍼우먼   288

부록 。 《신여성》을 펼치다

《신여성》의 구성   299
《신여성》의 인쇄와 유통   315

1장

모던걸이
온다

단발이요? 꼴도 보기 싫습니다. 소위 모던걸이란 것들을 보면 구역질이 나요. (…) 여자의 미는 머리가 생명이지. 머리를 땋아 내린 소녀를 보면 참 고운데요. (…) 여자가 머리를 깎으면 미와 성격을 발견해 낼 수가 없습니다. (…) 시대착오라 할 것도 없지요. 저 역시 단발은 절대 반대입니다.

新女性

새로운 신분의 등장

사실만을 말한다는 은파리[1]가 여학교에 근무하는 S 선생의 뒤를 따라간다. S 선생은 교사로 일하는 것을 내세우며 부모에게 당당히 말한다. "아이그 글세 오라비보고 돈 좀 구해보라고 그러세요. 인제 여름이 되었으니 흰 구두 한 켤레랑 여름 우산 하나는 사야지요. 삼복이 가까워 오는데 검정 구두를 신고 어떻게 학교에 다닙니까." 딸의 말이라면 모두 신식인 줄 아는 어머니가 답한다. "에그 그렇고말고. 여보, 쌀값은 천천히 갚더래도 우리 애 흰 구두하고 여름 우산은 사야 된다우. 선생님, 선생님 하고 그 많은 학생들이 떠받드는 몸인데 어째 그리 소홀합니까. 남들 하는 만큼은 하고 다녀야 월급 벌이도 하지 않겠소."[2] 집에 오기 전, S 선생은 사모하는 남선생과 '진고개'(1920년대 일제에 의해 개발된 명동 일대의 번화가)에서 쇼핑을 하기로 약속했다. 자기 방에 들어가서는

'분홍빛 편지지'에 '만년필'로 연애편지를 쓴다.

당시 최신 유행 헤어스타일인 트레머리를 한 노처녀 여선생의 위선과 허영을 비꼬는 은파리의 눈은 날카롭다 못해 악의적이다. 하지만 잡지 《신여성》에서 〈은파리〉만큼 1920-1930년대의 풍속도를 잘 보여주는 꼭지는 드물다. "경성여자고등보통학교와 또 그 사범과를 우등 성적으로 졸업하고 일본에 가서 삼 년 공부를 마치고 돌아온" S 선생은 신식 교육의 풀코스를 거친 일등 '신여성'이다. 부모님이 계시는 안방, 오빠 내외와 어린 조카가 쓰는 건넌방 그리고 그녀의 "독신궁전" 아랫방이 있는 11칸 기와집에 산다니 빈곤층은 아닐 텐데도 쌀값 걱정을 한다. 외상으로 쌀을 사는 처지에 있어도 우리의 '신여성'은 구두와 양산 살 궁리만 한다. 그것도 철 따라 다른 색으로 갈아 신고 들어야만, 겨우 남들만큼 하는 축에 들어 선생 노릇에 면이 선단다. 시대를 보여주는 면면은 그 밖에도 많다. '월급' 받는 직장 여성, '돈'으로 계산되는 화폐 경제 시대, "신식新式"에 주눅 드는 구세대, 소비의 장소 '진고개', '분홍빛' 연애편지 그리고 박래품 '만년필'까지.

도시와 농촌 가릴 것 없이 극도의 빈곤 상태가 지속된 1920년대에 외제 물품이 넘쳐나는 일본통 진고개에 가서 구두 사고 양산 사는 일은 분명 사치스러운 일이었다. 그러나 이를 은파리의 말처럼 "여자 본성의 허영심"으로만 몰아세울 수는 없다. 구두와 양산은 "남들만큼"이라고 표현될 정도로 이미 익숙한 사회적 요구 사항이었을 수 있고, 또는 '신여성'이라는 정체성을 드러내기 위한 적극적인 표현 수단이었을 수도 있다. S 선생의 소비 욕망과 소비의식은, 새로운 신분과 계급이 탄생하면서 자기 정체성을 표현하기 위해 물질을 갈구하는 '소비 주체'의 내면을 잘 보여준다. 그들은 달라 보여야 했고 다르게 살아야 했다. 아니, 그래야 한다고 이미 굳게 믿고 있었다. 최소한 겉으로라도 '새로운' 신분을 내보여야 했다. 세습 지위나 귀속 지위가 작동하던 조선시대와는 상황이 달랐다. 이제 그들은 규중에 갇혀 보이지 않는 어떤 집안의 딸이 아니었다. 스쳐 지나는 모르는 이도 외양으로 금세 알아보는, 소비를 통해 아이덴티티identity를 획득하는, 뽐내고 싶은 '신여성'이었다. 굶주림에 "배를 움켜쥐고 부르르 떨며 앉아 있는 처지"[3]에 외양을 거론하는 자체가 호사이고 사치였으나, 그렇게 차려야만 '활달'할 수 있었고 '자유연애'가 가능했으며 '신식 가정'도 꾸릴 수 있었다. 차림새는 타자가 나를 인지하는, 그리고 내가 나를 규정하는 중요한 요소다. '다르게' 차림으로써 그들은 '구舊'가 아닌 '신新'이 되었던 것이다. 이제 그들의 스타일을 하나씩 살펴보자.

흰 저고리 검정 통치마

1890년대 말부터 조선 땅에 양장한 여성이 있었지만, 그래도 1930년대 이전에는 매우 드문 일이었다.[4] 양갓집 부녀자와 일반 여성은 대부분 한복을 입었는데, 1910년대까지만 해도 치마는 자유롭게 걷기 어려울 만큼 길고, 저고리는 젖가슴이 드러날 만큼 짧았다.[5] 조선에 찾아온 서양 선교사들은 지나치게 긴 치마와 짧은 저고리의 문제점을 개선하고자 했다. 저고리를 길게 만들고, 치마에 어깨허리(치마에 조끼를 달아 어깨에 걸어 입도록 한 것)를 달고, 때가 안 타는 짙은 색 옷감을 사용하는 것이 개량의 핵심이었다. 이화학당에서 처음 치마에 어깨허리를 달기 시작했고, 1920년대가 되면 이화학당 교장이던 아펜젤러의 말대로 그러한 스타일이 널리 퍼져서 여학생 대부분이 그렇게 입었다고 한다.[6]

초창기 여학교에서는 학생들에게 교복을 입혔다. 그러나 반응이 별로 좋지 않았던 모양이다. 이화학당은 1886년 아라사(러시아)제 붉은 목면으로 치마저고리를 만들어 입혔는데, 위아래가 모두 붉은 옷이란 기괴하기 짝이 없어서 그 옷을 입고 학교 밖을 나가지 못했다고 한다.[7] 숙명여학교의 교복은 자주색 양장에서 자주색 한복 그리고는 자주색 치마로 이어지다가 결국 흐지부지 없어져 버리고 만다. 후에 같은 학교의 교사가 된 성의경은 교복을 끔찍이도 입기 싫어했던 자신의 학창 시절을 회상한다.

자주색 제복을 퍽 입기 싫어했습니다. 커다라니 자주빛 치마를 입는 것이 부끄러운 것 같기도 하고 공연히 싫은 생각이 나서 제복이 없어졌으면 좋겠다고 생각했습니다만은 (…) 부득이 입고 다녀야 해서 치마를 책보에다 싸가지고 와서 학교 교문에서 입고 들어온 일까지 있습니다.[8]

1907년 일본 유학생 최활란이 짧은 검정 통치마를 입고 귀국한 이래로 여학생들이 점차 흰 저고리와 진한 색의 짧은 치마를 입기 시작했다고 한다. 미국 선교사의 흰 블라우스와 검정 롱스커트에 영향을 받은, 밝은 기모노 상의와 어두운 에비챠바카마(남성용 하카마를 원형으로 한 어두운 색 하의)가 일본의 여학생 복장으로 정착했고, 이를 한복으로 번안한 것이 '흰 저고리 검정 통치마'였다고 추측할 수 있다. 오늘날 '유관순'이나 '민족=조선'을 상기시키는 '흰 저고리 검정 통치마'가 당시에는 오히려 '근대'나 '서구'에 가까운 함의를 띠고 있었던 것이다.[9] 1920년대가 되면 이 스타일은 여학생 즉 신여성을 규정하는 하나의 코드로 자리를 잡는다. 뒤에 설명할 트레머리나 굽 높은 구두와 함께 '흰 저고리 검정 통치마'를 갖춰 입으면 여학생이나 신여성 행세를 할 수 있었다. 그렇게 차려입고 여학생인 척하는 기생들이 많아서 문제가 될 정도였다. 이로써 외양이 아이덴티티를 만드는 시대로의 본격적인 돌입, 그리고 부러움과 모방의 대상이자 유행의 선도자인 신여성이 탄생하게 된 것이다.

패션 리더의 역할을 자임했든 아니든, 하여간 신여성의 차림새는 남달랐다. 서민적 옷감인 무명이나 삼베가 아닌 비단, 명주로 옷을 해 입어 사치라는 눈총을 받기도 했고, 여름이면 속이 훤히 비치는 옷감으로 옷을 지어 입어 남성들의 시선을 끌기도 했다. 《신여성》의 평론란 필자는 "여름이 되어 거리로 나서보면 몸통살이 아른아른 보일락 말락 하게 얇은 옷감으로 의복을 만들어 입고 거리를 활보하는 여자가 많다"[10]며 비난한다. 서양의 못된 유행이 들어온 탓이라고 한탄하는 사람이 많았음에도 여름의 씨-스루see-thru 스타일의 유행은 1930년대까지 계속되었다.

유행은 남과 다르게 보이고 싶은 욕망에서 출발해, 남들과 같아지려는 욕망으로 귀결된다. 1930년대에는 인조견이 유행했다. 비단은 비싸서 엄두를 내지 못했던 부인네도 "이렇게 쌀 때 못 해 입으면 대체 언제 해 입어 본단 말이오"라며 없는 주머니를 쥐어짜서 너나 할 것 없이 인조견 저고리를 하나씩은 모두 해 입었다.[11] 그들은 뻣뻣한 옥양목의 '구舊'를 벗고 보들보들 인조견으로

1907년 숙명여학교의 교복 단체 사진.

1920년대 이화학당 학생들의
개량한복. 흰 저고리에
검정 통치마 차림이 등장한다.
_이대 멀티미디어연구원 소장.

속이 비치는 옷차림을 풍자한 만평. _《신여성》 7권 8호(33년 8월).

'값싸게' '신新'을 얻었다. 그러나 제대로 '신'의 노릇을 하려면 새로운 코드의 해독법을 익혀야 했다. '모직옷' '털옷' '비로드' '레이스' '자켓' '레인코트' '스프링코트' '망토' '오버코트' '사루마다'(속옷) '메리야스' '드로즈' 등 옷감과 옷의 종류가 다양해짐에 따라 새로운 정보와 지식이 필요했다. 옷감에 맞는 세탁법, 옷 만드는 법, 옷 맞출 때의 주의 사항도 따라서 많고 복잡해졌다. 1930년대 들어 여성잡지로서 《신여성》은 그러한 정보를 전달하는 임무에 매우 충실했다.

트레머리와 단발의 유행

일반 여성은 댕기머리나 쪽머리를 유지했지만, 신여성은 머리 모양부터 차별성을 강조했다. 처음 유행한 머리는 서양의 펌프도

히사시가미 스타일(왼쪽)과 트레머리 스타일(오른쪽, 《경향신문》 1975. 10. 15.)

어 스타일이 일본을 거쳐 들어온 '히사시가미' 스타일이었다. 머리 위에 쇠똥을 얹어 놓은 것 같다고 해서 '쇠똥머리'라고도 불렸다. 그러나 펌프도어 스타일은 그리 오래가지 못했고, 이어서 앞머리를 옆 가르마 타서 뒤로 넓적하게 틀어 붙이는 '트레머리' 스타일이 등장해 대유행을 했다. 1920년대 초반에 이르면 여학생을 비롯한 신여성 대부분이 트레머리를 했고, 그 덕분에 '하이칼라'나 '통치마'와 함께 '트레머리'라는 말이 신여성을 지칭하는 대명사가 된다. 트레머리는 수명이 길어서 《신여성》이 폐간되는 1934년까지도 "트레머리 아가씨"라는 말이 나온다.

트레머리가 일반적이었지만 1920년대 한동안은 앞머리를 자르는 것이 유행하는 등 독특한 헤어스타일을 추구하는 여성들이 등장하기도 했다. 여성해방을 기치로 내걸고 최첨단의 단발을 감행한 신여성이 있는가 하면, 여학생 사이에서는 댕기머리가 다시 유행하기도 했다. 그러나 여학생의 댕기머리는 여염집 규수의 댕기머리와 달랐다. 머리를 귀 뒤로 바짝 당겨 땋았던 보통 처녀들과 달리 여학생은 느슨하게 머리로 귀를 덮어 땋았다. 댕기머리 유행 초기에는 풍성하고 길게 보이려는 욕심에 '다리꼭지'라는 가짜 머리를 집어넣었다. 다리꼭지는 경제적 측면에서도, 풍기상으로도 유해무익하고, 단발까지 하는 시대에 군더더기 같은 가짜 머리를 붙이는 것은 시대에 뒤떨어진 일이라는 비난이 일기도 했다. 댕기머리의 가르마는 가운데에서 점점 왼쪽으로 옮아가, "머리를 빗을 때 반드시 '왼골'을 타라고 합니다. 그래야만 모양이 난다고요"[12] 하는 식이었다. 머리를 땋고 대개 "새빨간 댕기"[13]로 묶었는데, 댕깃값도 만만치 않아서 학생 한 명의 비단 댕깃값이 1년 평균 3원이나 된다는 지적도 있었다. 그런 이유로 어느 여학교에서는 댕기를 금지하고 맨머리 꽁지로 다니게 했다고 한다.

뭐니 뭐니 해도 1920-1930년대 여성 헤어스타일의 하이라이트는 '단발'이었다. 남성의 단발에 비하면 훨씬 뒤늦은 일이었음에도 단발한 여성은 큰 구경거리였다. 누군가 단발을 했다 하면 그 밤으로 "눈 밝고 귀 밝은" 신문기자들이 들이닥쳤고, 길거리에서는 아이들이 "아이고 단발 미인이 가네" 하며 손가락질했다. "저 머리 깎은 것 좀 봐. 아이그 저게 뭐야" 하는 어른들의 말 화살로 "뒤통수에 호박이 파일" 지경이었다.[14] 대중과 언론의 반응이 비아냥조였던 반면, 여성 단발이 시작된 1920년대의 소위 지식인들은 남녀 할 것 없이 모두 단발에 대찬성이었다. 남자도 단발을 하니 남녀평등 차원에서 못 할 일이 아니며, 깎고 나면 머리치장에 돈 들 일 없고, 간편해서 위생에도 좋다는 것이 찬성의 주된 요지였다. 게다가 일부 신여성은 단발이 여성해방의 차원에서 꼭 실행해야 하는 일이라고 주장했다. 반면, 당시 조선에서 교편을 잡고 있던 일본인 선생들의 경우, "개인의 취향에 맡깁니다" "단발이 일반적인 풍속이 된다면 (그때 가서 생각해 봅시다)" "일반이 찬성한다면 좋습니다"[15] 하는 식의 유보적인 태도를 보였던 것도 재미있는 현상이다.

그러나 단발 탓에 놀림과 주목을 한꺼번에 받았던 신여성들이 모두 '의지의 단발'을 지속한 것은 아니었던 모양이다.《신여성》의 한 필자는 "단발 미인이 꽤 많더니 요즘은 웬일인지 볼 수 없네그려. 그것도 유행병이어서 시절 따라 유행이 되는가 봐"라고 평하며, 당시 대표적인 신여성으로 단발을 감행했던 강향란과 정칠성이 다시 머리를 길렀다는 소식을 전한다.[16] 또한 단발한 여성 중에는 짧은 머리를 '지져서' 구불거

세계의 유행 헤어스타일을 소개하고 있는 화보 〈세계 유행의 깎은 머리〉. 모두 단발이다._《신여성》 3권 8호(25년 8월).

리게 만들거나 밝은색으로 염색을 하는 이들도 있었는데, 이 역시 "근래 소위 하이칼라 여자들은 머리털을 일부러 전기로 지져서 곱슬곱슬하게 만들고 또 누런 약칠까지 해가며 서양 여자 흉내를 내려고 한다"[17]는 비난을 들었다. 초창기 단발을 옹호하던 엘리트 남성도 1930년대에 접어들면 단발을 질색하기 시작한다. 남녀평등과 효율성을 내세우던 1920년대의 인텔리와는 딴판이다. 〈지상토론회〉에 참석한 남성들은 이구동성으로 여성의 단발에 심한 거부감을 나타낸다.

> 단발이요? 꼴도 보기 싫습니다. 소위 모던걸이란 것들을 보면 구역질이 나요. (…) 여자의 미는 머리가 생명이지. 머리를 땋아 내린 소녀를 보면 참 고운데요. (…) 여자가 머리를 깎으면 미와 성격을 발견해 낼 수가 없습니다. (…) 시대착오라 할 것도 없지요. 저 역시 단발은 절대 반대입니다.[18]

미용은 집 밖에서 돈을 낸 대가로 제공받는 서비스의 일종이 되었다. 최초의 조선인 미용사 오엽주는 일본에서 미용을 공부하고 돌아와 진고개의 일본인 여자 미용원에서 일하다 후에 화신백화점에 미장원을 차린다. 또한, 옷의 경우처럼 머리 손질도 정보, 예를 들어 과학적인 모발 관리법이나 전기 고데기 쓰는 법이 점점 더 중요해진다.

굽 높은 구두와 붉은 목도리 시비

'짧은 치마에 굽 높은 구두'는 신여성을 헐뜯을 때, 그들의 외모 치장을 비난할 때 흔히 등장하는 말이다. 의복이 대번에 양장으로 바뀌지 않고 소극적인 개량 상태에 오래 머물렀던 반면, 헤어스타일과 신발은 변화와 확산의 속도가 모두 빨랐다. 다른 잡화도 머뭇거림 없이 빠르게 파고들었다. 우산과 양산, 양말, 혁대, 손수건, 핸드백, 안경, 시계 그리고 화장품에 향수까지, 하나같이 만만치 않은 돈이 드는 물건이었지만 금세 필수품이 되었다. 당시 구두 한 켤레의 값은 쌀 두 가마 가격과 맞먹었다고 한다.

구두에도 여러 종류가 있었는데 《신여성》에는 "폭스구두"(펌프스로 추정-인용자)와 "하이힐"이라는 말이 한 번씩 등장할 뿐, 모두 "굽 높은 구두" 혹은 "뒤 높은 구두"로 통칭해 언급되었다. 굽 높은 구두라 해도 지금의 보통 굽 혹은 낮은 굽 정도의 높이였다. 여름에는 앞서 S 선생이 당연시하던 것처럼, 여름용 흰 구두를 신고 흰 양산을 들어야 했다. 고무 공장이 생기면서 1920년대 중반부터는 고무신이 등장한다. 그러나 고무신은 구두보다 세련된 느낌이 덜했고, 1930년대가 되면 일반인도 고무신을 많이 신어서 더는 신여

신문에 실린 구두 광고. 《동아일보》 1920. 6. 22.

성이나 모던걸의 특이성을 드러내는 품목은 되지 못했다.

우산 혹은 양산은 처음에 쓰개치마 대용으로 얼굴을 가리기 위해 사용되었다. 검은 우산이 주로 쓰이다가 밝은색의 양산으로 바뀌었고, 얼마 지나지 않아 얼굴 가리개라는 목적은 완전히 사라져버린다. 1926년이면 이미 얼굴을 가리기 위해 시도 때도 없이 우산을 쓰는 것이 오히려 우스운 일이 된다. 1920년대에서 1930년대로 넘어가면서 생겨난 소비문화의 특징 중 하나는 사물을 브랜드로 인지한다는 점이었다. 시계 혹은 금시계가 아니라 "영국제 벤슨, 베넷 (…) 스위스의 파섹크, 인터내셔널, 론진 (…) 미국의 월섬, 엘진, 하버드, 해밀턴"[19]이라 불렀고, 이 외 각종 잡화도 이처럼 구체적인 브랜드로 등장하기 시작했다.

1930년대에는 화장 관련 기사도 1920년대와 확연히 다른 방식으로 구성된다. 1900년대부터 청과 일본에서 밀수한 화장품을 기생이 애용했고, 1916년에 최초의 국산 화장품 '박가분'이 나와 전국적인 인기를 끌었는데도 1920년대의 《신여성》에는 화장법 소개 기사가 전혀 눈에 띄지 않는다. 오히려 허영이니 사치니 하면서 화장에 대해 비난을 쏟아부었을 뿐이다. 화장법이라는 말이 등장하는 1920년대의 글은 "자연미의 화장법"이 유일한데, 이마저도 화장하지 않은 그대로가 제일 아름답다는 내용이었다. 다만 그를 통해 당시 신여성이 "눈썹을 시커멓게" 그리고, "사람이라도 잡아먹은 것같이 입술에 잔뜩 연지를" 바르고, "얄다는 이유로 코에만 하얗게 분을" 칠하고, "이마가 넓다고 무리해서 위에 있는 머리털을 끌어내려 이마에" 붙이고 다녔음을 짐작할 수 있다.[20]

그런데 1930년대가 되면 거의 매호 거르지 않고 화장에 관한 정보를 제공할 만큼 화장법과 화장품에 관한 기사가 넘쳐난다. "3분 안에 할 수 있는 여학생 화장법" "모던 화장과 미용 비누 만들기" "신여성 미용 강좌" "겨울 화장 조언" 등 화장 요령을 세세하게 설명하고, 화장품도 "코티" "불란서제" "란셀" "오오클" 등 구체적인 브랜드를 들어가며 소개하고, 크림 종류도 "콜드 크림" "바니싱 크림" "마사지 크림" 등으로 구분해 언급했다. 그뿐만 아니라 잡지에 화장품 광고가 실리기 시작했는데, "백색 미안수" "헤치마 코롱과 크림" 같은 얼굴용 화장품과 "기미가요"류의 염색약, "금학향유"나 "메누마 포마드" 등의 머릿기름이 주된 광고 상품이었다. 1930년대에 유행한 화장법은 "얼굴에 분을 허옇게 바르고" "초승달처럼 실낱같은 눈썹을 곱게 그리고" 입술에 "구찌베니"(립스틱)를 칠하는 것이었다.[21] 향수도 1920년대 이전부터 줄기차게 쓰였지만, 1930년대가 되면 더 세분된 향기 연출법에 주목하기 시작한다. 나이와 분위기에 맞춰 향수의 종류를 선택해 연애편지에 뿌리거나 계절별로 다른 향수를 사용하라고 조언했다. 동물의 털로 만든 목도리도 신여성의 기호품이었다. 《신여성》 33년 12월호에는 "여우털 목도리"를 두른 모던걸이 몇 푼 안 되는 배추가 비싸다고 타박하다 조롱거리가 되는 장면이 등장한다.

구두는 시내 여러 군데의 양화점에서 직접 생산하기도 했으나, 이를 제외한 다른 잡화는 대부분이 수입품, 즉 박래품이었다. 각종 신기한 박래품 중 대표적인 것은 바로 곱게 염색된 털실이었는데, 당시 조선에 수입된 털실은 대개 영국제와 일본제였고, 가격은 "한

《신여성》에 실린 헤치마코롱 광고. 1930년
대가 되면 매호 거르지 않고 화장에 관한
기사나 화장품 광고가 실린다.

덩어리"에 4원 20전에서 4원 50전가량으로 방 한 칸 월세에 버금
갔다. 털실이 들어오자 뜨개질이 대유행했다. 여학교에 뜨개질 수
업이 생기고, 여자기독교청년회 같은 곳에는 뜨개질반이 신설되
었다. 1932년에는 《신여성》에 〈모사편물지상강습〉이라는 코너가
생겨 사진과 그림을 동원해 아주 자세하게 옷, 모자 등을 뜨는 법
을 가르쳤고, 남는 털실로 쿠션 만드는 법까지 친절하게 소개했다.

그런데 뜨개질 유행이 시작한 1923-1924년 겨울, 털실로 짠 목
도리가 시빗거리가 된다. 대개 크고 두툼하게 짠 자줏빛 목도리
를 두른 여학생들을 향해 목도리가 너무 넓고 길다는 둥, 색이 야
하다는 둥의 논쟁을 한다. "목도리가 걸어 다니는 것 같다"[22]든가

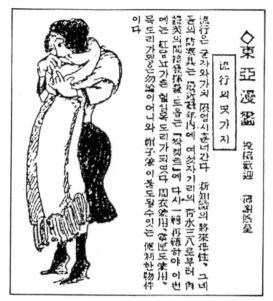

최신 유행을 소개하는 만
평. "담요 같은 털실 목도
리"는 어린아이의 이불로
도 쓸 수 있다고 비아냥
댄다.
_《동아일보》 1924. 3. 8.

"담요인지 요인지" 모르겠을 정도로 망측하니 차라리 "이불을 쓰
고 다니라"[23]는 비아냥이 쏟아졌다. 관심의 대상, 시선의 대상이
선보이는 새로운 외장外裝이 논란거리가 되는 것은 당연할지도 모
른다. 마땅한 방한용 겉옷이 부족했던 신여성에게 큰 목도리는 아
주 유용했을 것 같다. 그래서인지 한 철 유행으로 끝나지 않고, 본
격적인 겨울 외투인 오버코트가 등장하기 전까지 그들은 목도리
를 계속 둘렀다. 그러다 보니 '조선 여학생=자주 목도리'라는 공식
이 생겼다.

도회 문명을 향유하다

신여성은 도시로 숨 쉬는 여자였다. 도시에 산다고 해서 무조건 신여성이 되는 것은 아니었지만, 신교육과 신문물이 존재하는 도시를 경험하지 않고는 신여성이 될 수 없었다. 당대 평론가 김기진은 도시 문화를 향유한다는 점에서 신여성이 구여성과 다르다고 주장했다.

현대의 여성이라고 하면 그것은 곧 현대의 학교를 거친 여성, 말하자면 도회에서 나고 자랐다고 할 수 있는 여자를 가리키는 것이다. (…) 도회의 공기에 접촉한 만큼 그들은 도회 문명의 독소를 흡수했다.[24]

도시가 경성 하나였던 것은 아니지만, 경성은 근대성을 가장 빠르고 첨예하게 드러낸 공간이자 신여성의 주요 활동 무대였다. 《신여성》에 등장하는 도시 중 경성의 풍경이 압도적으로 많은 것도 이 때문이다. 신여성이 거주하고 활동하며 동시에 동경했던 근대도시, 경성의 풍경은 어떠했을까.

새로운 탈 거리, 타인과 접촉하다

길이 넓어지고, 아스팔트가 깔리고, 높은 서양식 건물이 들어서고, 전신주가 세워지고, 가로등이 밤길을 밝히는 도시로서 경성에 대한 기획은 대한제국 시절에 처음 마련되었다. 골목을 정비하고 신작로를 만드는 도로 정비 사업이 1896년부터 시행되었고 1899년엔 전차가 운행되기 시작했다. 1898년에는 한성전기회사가 설립되어 근대의 빛을 만들었다. 그러다 강제 한일합방이 되면서 근대적 풍경을 만드는 주체 그리고 그 혜택을 누리는 사람들이 달라졌다. 종로 중심이었던 가로 계획이 일본인의 주무대인 남대문로와 황금정에 집중되었고, 현재 충무로 일대인 본정통이 번화해졌다. 조선은행, 경성우체국 그리고 최신식 백화점들이 들어선 남촌은 일본인의 풍요로운 경성이었고, 북촌은 밀려난 조선인의 빈민 도시로 변했다.

넓게 잘 닦인 길에는 새로운 탈 거리가 등장했다. 근대도시 경성에서 가장 많은 수를 차지한 교통수단은 자전거와 인력거였다. 둘 다 개항 이후에 들어온 근대 문물로 아주 빠르게 보급, 확산되었다. 그러나 이것들이 신여성이 자주 이용하는 교통수단은 아니었다. 인력거를 끄는 아버지를 둔 가난한 여학생의 돈 없는 신세를 애절하게 그린 기사가 《신여성》에 실렸지만, 그 글에서 인력거에 탄 손님은 기생과 부호였다.[25] 자전거를 타는 신여성의 모습은 《신여성》에 한 번도 소개된 적이 없다.

《신여성》에 가장 자주 등장한 교통수단은 전차였다. 전차는 일반 대중의 도시 생활에 가장 큰 영향을 미친 근대적 이동 수단이다. 1899년 개통 직후, 유용한 교통수단이기 이전에 신기한 구경거리였기에, 전차는 구경 온 사람들로 항상 만원이었다. 혼자 타는 자전거나 인력거와 달리, 제한된 공간 안에서 여럿이 부대낄 수밖에 없는 전차는 낯선 사람들 사이의 물리적 거리를 좁혀주었다. 당시에 외간 남자와 "한 자"(약 30센티미터)도 안 되게 얼굴을 마주하는 일은 전차가 아니었으면 벌어질 수 없었다. 신여성의 얼굴에 까맣게 붙은 것이 점인지 코딱지인지 살피는 일, 신여성의 가방에서 군밤이 우르르 떨어지거나 담배가 툭 떨어져 얼굴 붉히며 민망해하는 것을 바라보는 일, 안경 낀 신여성에게 쓸데없이 시비를 거는 일 모두 전차 안이기에 가능했다. 1928년 버스가 등장하기 전까지 전차는 물리적인 이동시간의 단축이라는 효용과 함께 가장 가까이서 낯선 타인을 관찰할 수 있는 공간이었다.

전차와 달리 자동차는 부자들만이 누릴 수 있는, 그래서 허영의 상징으로 자주 등장하는 근대의 문물이었다. 자가용을 소유하는 것은 말할 것도 없고 영업용 자동차, 즉 택시를 타는 일에도 큰돈이 들었다. "시내 1원의 균일제 택시가 1931년 말에는 80전으로 싸졌다고 하지만 5전짜리 전차에 비하면 호사스러운 교통수단"[26]이었다. 1920년대 《신여성》에서 통칭 자동차로 불리던 것이 1930년대

1925년 종로에 새롭게 개통한 전차의 모습. 《동아일보》 1925. 8. 2.

신문에 실린 포드 자동차 광고.
《조선일보》 1926. 8. 18.

1930년대 자동차의 모습. 서울역사박물관 소장.

에 이르러서는 특정 차종인 "포드" 혹은 "시보레"로 지칭되기 시작한다. 또한 "자동차 드라이브"라는 말의 잦은 등장으로 미루어 보아, 여유 있는 사람들 사이에 드라이브가 유행했음을 짐작할 수 있다. 자동차 드라이브는 다른 탈것과는 다른 느낌의 '사적인' 혹은 '감상적인' 스피드를 당시 사람들에게 제공했을 것이다.

전차처럼 대중교통수단이었던 버스는 운행 초기에 "7전짜리 자동차"를 타보려는 사람들로 꽉꽉 들어찼다. 그러나 옆 사람과 지나치게 밀착해야 했던 버스는 타인에 대한 호기심이 아닌 불쾌감을 불러일으켰다. 버스는 버스 차장이라는 새로운 여성 직업을 탄생시켰는데, 자동차 운전사가 인기 직업이었던 반면 버스 차장은 혹사당하는 노동자로 인식되었다. 그 밖에도 지방 학생들이 방학에 애용하고, 단체 수학여행의 이동 수단이자 심지어 자살과 정사情死의 주요 수단(?)이기도 했던 기차가 있었고, 박경원이나 이정희 같은 여류 비행사들 덕분에 《신여성》에 한두 번 언급된 비행기도 신기하고 새로운 '탈 거리'였다.

데-파트, 찬란한 소비의 공간

1920-1930년대의 경성은 이미 농익은 소비의 도시였다. 살 돈은 없어도 사고 싶은 물건은 넘쳐났다. 도시는 사람들의 소비 욕망을 부추겼으며, 모든 것은 돈을 통해 거래되었다. 가장 먼저 근대적 소비 공간으로 발돋움한 곳은 일본인 상점가인 진고개였다. 신여성들에게 진고개는 동경憧憬의 장소이자 유혹의 장소였으며 동시에 허영의 장소였다. 필요한 물건을 사는 일보다 더 중요했던

오늘부터운전할 써스와女車掌

1920년대 버스와 버스 차장들의 모습. _《동아일보》 1928. 4. 25.

1928년 4월 처음 시운전한 경성 부영 버스의 모습. _《조선일보》 1928. 4. 19.

건 바로 '그곳'에서 사는 일, 전차 타고 진고개로 간다는 사실 자체였다. 그곳은 반짝이는 쇼윈도와 화려하게 진열된 물품 그리고 휘황한 불빛이 어지러운 근대의 스펙터클, '신新' '고급' '양질' '화려' '외제' '편리' '상냥' 등이 골고루 버무려진 환상이었다. 물론 진고개에 비싼 물건만 있던 것은 아니고 저렴한 잡화나 잡동사니도 팔았는데, 그곳에서 산 물건은 아무리 값싼 것이라도 근대의 스펙터클을 소유할 수 있게 해주는 것들이었고, 다른 데로 이동해도 그대로 남아 있는 공간의 표상이었다.

진고개행을 고집하는 신여성에 대한 비난과 조롱이 난무해도, 진고개로 향하는 그들의 간절한 마음과 발걸음을 부여잡지 못했다. 남몰래 사귀는 애인과 명동 입구의 경성우체국에서 만나 진고개 시계점에서 "팔뚝 금시계"를 선물 받고, 진고개 사진관에 들어가 둘만의 사진을 찍고, 집에 와서는 상으로 받은 시계라고 부모에게 거짓말하는 여학생이 바로 《신여성》이 포착한 소비 주체로서의 신여성이었다. 숨겨둔 욕망과 의타적 실현 그리고 거짓과 위선이라는 끈이 진고개와 신여성을 한데 묶었다.

1916년부터 서기 시작했던 종로 거리의 야시장도 저녁을 먹은 후 구경 삼아 슬슬 나가보기 괜찮은 장소였다. 야시장은 구경 나온 사람들로 늘 붐볐는데, 특히 여성이 많았다고 한다. "서울의 야시에 여자가 많이 있는 까닭에 (…) 야시가 아니라 여시"[27]라고 할 정도였다. 돈이 없어 상점을 얻지 못한 영세 상인들이 야시에 펼쳐놓은 물건은 경성 보통 시민들의 일용품이 되었으나, 한편으로 진고개 물건에 비해 수준과 질이 떨어지는 값싼 하급품으로 여겨지기도 했다. 그뿐만 아니라 요즘 흔히 말하는 '명품 짝퉁'처럼 진고개 물건을 흉내 낸 가짜 상품 또한 드물지 않았던 모양이다. 그래서 다음과 같은 재미난 일화도 생겼다.

(도둑이) 손 빠르게 (여학생의) 머리에 꽂힌 보석이 박힌 듯한 핀(을 뽑아 달아나자, 여학생 하는 말) "그까짓 것은 빼가서 뭐 하나. 야시장에서 십오 전 주고 산 것을 모르고." (도둑) "아차, 속았다. 보석핀인 줄 알았네. 야시가 생기니까 이런 가짜가 생기지." (하고는 내팽개친다. 그러자 여학생이 냉큼 주워 달아나며 하는 말) "이것이 십오 전짜리 같은가? 진고개 가서 이십륙 원 주고 산 것이란다."[28]

1930년대 《신여성》에서는 소비의 장소가 "데파트먼트 스토어department store"(백화점)로 대변된다. 극장, 카페와 함께 백화점은 1930년대 도시 공간을 상징하는 3대 요소다.

1920년대에도 잡화상이라는 의미에서 '백화점'을 상호로 사용하는 경우가 있었고, 미쓰코시, 조지아, 히라다, 미나카이 그리고 화신 등과 같은 백화점급 상점도 존재했지만, 이들이 신축 후 근대 건축물의 외양을 띠고 근대의 표상인 '백화점' 혹은 '데파트'로 인식되기 시작한 것은 모두 1930년대의 일이다. 《신여성》에 실린 백화점 관련 기사는 대부분 백화점 여점원과 관계가 있다. 여점원이 보는 남자 손님들의 백태를 적나라하게 묘사한 글이 조금 색다를 뿐, 나머지는 모두 백화점에서 근무하는 여점원의 "데파트 애화"였다. "데파트 애화"에서 여점원은 지폐 뭉치와 번쩍이는 보석

1920년대 진고개 전경. 《사진으로 보는 서울》, 제2권, 서울시사편찬위원회.

Mitsukoshi Department Store, Keijo.
三越百貨店（京城名所）

미쓰코시백화점 전경.

그 많던 신여성은 어디로 갔을까

반지로 사장에게 유혹을 당하거나,[29] 거스름돈을 잘못 계산한 것이 빌미가 되어 상관에게 정조를 빼앗긴다.[30] 백화점 여점원의 애환은 곧 여성의 타락으로 읽힌다. 백화점, 그 찬란한 소비의 공간은 여성의 허영을 조장할 뿐 아니라 여성을 타락시키는 사악한 공간으로 여겨졌다.

> 진열장 앞에서 웃음으로 손님을 접대하다가 얼마 후에는 흔치 않은 모던毛斷이 되어 짧은 양장을 입고 긴 실크 스타킹을 신고 바쁜 듯이 밤늦게 카페에 드나들거나 아무 일 없이 길거리 아스팔트를 횡보하게 된다.[31]

한편, 소비사회는 광고의 사회다. 소비를 통해서만 채울 수 있는 구체적인 욕망을 창출하는 것이 바로 광고이기 때문이다. 소비 욕망은 실질적인 필요가 아니라 광고가 만들어낸 허상으로 인해 부푼다. 즉, 욕망이란 신화에 목마르고 허기진 것이다. 본격적인 소비사회의 면모를 갖춘 1920-1930년대의 광고는 이미 욕망 창출의 주요 수단이었다. 사람들은 신문과 잡지의 광고를 보고 그 물건을 사러 진고개에 갔다. 광고의 방식도 다양했으며 점점 더 세련되어졌다. 상점의 간판을 위시해 거리에 광고판을 세우거나 기둥 또는 아치와 같은 광고 구조물을 설치하고, "홍기, 청기, 황기 등 오색이 영롱"[32]한 깃발로 상점 머리를 장식하기도 했다. 신문이나 잡지에 광고를 싣는 일은 이미 예사였고, 달리는 전차나 버스의 안팎에도 광고가 붙었다.

1930년 경성 미쓰코시백화점(현재 신세계백화점 본관)에 몰려든 인파. 지하 1층, 지상 4층 규모의 서양식 건물로 근대 소비 공간의 상징이었던 미쓰코시는 항상 인파로 붐볐다.
_신세계 개점 70주년 기념화보집.

　　판매 정책과 판매술에도 변화가 많았다. 새 상품이 나오면 악단을 동원해 가게 앞에서 연주를 시킨다거나, 물건을 사면 다른 보너스가 있다는 식으로 사람들을 유혹했다. 그중 가장 인기가 좋았던 것은 바로 '경품 뽑기'였다. "길에는 사내와 여편네가 쓸어 밟힐 지경으로 많으며 경품 뽑는 곳에는 인산인해를 이루어 도무지 하나 죽어도 모를 지경"이었다고 한다. 이러니 일 년 내내 "집에서 밥하고 바느질하며 살림에 꼬질꼬질 물 떨어지는 행주치마" 입은 여염집 부인네도 모두 다 튀어나와서, 쪽지고 긴 치마 입은 부인네가 길거리를 메웠다고 한다.[33] 종로통의 상점들이 '연합'하여 매출 증진 행사로 기획한 '경품 뽑기'는 1925년에 시작된 것으로 보이는데, 인기가 너무 좋아서 1927년이면 봄, 가을에 섣달 대목까지 연 3회나 벌어지는 대규모 이벤트가 된다. 엽서, 연필부터 3층 자개

장까지 경품도 만만치 않았는데, 심지어 1932년 동아백화점과 화신백화점이 경쟁적으로 내건 경품 중에는 '문화주택'도 있었다.

거리의 군것질은 여학생의 취미

도시에는 또한, 새로운 먹거리와 그것을 파는 새로운 공간이 생겨났다. '사 먹는' 군것질거리가 등장한 것도 바로 이쯤이다. 《신여성》에 처음 등장한 군것질은 호떡이다. 하지만 호떡은 여학생이 사 먹기에 부끄러운 음식이었던지, "여학생 신분에 어떻게 호떡집 유리창을 열고 호떡 달라는 말이 나갑니까!"[34]라며 주저한다. 남학생은 아무렇지도 않게 들어가서 맛나게 사 먹는 호떡을 여학생은 죄 짓는 심정으로 몰래몰래 사 먹어야 했다. 그러나 1930년대가 되면 사정이 달라진다. 1931년 훨씬 대담하고 활달해진 여학생의 모습을 묘사한 글에 호떡집 이야기가 나온다.

떠들며 웃으며 깔깔대던 아가씨 하나가 줄달음에 '호떡집'으로 들어갔다. 나도 눈이 똥그래졌으니, 아리따운 아가씨가 그 우중충하고 가스 냄새 꽉 찬 호떡집으로 거침없이 들어가는 것은 의외 또 의외였다.[35]

1920년대 초반 호떡과 함께 군것질계를 주름잡은 것은 빙수였다. 여름 빙수의 인기는 "경성의 골목마다 빙수집 없는 곳이 없을"[36] 정도로 대단했다. '남촌엔 카페, 북촌엔 빙수집'이라는 말이 생겼을 정도였다. 1926년 겨울에는 야끼이모 즉 군고구마가 여학생들을 사로잡았다. 남학생은 호떡을 잘 먹고 여학생은 군고구마를 잘 먹으니 군것질도 남녀 차별이 있다는 만평이 실릴 정도로 여학생에게 인기였다.[37] 여학생들은 군고구마를 파는 가게에서 먹기보다, 사다가 집에서 혹은 기숙사나 하숙방, 자취방에서 까먹었다. 어느 하숙집의 여학생 세 명이 한 달에 지출하는 군고구마 값이 4원이나 된다며 놀라는 단신이나, 이화여전의 기숙사를 염탐하니 군고구마 껍질이 그득해 지저분하다는 구절이 있을 만큼 대유행이었다.

마실 거리에는 양풍이 흘렀다. 사이다, 라무네(레모네이드), 칼피스, 소다수, 밀크셰이크, 아이스커피, 후르츠 펀치 등 이름도, 향기도, 맛도 낯선 것들이 여름 음료로 각광받았다. 1920년대만 하더라도 《신여성》의 생활란에는 보리수단이나 원수봉 같은 전통 음료가 여름 음료로 소개된다. 그러나 1930년대에 들어서면 "서늘한 하절夏節 음료" 만드는 법에 플레인 시럽, 아이스커피, 레모네이드, 오렌지에이드, 크러시드 스트로베리에이드, 크러시드 피치에이드, 후르츠 펀치, 밀크셰이크가 등장한다.[38] "삐루"(맥주)도 일상적 기호식품으로 자리를 잡아갔다. 일본의 삿포로, 아사히, 기린, 에비스 맥주가 이미 1900년을 전후해 경성에 들어왔고, 1933년에는 조선에 맥주 회사가 설립되었다. 맥주는 "맥주가 어디 술인가, 맥차지!"[39] 하는 식으로 음료 취급을 받았고, 심지어 아침저녁으로 "삐루 5잔"을 마시라는 건강 식단을 권고하기도 했다.[40] 그러나 무엇보다 맥주는 더운 여름날 노동자의 피곤을 달래주고, 자유연애의 분위기를 돋우는 데 제격이었다. 사람들은, 기

생을 옆에 끼고 가야금 뜯는 것을 들으며 음풍농월하던 시대에는 소주나 막걸리가 어울렸지만, 자유연애 시대의 데이트에는 맥주가 어울린다고 생각했다.

더운 날 넓은 홀 혹은 발코니에서 양복저고리를 벗어부치고 구멍이 숭숭 뚫린 산뜻한 등나무 의자에 걸터앉아 큼직한 유리잔에 거품이 부걱부걱 차오르는 찬 맥주 한 잔을 들이켤 때 세상 영웅호걸이 별 것 아니라는 위대한 생각이 안 나고 배기겠습니까. (…) 그런 데다가 재즈 소리까지 울려 퍼져 보십시오. (…) 아가씨 앞에서 소주나 배갈, 약주나 막걸리를 들이켜며 "아! 나는 당신을…" 이따위 서툰 짓을 해보십시오. 아마 열 중 열둘의 아가씨는 다 도망칠 것입니다.[41]

맥주는 만만찮은 가격이었지만 '신식'의 상징으로 도시 사람들이 즐겨 누리는 가벼운 호사였던 셈이다.

1930년대 이미 커피는 하루의 피로를 풀어주는 애인이었고, 아이스크림 역시 "한 그릇에 25전의 고가"임에도 반짝이는 "네온사인 밑에서 한 컵의 (…) 미각"을 즐기게 해주는 품목이 된다.[42] 아이스크림은 1920년대부터 "이미테이션(가짜) 아이스크림"이 있으니 함부로 아이들에게 먹이지 말라는 충고가 잡지에 실리기도 했다.[43] 1920년대 남촌에 최초의 양과점 명치옥이 생기고, 이후 제과점은 꾸준히 늘어서 카스텔라, 슈크림, 비스킷 등이 새로운 고급 간식거리가 된다. 또한, 1930년대에는 초콜릿이 낭만적 사랑을 상징하는 기호로 등장해 여학생들 사이에 인기를 끌었다. 《신여성》은 초콜릿 선물을 사랑이라고 착각하는 건 위험하니 주의하라는 당부의 기사를 싣기도 했다. 그 밖에도 '빠나나' '마매콩' '홍떡' '드롭푸스' '캬라멜' 등의 여러 가지 군것질거리가 있었고, 군것질은 여학생의 취미라고 할 만큼 흔한 일이 되었다.

서양식 담배 역시 새로운 기호품이었고, 아직 그 기호품 애용에 남녀 구별이 정착하기 이전이라 여성의 흡연에 대한 비난이 그리 심하지 않았다. 오히려 그쯤 확산한 위생 담론 탓에 '흡연' 자체가 문젯거리였고, 신교육을 받은 신여성이 흡연의 위생적 폐해를 경계하지 않는 태도가 비난을 받았다.

담배도 다 먹는 것이니 하필 여자가 피운다고 망측한 일은 아니지만, 적어도 중등학교 교육을 받았고 담배가 아무 필요 없고 오히려

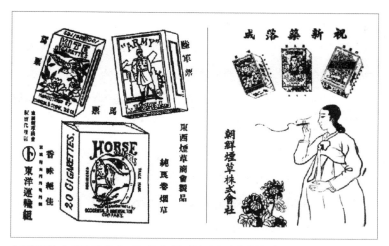

《매일신보》에 실린 담배 광고들. 동서연초상회의 수입담배 '솔개표(KITE)' '육군표(ARMY)' '말표(HORSE)' 광고(왼쪽)와 조선연초주식회사의 담배 광고(오른쪽). 특히 여성의 흡연 장면이 등장하는 광고는 당시 흡연에 남녀 구별이 없었음을 보여준다.

독이 많은 것이라 학교에서 금하는데, 이를 애써 먹는 것은 좀 재미없는 일인 듯하다. (…) 여학생 변소에 갔더니 맨 담배 찌꺼기가 널려 있더라.[44]

1930년대는 '피죤'과 그보다 좀 못하다는 '마코'라는 담배가 인기였고, 가격은 5-15전 정도였다.

아스팔트 거리를 산보하다

집의 안채에 갇혀 바깥출입이 자유롭지 못했을 뿐 아니라 혹여 밖에 나가더라도 가마 '안'이나 옷(장옷이나 쓰개치마) '안'에 갇혔던 여성이 당당히 거리를 활보할 수 있게 된 것은 대단히 큰 변화였다. 게다가 '산보'와 '산책'이 신문화로 권장되었으니, '나들이' 나온 여성이 거리에 점점 더 많아졌다. 도시인의 세련미와 우아함을 드러내기 위해 사람들은 남녀 불문하고 "산보 잘하는 사람"이 되어야 했다. '거리를 거니는' '소요하는'과 같은 말이 도시의 뉘앙스를 풍겼고, 사람들은 거닐기 위해 치장하고 소비했다.

도시 생활을 하는 사람으로 여름에 좋은 일을 꼽자면, 가벼운 모시옷을 산뜻하게 입고 저녁때 물 뿌린 큰 길거리를 거니는 쾌감을 쉽게 들 수 있고, 흰옷에 흰 양산, 흰 신으로 마치 학같이 청초하게 꾸민 미인이 녹음 사이로 소요하는 것을 석양 물든 잔디밭 위에서 바라보는 것….[45]

아스팔트 거리, "페이브먼트pavement"를 거닐며 상점이나 야시장을 구경하는 것이 보통이었으나 특별히 산책 문화를 위해 조성된 '공원'을 가기도 했고, 봄에는 창경원으로 여름에는 한강으로 계절의 정취를 담은 산보를 즐기기도 했다. 당시의 한강철교는 근대 문물을 상징하는 명물이어서 애인끼리 혹은 부부끼리 데이트 겸 산보를 가기에 좋은 장소였다. 또한 동물원으로 바뀐 창경원 역시 대표적인 나들이 장소로, 벚꽃이 피는 봄철 창경원행 전차는 늘 터질 듯했다. 1933년 봄에는 창경원의 야간 입장객이 26만 명에 달했다고 한다.[46]

산보와 관련된 재미있는 유행어 이야기를 하나 덧붙이자면, 1930년대에 유행한 신조어 중에 '포타블portable'이라는 말이 있는

1935년 4월 《동아일보》에 실린 창경원의 낮(왼쪽)과 밤(오른쪽) 벚꽃놀이 풍경.

데, 이는 휴대용 축음기를 지칭하는 것이 아니라 '데리고 산보하
는 여자'를 일컫는 말이었다. 애인이나 술집 여자와는 다른 종류
로 '모던걸' 차림새에 이야기가 통하면서 우정(?)을 나눌 수 있는
존재란다. '포타블'을 동행한 산보는 폼나는 일이었다. 자기 부인
을 친구의 포타블로 내보내서 바쁜 자신을 대신해 친구를 즐겁게
해주겠다는 농담 섞인 제안을 하는 경우도 있었다.[47]

근교에서 피서와 데이트를

도시는 화려하고 풍요로웠지만, 결코 쉴 만한 곳은 아니었다.
도시 사람들은 기분 전환과 휴식을 위해 도시를 탈출했다. 근교로
소풍을 나가서 아름다운 자연의 경치를 감상하고 시원한 공기를

들이마시고 오는 일이 도시인의 새로운 생활 방식으로 자리를 잡았다. 도시의 '인공'과 대비되는 시골의 '자연'이 근대적으로 소비되기 시작한 것이다. 1920년대 초반에는 청량리가 최고의 휴식처로 각광을 받았다. 청량리는 전차가 닿았던 데다가 그리 멀지 않아서 여학생을 비롯한 일반 시민이 즐겨 찾는 장소였다. 1930년대가 되면 노량진, 흑석리, 신촌 등이 새로운 휴식처로 부상하고, 이러한 근교는 선남선녀의 한갓진 데이트 장소로도 사랑받았다.

한편, 여름에는 너나 할 것 없이 푹푹 찌는 도시를 떠나 피서지로 향했다. 학생들은 고향으로 돌아가고, 여유 있는 사람들은 산으로 바다로 혹은 온천장으로 피서를 떠나서 여름의 도시는 적막했다. 조선시대 선비들도 더운 여름에는 산수 좋은 곳을 찾아다니며 '탁족'이라는 피서를 즐겼다고 하나, 피서가 대중화되어 장소별, 목적별로 유형화하고, 누구나 떠올릴 수 있는 유명한 '피서지'가 형성된 것은 이쯤의 일이다. 이때 '피서지'는 산수 좋고 공기 좋고 놀기 좋은 행락지로서, 도시의 피곤한 일상을 벗어나 심신을 위무하는 장소로서, 나아가 남녀가 눈 맞아 연애하는 낭만의 장소로 이해되었다. 강서약수를 소개하는 주요한의 글을 보자.

약수는 핑계요 기생하고 '랑데부' 하기 위해서 그리고 정체 모를 여성들이 사내를 낚기 위해서 모여드는 곳이다. (…) 그러나 티끌 같은 세상에 사는 도회인에게 필요한 모든 것이 거의 다 있다. 깨끗한 공기와 선명한 태양광선은 먼지에 좀먹은 우리의 내장을 씻어 내리기에 족하다.[48]

〈탐승단을 기다리는 원산해수욕장의 광경〉 《조선일보》 1926. 7. 28.

　여자를 동반하고 뱃놀이를 즐기는 한강이나 대동강, 그리고 수
영장과 음식점은 물론 어린이를 위한 유희시설 등 별의별 것이 다
있어서 모던 남녀가 많이 찾았다는 월미도 유원지를 비롯해 심산
계곡, 유명 온천, 약수터 등 각양각색의 피서지가 있었다. 그러나
뭐니 뭐니 해도 여름 피서지의 백미는 "모래밭에 드러누워 포타
블(여기서는 휴대용 축음기)을 틀어놓고 귀를 기우리는 정취"가 있
는 "비치", 바로 "시퍼런 물이 넘실거리는" 해변이었다.[49] 해변의
해수욕장은 수영복 차림만으로도 "아름다운 유혹"이었다.

　남자들도 욕복浴服(수영복-인용자)을 다 입었다. 그러나 가능한 한
몸을 조금만 가렸다. 원 저것 좀 봐. 뭉글뭉글 살진 사람, 철방망이

처럼 단단한 사람, 미끈하게 쭉 뻗은 체구로 반쯤 모래 위에 누운 사람. 저기 오는 저 사람 보소. 울퉁불퉁한 근육에 어깨가 떡 벌어지고 아래가 쭉 빠진 게 영락없는 삼각형이다. (…) 얇은 해수욕복으로 흐르는 부드러운 선, 포근하고 탄력 있는 젊은 여인들. (…) 인어떼와 같이 바닷가로 바닷속으로 이리 밀리고 저리 밀리는 아름다운 유혹이여! (…) 연둣빛 욕복에 새파란 고무갓(수영모자-인용자)을 정신이 바짝 들도록 팽팽하게 쓰고 나설 때, 그 경쾌한 맛이란 경험한 사람이 아니고는 모르리라.[50]

스포츠, 신여성의 취미 리스트

1920-1930년대에 이미 여러 종류의 서양 운동이 조선에 소개되었는데, 체조부터 "핑퐁"(탁구), 정구, 테니스, "빠스켓뽈"(농구), 스키, 골프, 수영에 이르기까지 그 종류가 실로 다양했다. 운동의 보급은 우선 학교를 통해 이루어졌다. 운동이 여학생들의 "신체를 건강하게 만들기 위하여 또한 신체의 완전한 발육을 도모하기 위해서 반드시"[51] 필요한 것으로 인식되었기 때문이다. 1930년대 《신여성》에 당대 운동선수를 소개하는 코너가 신설되는데, 여성 운동선수의 대부분이 고보(고등보통학교) 이상의 학력 소유자로 여고보에서 운동을 처음 시작했다고 이야기한다.

게다가 현대의 신여성이 되기 위한 필요조건으로 피아노 한 곡쯤 칠 줄 아는 음악 취미와 함께 운동 취미가 크게 강조되면서, 신여성의 취미 리스트에 스포츠가 한자리를 차지하게 된다. 예를 들어, 당시 이화여전 음악과 교수였던 윤성덕의 취미는 음악회 다니기, 화초 가꾸기 그리고 테니스와 스케이팅이었다. 갑작스러운 운동열, 그것도 서양 운동만 운동으로 취급받는 운동열이 조선의 실정에 맞지 않는다는 비난도 있었지만, 대체로 운동은 신체 복리를 위해 필요한 활동 또는 좋은 취미로 권장되는 경우가 많았다.

스포츠에 대한 열기는 자연스럽게 경기대회로 이어져서, 전선 全鮮여자정구대회 같은 운동 대회가 속속 생겨나 여성들은 그간의 갈고닦은 기량을 겨루었다. 대회는 대개 학교 간의 경기로 벌어졌는데, 승리의 열의가 넘쳐 학교 간의 경쟁으로 비화하기도 했다. 대회에 출전하는 선수들은 지금의 운동 특기생처럼 수업을 빠져가면서까지 연습해야 했고, 학교 대표선수는 시험에 통과하지 못해도 승급시키는 봐주기 관행도 있었다.

몸매를 드러내는 짧은 운동복을 입고 활달하게 움직이는 여성

이화여전 학생들의 체조. _이대 멀티미디어연구원 소장.

의 모습은 그 자체로 하나의 볼거리가 되었다. 그래서인지 운동하는 여성들의 모습이 《신여성》의 사진화보란에 자주 등장했다. 테니스나 체조를 하는 서양 여성의 모습, 전선여자정구대회의 광경, 여학생들이 무용하는 장면 혹은 기운 넘치게 움직이는 모습이 담긴 사진 등이 실렸다.

'하는' 스포츠뿐만 아니라 '보는' 스포츠도 이쯤에 근대적 구경거리가 된다. 1926년에 준공된 경성운동장은 좌석에서 경기장을 내려다보도록 지은 근대적 운동장으로, '구경거리'로서의 스포츠를 완성했다. 《신여성》33년 8월호 화보에는 운동장 스탠드에 서 있는 젊은 여성의 사진에 "아가씨의 자태 (…) 젊은이의 흥분을 향락하고 있는 것"이라는 설명이 붙어 있다. 이 사진을 통해 스포츠 경기를 '구경'하는 신여성의 실체를 확인할 수 있다. 1933년에 크게 유행한 권투의 경우, 경기 구경에 남성보다 여성이 더 열광했다고 한다.

모던걸과 '못된걸'

1920년대(1923-1926)의 《신여성》에서는 신여성의 소비가 모두 허영이자 사치로 비판받았다. "돈으로 된 세상" "배금이 유행"하여 "빈궁한 집안의 사람들이 훌륭한 지적 능력을 갖춘 학자보다 수만의 재산을 소유한 사람 앞에서 머리를 조아리는"[52] 일이 더 많아졌으니, 그렇게 타락한 시대의 죗값을 치러야 하는 사람이 바로 신여성, 모던걸이었던 것이다. 1930년대(1931-1934)에 들어서 《신여성》의 기조는 좀 복잡해진다. 잡지는 소비와 관련된 구체적이고 다양한 정보를 제공하면서 상업지로의 성격을 강화하면서도, 마찬가지로 신여성/모던걸을 낭비적 소비의 주체로 인식하고 비난했다. 화장품과 화장법에 관한 시시콜콜한 기사를 내보내고 세련된 맵시에 대한 충고를 잊지 않으면서도, 한편으로는 신여성이 옷차림, 머리 단장, 얼굴 치장 같은 물질적 향락과 사치에만 열을 올리는 '못된 걸'이 되어간다고 비난했다. 거기에, 먹여주고 입혀주기를 바라는 의타적 심성이나 세속의 헛된 명예를 얻고 싶어 하는 천박한 허영심이 신여성의 소비를 조장하고 정신을 타락시키는 원인이라는 심층적 분석까지 내걸었다. 여성의 소비를 조장하면서도 동시에 비난하는 이중성이 1930년대 《신여성》에 넘쳐났다.

이를 통해 1930년대 식민지 조선이 돌이킬 수 없는 소비사회가 되어가고 있었음을 알 수 있다. 더불어 소비사회에 진입한 당시 여성과 남성의 서로 다른 욕망도 마주치게 된다. 여성의 소비를 여성의 허영으로, 여성의 허영을 여성의 본능으로 만들어, 새롭게 등장한 모던걸을 구제불능의 정신적 미성숙자로 만들고 싶어 한 남성의 욕망과, 그런 시선에 아랑곳하지 않고 소비를 통해 새로운 아이덴티티를 형성하고자 한 여성의 욕망이 동시에 드러난다. 신여성의 모던한 치장은 그들에게 자신을 표현할 수 있는 유일한 통로였고, 신여성의 도시적 생활양식은 그들이 알고 있는 유일한 이상향이었을 것이다.

1 은파리는 《신여성》에서 세간의 인물을 미행하여 보고 들은 것을 사실대로
  전한다는 〈은파리〉라는 코너의 필자를 지칭하는 가명이다. 2장 참조.

2 목성記, 〈은파리〉, 《신여성》 2권 5호(24년 7월), 35쪽.

3 박달성, 〈입학연령의 자녀를 둔 가정에게〉, 《신여성》 2권 3호(24년 4월), 16쪽.

4 윤치오의 부인 윤고라(윤고려)와 고종의 황비 엄비가 양장의 효시로 전해진
  다. 1900년 미국에서 공부하고 돌아온 박에스더나 하란사도 양장으로 유명
  한 인물들이다. 1907년 숙명여학교는 자주색 원피스에 보닛bonnet 모자의 양
  장을 교복으로 제정했고, 같은 해 간호원복도 양장화되었으며, 1908년에는
  최초의 부인양복점이 세워지기도 했다. 그러나 남자의 양장만큼 여자의 양장
  은 빠르게 확산되지 않았다. 그리고 1910년 일제의 강제 한일합방에 따른 애
  국심 고취로 1910년대에 양장은 오히려 크게 줄어든다(유수경, 《한국여성양복
  변천사韓國女性洋裝變遷史》, 일지사).

5 금성, 〈듣던 말과 다른 조선 신여성〉, 《신여성》 1권 2호(23년 11월), 30쪽.

6 아펜젤러, 〈아, 멧가지만 고쳤스면!〉, 《신여성》 2권 10호(24년 11월), 21쪽.

7 유수경, 《한국여성양복변천사韓國女性洋裝變遷史》, 일지사, 134쪽.

8 성의경, 〈징장徵帳을 만들어 달라〉, 《신여성》 1권 2호(23년 11월), 28쪽.

9 허보윤, 〈'흰저고리 검정통치마'의 속사정〉, 《한국의 디자인 02—시각문화의
  내밀한 연대기》, 디플Biz, 2008, 22~38쪽.

10 CY생, 〈평론〉, 《신여성》 4권 7호(26년 7월), 22쪽.

11 김부전, 〈어떤 날의 감상〉, 《신여성》 5권 3호(31년 4월), 32~33쪽.

12 경운동 박생, 〈여선생 여러분께〉, 《신여성》 4권 1호(26년 1월), 8쪽.

13 〈가두잡화—경제는 큰 경제다〉, 《신여성》 4권 4호(26년 4월), 68쪽.

14 허정숙, 〈나의 단발과 단발 전후〉, 《신여성》 3권 10호(25년 10월), 18쪽.

15 〈단발문제의 시비〉, 《신여성》 3권 8호(25년 8월), 37~53쪽 중에서 숙명여교

교무주임, 여고보 교장, 진명여교 부교장의 글.

16 박돌이, 〈신여자 문제 대야화회〉, 《신여성》 2권 12월호(24년 12월), 46쪽.

17 관상자, 〈여성의 잡관잡평〉, 《신여성》 4권 3호(26년 3월), 51쪽.

18 이무영·최병화·박상화·안회남, 〈총각좌담회〉, 《신여성》 7권 2호(33년 2월), 50쪽.

19 〈숙녀비망첩〉, 《신여성》 7권 7호(33년 7월), 77쪽.

20 〈자연미의 화장법〉, 《신여성》 4권 6호(26년 6월), 44쪽.

21 류소제, 〈여학생 화장법〉, 《신여성》 5권 4호(31년 5월), 99~102쪽; 〈여인도〉,
    《신여성》 5권 10호(31년 11월), 36~40쪽; 〈신여성 미용강좌〉, 《신여성》 6권 10호
    (32년 10월), 80~84쪽; 〈겨울 화장훈〉, 《신여성》 7권 1호(33년 1월), 86~87쪽;
    〈숙녀비망첩〉, 《신여성》 7권 6호(33년 6월), 64~69쪽.

22 〈목도리 시비〉, 《신여성》 2권 3호(24년 4월), 46~47쪽.

23 복면기자, 〈가두잡화〉, 《신여성》 4권 1호(26년 1월), 36쪽.

24 김기진, 〈구식 녀자와 달른 뎜〉, 《신여성》 3권 6호(25년 6/7월), 38쪽.

25 일기자, 〈인력거를 끌어―딸, 공부시킨 아버지와 그 따님〉, 《신여성》 2권 3호
    (24년 4월), 26~29쪽.

26 김영근, 〈일제하 일상생활의 변화와 그 성격에 관한 연구―경성의 도시공간
    을 중심으로〉, 연세대 사회학과 박사논문, 1999. 112쪽.

27 차청오, 〈시장에서 본 함흥의 여자〉, 《신여성》 2권 12월호(24년 12월), 16쪽.

28 은파리, 쌍S경연, 〈소문만복래〉, 《신여성》 3권 1호(25년 1월), 48~49쪽.

29 최정희, 〈니나尼泰의 세토막 기억〉, 《신여성》 5권 11호(31년 12월), 101~102쪽.

30 이서구, 〈데파-트 애화, '키스'와 '월급'과 '처녀'〉, 《신여성》 6권 11호(32년 11
    월), 81~86쪽.

31 29와 동일.

32 복면기자, 〈가두잡화〉, 《신여성》 3권 11호(25년 11/12월), 41쪽.

33 32와 동일.

34 쌍S, 〈여류운동가〉, 《신여성》 2권 6호(24년 9월), 77쪽.

35 남궁환, 〈모던 여학생 풍경〉, 《신여성》 5권 4호(31년 5월), 49쪽.

36 일기자, 〈여성평단〉, 《신여성》 4권 2호(26년 2월), 19쪽.

37 관상자, 〈여성의 잡관잡평〉, 《신여성》 4권 3호(26년 3월), 51쪽.

38 〈서늘한 하절음료〉, 《신여성》 7권 8호(33년 8월), 47쪽.

39 복면의, 〈술 먹는 남자와 결혼하지 말라〉, 《신여성》 2권 5호(24년 5월), 53쪽.

40 〈일주간의 비대건강〉, 《신여성》 3권 3호(25년 3월), 45쪽.

41 오수향, 〈쏘-다수〉, 《신여성》 7권 6호(33년 6월), 4쪽.

42 이석훈, 〈아이스크림-〉, 《신여성》 7권 6호(33년 6월), 4쪽.

43 〈가정에서 읽을 것—녀름의 음료〉, 《신여성》 4권 7호(26년 7월), 43쪽.

44 복면기자, 〈가두잡화—담배 피우기〉, 《신여성》 4권 2호(26년 2월), 39쪽.

45 염상섭, 〈땀 되나 흘리지요〉, 《신여성》 2권 5호(24년 7월), 5쪽.

46 〈축쇄사회면〉, 《신여성》 7권 6호(33년 6월), 63쪽.

47 〈유행어 아·라·모·드〉, 《신여성》 7권 4호(33년 4월), 76~77쪽.

48 주요한·주요섭, 〈강서약수와 대동강 뱃노리〉, 《신여성》 7권 7호(33년 7월), 30쪽.

49 동방청, 〈송도원과 해금강〉, 《신여성》 7권 7호(33년 7월), 41쪽.

50 이선희, 〈송도원 광무곡〉, 《신여성》 7권 8호(33년 8월), 70쪽.

51 AW생, 〈평론—녀학생 운동에 대하야〉, 《신여성》 4권 6호(26년 6월), 13쪽.

52 연구생, 〈부인의 지적 능력〉, 《신여성》 3권 5호(25년 5월), 6쪽.

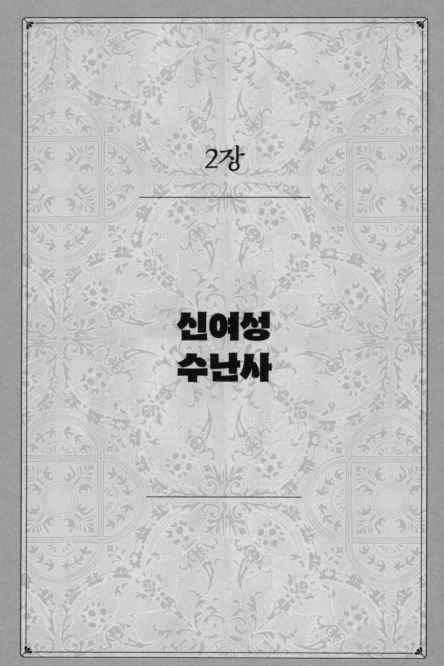

2장

신여성
수난사

한창때 강단 위에 나설 때마다 이혼, 이혼 하다가 아예 몸으로 그것을 실행한 김원주 여사. 그 후 일본서 나와 서울 육조 앞 그의 애인의 집에서 달콤한 연애 생활을 하고 있는데, 조금 납작하던 콧날을 일본 있을 때 융비술(隆鼻術)로 고쳐서 오똑하게 되기는 하였는데, 그 대신 살갗이 켕겨 올라가, 두 눈이 가운데로 조금 쏠렸다나요.

新女性

근대의 새로운 스타

"트레머리 아가씨"로 불렸던 신여성. 그녀들은 어디서나 주목받는, 근대에 새롭게 등장한 스타였다. 마치 연예인을 둘러싼 요즘음의 이야깃거리처럼, 당대 신여성들의 소소한 일상은 언제나 화젯거리였고 뜬소문이나 시빗거리조차도 대단한 기삿거리였다. 이는 공적영역에 여성이 등장하는, 근대의 새로운 변화로부터 비롯된 그야말로 새로운 '사건'이었기 때문이다.

잡지 《신여성》은 이름 그대로 '신여성'을 위해 태어난 잡지였으니, 매번 신여성의 이러저러한 모습을 보여주고 소식을 전하는 데에 더욱 각별할 수밖에 없었다. 그런데 때때로는 참으로 특이하게 각별했다. 은밀하게 전하는 따끈따끈한 뉴스나 기상천외한 웃음을 자아내는 재미난 이야깃거리도 많았지만, 때때로 가학적 쾌감을 즐기는 듯 신여성에게 확대경을 들이대고 따라다니는 기묘한

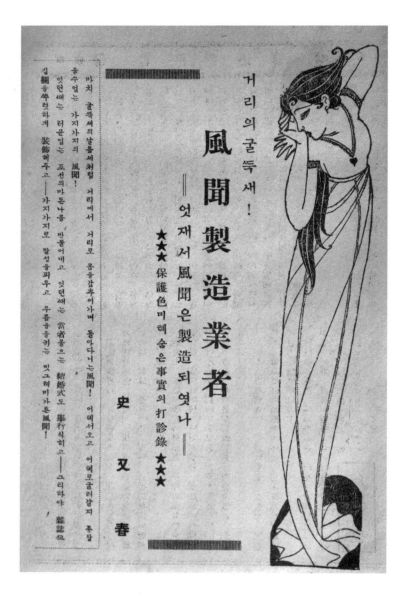

사우춘, 〈거리의 굴뚝새! 풍문제조업자—어떻게 풍문은 제조되었나〉. '소문'에 관한 가십은
《신여성》의 주요 기삿거리였다. 《신여성》 6권 12호(32년 12월).

그 많던 신여성은 어디로 갔을까

집착을 보여주기도 했기 때문이다. 근대의 새로운 스타로 등극한 '신여성', 그녀들에게 이 모든 것은 감당해 마땅할 '왕관'의 무게였을까, 아니면 흥미로운 볼거리로 전락시키는 가혹한 폭력이었을까. 잡지《신여성》이 신여성을 관찰하고 그려내는 방식을 찬찬히 따라가 보자.

잡지 《신여성》에서 신여성에 대해 보고 들은 것을 전달하는 대표적인 코너는 〈색상자〉였다. 〈색상자〉는 《신여성》 목차에 "소문거리 색상자"라고 명시한 대로 당시의 가십을 짤막짤막하게 전하는 꼭지였다.[1]

〈색상자〉는 주로 여학생과 신여성에 관한 신변잡기성 일화나 기이한 소식들을 전했다. 함경도에서 돌아온 음악가 한기주가 서울여자고등보통학교의 선생님이 되었다는 사실을 전하는 경우도 있지만, 안동고개에서 미끄러져 치마가 찢어져 창피당한 여학생, 머리에 다리꼭지(일종의 부분 가발 역할을 하는 가짜 머리)를 붙이고 뛰다가 다리꼭지가 빠져 망신당한 여학생, 남학생에게 '히야카시'(희롱) 당하는 여학생, 분홍 저고리와 보석 반지를 하고 조선극장을 매일 드나들어 기생 취급을 받았던 여선생님, 자신을 마나님

《신여성》의 〈색상자〉 코너. 주로 페이지 하단 기사로 배치되었고 신여성과 관련된 사실과 가십을 짤막하게 전달하면서 논평을 곁들였다. 《신여성》 4권 4호(26년 4월).

이라 부르는 소년을 경찰에 신고한 노처녀, 성적 불만족을 이유로 이혼소송을 제기한 젊은 아내, 400원의 뇌물성 운동비를 써서 미스 조선에 당선되었다는 소문이 난 여성, "조선 거부의 쎄컨드 떠블유(second wife의 약칭)"였다가 바에서 접대부 노릇을 하는 미모의 여인, 여우털 목도리 때문에 배추 장수에게 망신당하는 모던걸 등 신여성의 일상사를 풍자·조롱하는 것이 일반적이었다. 이들의 일상사는 소문이든 누군가가 꾸며낸 이야기든 가리지 않고 마치 누군가가 보고 들었던 '사실'처럼 서술되었다. 그리하여 신여성을 둘러싼 일화부터 소문에 이르는 갖가지 이야깃거리들은 〈색상자〉를 통해 공식적인 담론으로 자리 잡게 된다.

또 그 서술 방식은 신여성에 대한 소문을 수집·기록하고, 그에 대한 논평을 가하는 것인데, 이때의 논평은 소문의 대상인 신여성을 강도 높게 풍자·조롱하고, 희화화하는 경우가 대부분이었다. 심지어는 매우 직설적이기도 했다.

- 하이칼라 여자들이 염색하고 머리를 구부리는데 아예 설사약 먹고 눈도 움푹하게 하고 밀가루 반죽으로 코도 좀 우뚝하게 하지?
- 한동안 단발이 유행하더니 요새는 도리어 다리꼭지 드리는 것이 크게 유행. 수염 붙이는 유행도 생기겠군.
- 서울 여자들은 날 좋을 때와 밤에도 우산을 쓰고 다닌다.[2]

원래 날씨와 상관없이, 쓰개치마나 장옷 대신 우산을 써서 얼굴을 가리는 것은 양산이 등장하기 전까지 결코 어색한 일이 아니었다. 그러한 저간의 사정을 모르지 않으면서도 양산이 등장하자마자 우산 쓰는 일을 조롱하기 시작하고, 머리를 풍성하게 보이려고 다리꼭지를 붙이는 신여성에게 얼굴에 수염도 붙이겠다며 비아냥거린다. 그러니 최첨단 유행은 삽시간에 우스꽝스러워지고 만다. 또 양산이나 다리꼭지에 비하면 머리를 불로 지져 구불거리게 만들거나, 염색을 하거나, 단발을 하는 것은 신여성 사이에서도 흔한 일은 아니었다. 어쨌거나 조선 여자가 서양 여자의 곱슬머리를 흉내 내는 셈이니, 아예 서양인들처럼 눈이 움푹해 보이도록 설사약을 먹고 코를 높이기 위해 밀가루 반죽을 붙이라는 식의 조롱을 쏟아낸다.

이러한 서술 방식은 이른바 유명 여성 인사들의 연애, 이혼 등에 대한 소문을 말할 때 가장 빛을 발한다.

한창때 강단 위에 나설 때마다 이혼, 이혼 하다가 아예 몸으로 그것을 실행한 김원주 여사. 그 후 일본서 나와 서울 육조 앞 그의 애인의 집에서 달콤한 연애 생활을 하고 있는데, 조금 납작하던 콧날을 일본 있을 때 융비술隆鼻術로 고쳐서 오똑하게 되기는 하였는데, 그 대신 살갗이 켕겨 올라가, 두 눈이 가운데로 조금 쏠렸다나요. 이것은 가서 만나보고 왔다는 사람의 말.[3]

김원주 씨는 그의 아호가 일엽一葉인 만큼 모진 바람에 시달리어 동東으로 서西로 정처 없이 돌아다니더니, 근래에는 동아일보사의 국기열 씨와 같이 새로운 가약을 맺고 동대문 안련동 근처에서 살림을 시작하셨는데….[4]

얼마 전에는 충남 예산 모 사찰에 가서 참선공부를 한다더니 요새는 또 경북 김천군 직지사에 가 있다 한다. 과연 금풍일엽金風一葉으로 잘 날려 다니는 모양이로군.[5]

여류시인 김명순. 동경 가서 소식이 없더니 어느 신문에 김명순이 동경에서 모 학교를 다니다 학비가 없어서 낙화생落花生(땅콩) 장사를 하는데 지난번 방공 연습을 할 때 어떤 찻집으로 콩을 팔러 갔더니 한 청년이 그녀를 잡아 끌어내어 '난타亂打'해서, 약 일주일 치료의 중상을 당하였다. 불우한 여류시인—낙화落花와 같이 바람에 날려 다니는 가엾은 노처녀—낙화생과 그 무슨 인연이 있던고.[6]

여성동우회 정종명鄭鍾鳴 여사, 신철 씨와 갈라선 후 다시 정우회正友會 천두상千斗上 씨와 결혼 생활을 하신다는데 아무래도 사회운동가로 앞장서 나가는 정 여사는 천신만고千辛萬苦를 무릅써야만 될 것이다. 부부의 사이에도 천신千辛씨와 인연이 있는 모양.[7]

최근의 새 소식을 들으면, 송 씨는(송봉우-인용자) 아주 공공연하게 허 씨의(허정숙-인용자) 집으로 들어가 동거를 한다고 한다. 수박 겉 핥는 격으로 서로 떨어져 허송세월許宋貰月을 하는 것보다는 증거품 인 아들까지 있으니….[8]

김원주의 재혼을 두고 평소 주장을 몸소 실행했다고 비꼬거나, 누가 보고 왔는데 그녀가 융비술(코를 높이는 성형수술)을 해서 이 러저러해졌다더라는 냉소는 신여성을 향한 부정적인 시선의 전 형을 보여준다. 그 외 김원주, 김명순, 정종명과 관련된 연애, 이 혼, 재혼에 대한 소문을 둘러싼 언어유희는 〈색상자〉가 즐겨 사용 하는 논평 방식이기도 하다. 김원주의 이혼-출가 생활을 둘러싸 고 호가 일엽一葉이니 그렇게 떠돌아다닌다거나, 김명순이 떨어진 꽃洛花 같은 신세니 낙화생(땅콩) 장사를 한다거나 정종명이 천씨, 신씨와 연애를 하니 천신만고를 겪는다, 허정숙이 송봉우와 동거 하니 허송세월許宋貰月(허씨와 송씨가 달밤을 세놓듯 한다-몰래 만난 다)을 그만두고 본격적으로 만난다는 등의 말장난이 그러하다. 이 런 말장난은 일차적으로 재미를 불러일으키는 동시에 그 소문을 공공연한 사실처럼 만드는 효과까지 유발한다.

신여성의 등장 이래 놀라운 변화 중 하나는 자유연애 혹은 연 애지상주의의 출현이다. 조선시대와 달리 거리를 활보할 수 있게

된 신여성들에게 연애는 자유로운 개인으로서의 권리를 표현할
수 있는 통로였다. 그러나 자유연애 담론과 현실의 괴리는 심각한
수준이었다. 당대 여성 인구를 감안하면 신여성의 비율은 그야말
로 한 줌밖에 되지 않았지만, 이들이 자유연애를 행하고, 결혼을
꿈꿀 상대로서의 남성 대부분은 이미 조혼한 유부남이었기 때문
이다.[9] 이런 상황에서 당대 신여성들이 겪었던 연애-파경, 결혼-
이혼 등은 이미 예정된 결과였을지도 모른다.

그러나 이런 복잡한 상황을 바라보는 관찰자는 신여성만을 희
화화하고 조롱한다. 웃음은 사회의 관습이나 관념, 편견을 깨트리
는 데 긍정적인 효과가 있지만, 역으로 그 대상에게 창피를 줌으
로써 대상을 표면적으로나마 교정해 보려는 은밀한 의도를 감추
고 있기도 하다.[10] 웃음을 통해 방종한 신여성을 교정하고, 소문
에 대한 사실 인증이 암암리에 행해지던 곳. 그곳이 바로 〈색상자〉
였다.

전철은 '전차'라는 이름으로 1899년(광무 3년) 5월 17일 경성에서 첫 운행을 시작했다. 새로운 근대 문물이었던 전차는 갖가지 에피소드를 낳았다. 더운 여름날, 거리로 나와 전차 선로의 침목枕木을 베고 자던 사람들이 달려오는 전차를 미처 피하지 못해 참변을 당하는가 하면, 꽃놀이 가는 진명여고 학생들을 태운 전차가 전복한 사건이 연일 신문에 대서특필되기도 했다. 한편 전차 안의 이야깃거리도 그에 못지않았다. 궐련(담배)을 툭 떨어뜨려 얼굴을 붉힌 여학생, 신발 신은 아들을 의자 위에 세워 놓아 차장에게 혼난 젊은 신여성, 치마 앞이 터지는 바람에 속옷과 배꼽이 드러나 승객들에게 망신당한 여학생 등 시시콜콜한 전차 안 사건은 언제나 화젯거리였다.

신여성의 등장 자체가 근대 이후 공적영역-공간에 여성이 나타나게 된 놀라운 변화였다면, 전차의 등장은 그 여성을 직접 관찰 가능하게 했던, 더욱더 놀랍고도 새로운 사건이었다. 고전적인 사랑 이야기의 주인공 춘향이와 몽룡이의 만남을 떠올려 보라. 단옷날이라는 명절이래야 문밖출입이 자유로웠던 구시대의 여성, 그 여성이 그네 뛰는 모습을 이도령이 먼발치에서 힐끔거렸던 것도 단옷날이 만들어낸, 극히 예외적인 사건이 아니었던가. 그러하니 신여성이 살던 시대에서도 외간 남자와 "한 자 거리도 못 되게" 얼굴을 마주하는 일은 전철이 아니라면 상상조차 어려웠다.[11] 그곳에서 '지식인과 민중, 남과 여'라는 이질적인 개인들은 동일한 공간에 균등하게 배치되었다.

따라서 전철을 비롯한 기차, 버스, 비행기 등의 근대 교통기관은 새로운 운송수단일 뿐만 아니라, 각 개인의 차이를 무화시키는 균등한 공간이기도 했다. 그 공간에서는 이른바 동시성의 감각까지 내면화할 수 있었다. 그러나 이때의 '동시성'이 결코 서로가 동등한 대상으로 존재하는 것까지 의미하진 않았다. 담배를 떨어뜨린 여학생도, 제 아들만 귀히 여기는 신여성도, 허술한 옷차림의 여학생도 모두 누군가의 응시를 통해 포착되는 존재였고, '보는 것' 그것도 아주 꼼꼼한 관찰에 의해 그들은 서술되었다. '관찰'이라는 행위는 전철이라는 새로운 공간 덕분에 가능했지만, 그렇다고 해서 아무나 그 대상이 되는 것은 아니었기 때문이다.

전철을 비롯한 근대적 공간에서 신여성을 관찰하는 진면목을 보여준 것이 '은파리'다.

눈은 샛별 같고 몸은 총알보다 빠르고 옷은 고운 은빛이고…. 이렇게 훌륭한 것이 모두 누구의 칭찬인 줄 아느냐, 알고 보면 은파리 내 이야기란다. (…) 낮말은 새가 듣고 밤말은 쥐가 듣는다고 사람들은 영악한 체하고 그런 말을 하였다. 그렇지만 나는 낮이고 밤이고 온통 모두 듣는 것을 어쩌나. 그뿐인가. 낮말 밤말을 듣기만 할 뿐 아니라 천장에 붙어서, 바람에 붙어서 일거일동을 모조리 보고 있는 것을 어떻게 하려느냐. 아무 곳에서라도 옳지 못한 짓을 하여 보아라! 은파리 눈에야 들키지 아닐 법이 있을 줄 아느냐. 아무리 구석진 곳을 찾어가 보려무나. 바람벽에서 후딱 날라가 모자 위에 올라앉거나, 어깨 위에 몸 편히 앉어서 어디까지고 따라가고야 말 것이니….[12]

〈은파리〉는 '은파리'라는 가명의 필자가 세간의 인물을 미행하며 보고 들은 것을 전하는 형식의 꼭지다. 당대의 사회적인 이슈를 찾아서 독한 목소리로 까발리고 비판하고 풍자하는 사회비평을 수행하는 것이 본래 목적이었다. 여기저기를 찾아다니는 것은 '똥파리', '쉬파리'도 마찬가지지만 뭇 파리처럼 황갈색의 몸과 누르스름한 날개를 가지고 '아무 일에나 간섭하거나 잇속을 찾아 덤비는' 게 아니라, 사회적 목적을 가지고 날카로운 시선을 번뜩이는 '은파리'는 한층 격이 높은 파리다. 또한 스스로 "내 눈으로 본 대로 들은 대로 거짓말 보태지 아니하고 써놓았을 뿐"이라며 객관적인 서술임을 강조한다.

그러나 제아무리 진짜 파리마냥 "사무실 안으로 쑥 들어가 새

까만 전화통 수화기에 날러 붙었다"든지 "추위에 못 이기어 외투 목섶에 가서 날러 앉았다"고 강조해도, 그 필자가 사람인 바에는 은파리의 미행담 혹은 목격담이 전적으로 사실에 기초한다고 믿기 어렵다. 오히려 〈색상자〉와 마찬가지로, 내용이 사실인지 아닌지보다 중요한 것은 은파리의 '시선'이 작동하는 방식과 그 시선이 서술하는 대상이다.

《신여성》에서 〈은파리〉는 1924년 6월 "단발미인의 허영심"을 다루며 처음 등장한 이래로 주로 신여성을 미행하거나 엿보는 방식으로 이야기를 전개한다. '은파리'가 쫓아다니는 여성은 주로 외모를 가꾸고 사치, 허영, 연애, 불륜(첩, 동거) 생활을 하는 이들이다. 1925년 출간된 현진건의 〈B 사감과 러브레터〉와 흡사한 'S 선생' 미행담을 살펴보자. 경성여고를 우등으로 졸업하고 일본에서 유학까지 한 S 선생은 철저한 독신주의자로 알려져 있다. 그녀는 학교에서 연애편지를 받은 여학생을 "침방울이 수천 방울"이나 떨어질 만큼 질타하면서, 퇴근 후 집에 와서는 K 선생에게 연애편지를 쓰는 이중성을 보여준다.

(연애편지를 보낸 남학생이 누구냐고 추궁하며-인용자)
"그래 정말 몰라!"
하고 흘기는 눈으로 쳐다보는 얼굴에는 삼십 처녀 젊은 과부의 심리보다도 더 복잡스런 심리의 발동 같은 빛도 보이는 것 같았으나 그것은 내가 잘못 본 것이겠지. S 선생님께서야 천만 만만 꿈속에서도 그런 일은 없을 것이다. (…) 잠깐 있자 사무실 문이 벌컥 열리면서 남색 책보를 끼고 황급히 들어오는 젊은 남선생님 한 분. 이이가 학교 안에서 미남으로 유명한 미술선생님이렷다.

"왜 인제 와-아?"

천만뜻밖에 S 선생님의 인사는 이렇게 점잖았다. 그러나 그 얼굴은 무슨 기쁜 빛이 환-하게 넘치는 것같이 내 눈에는 보였다.[13]

이른바 소설의 전지적 작가를 연상케 하는 '은파리'는 시선을 투사하는 주체의 우월성을 역력하게 드러낸다. 미행이라는 형식을 통해 엄격한 객관성을 전제한다고 하지만, 드러나는 것은 오히려 '은파리'의 주관적 시선이다. 그 시선은 무언가를 밝혀내겠다는 목적에서 출발하며, 그가 목격한 장면을 해석함으로써 의미가 드러난다. 연애편지를 받은 여학생을 추궁하는 S 선생에게는 시기심이 뒤섞인 복잡한 심사가 있다는 것, 미남 선생님을 보는 S 선생의 얼굴이 화색을 띠고 있다는 것은 '은파리'의 해석이다. "내가 잘못 본 것이겠지"라고 망설이는 은파리의 포즈pose는 이후 S 선생의 이면이 발각되었을 때 충격을 배가시키는 일종의 장치일 뿐이다.

집으로 돌아가 연애편지를 쓰는 S 선생의 이중성을 은파리가 미행과 목격을 통해 발견하는 것이 표면적으로는 '감춰진 사실'을 '정의롭게 폭로'하는 일처럼 보인다. 하지만 실제로 그것은 사실 여부를 확인하기 어려운 이야기의 재구성으로 여성을 바라보는 근대적 시선의 결과물이다. S 선생이 집에 들어가 연애편지를 쓰는 장면에서 '시선'이 귀속된 지점은 더욱 확연하게 드러난다. 편지지와 만년필을 꺼내 무언가를 쓰는 S 선생의 모습을 책상 위에서 꼼꼼하게 관찰한 '은파리'는 곧 그것의 실체를 밝혀낸다. 분홍빛 압지押紙에 흐릿하게 묻어난 글씨를 억지로 살펴보니 "아아, 나의 그리운 K 선생님!"이라고 쓴 연애편지가 아닌가. 아주 세심하게 상황을 묘사하지만 이를 실제로 목격하는 건 불가능하다. 단지 파리라는 곤충의 입장에서 상상력을 발휘하여 만들어낸 장면일 뿐이다. 〈은파리〉는 애초부터 '만약에 누구누구를 따라가 본다면'을 전제하고 쓰인 글이지만, 그럼에도 불구하고 글의 내용이 미행과 목격이라는 실증의 방식으로 밝힌 '사실'임을 강조하고 있다.

> 짧지도 길지도 않은 흰 저고리에 저 얌전해 보이는 검은 치마를 보아라. 검은 구두에 흰 양말을 신은 종아리 장딴지까지 내려오니 그렇게 보기 흉하게 짧은 치마도 아니구나. (…) 그 부드러운 검은 치마가 저고리 속에서부터 무언지 퍽 귀중한 것을 싸 가지고 나온 것처럼 주름 잡혀 있는 허리가 또 동그스름하게 곡선을 그려가며 다소곳하게 촉- 늘어져 있는 것이 벌써 뒤에 가는 젊은 사람의 가슴을 울리는데, 그 가늘고 어여쁜 종아리와 구두가 치마 끝을 얄근얄근 처가면서 한 걸음 한 걸음 걸어가는 맵시야말로….[14]

'은파리'는 작은 곤충이므로 사소한 부분을 치밀하게, 확대해서 볼 수밖에 없다. 이 때문에 글에는 관음증적 시선과 페티시즘fetishism적 경향이 농후하게 드러난다. 부모나 학교 몰래 연애하는 여선생을 뒤따라간 '은파리'가 집중하는 것은 다름 아닌 "가늘고 어여쁜 종아리"와 치마가 살짝살짝 들춰지며 걷는 모습이다. 정신분석학에서 관음증voyeurism은 남성이 자신과 다른 성적 타자에 대한 공포에 대처하기 위해 채택하는 전략이다. 즉 남성은 응시를 통해 여성을 고정시키고 관음증적으로 그녀의 육체와 섹슈얼리티를 탐색한다. 그럼으로써 여성은 남성의 조사 대상이 되고 남성은 그녀를 자신의 포위망 속에 안전하게 가둔다. 이때 여성은 남성의 시선과 감시의 대상으로서 의미를 부여받는다.[15]

관음증으로 드러나는 남성의 심리를 식민지 현실과 연관시켜 보면 한층 더 흥미롭다. 제국주의자들은 대체로 스스로를 남성으로, 그리고 식민지민을 여성으로 규정한다. 영국 제국주의 연구에 따르면[16] 영국 백인 남성은 백인 여성, 인도 남성, 인도 여성을 타자로 상정하고 자신의 통제력을 발휘한다. 여성이나 다름없는, 무력한 타자로 전락한 식민지 남성의 경우 주체화의 열망에 목마를 수밖에 없다. 이 지점에서 제국주의의 사고방식이 식민지 남성들에게도 자연스럽게 전이된다. 여성의 타자화를 통해 자신의 주체화를 꾀하는 것이다. 물론 이것이 현실적인 주체의 위치 탈환은 아니다. 상상적인, 허위적인 주체 복원의 과정일 뿐이지만, 타자의 위치로 전락한 남성에게는 커다란 위안이 되었을 터이다. 바로 '은파리'라는 가상적 존재를 동원해 여성을 재현하는 방식, 그 속에서 드러나는 관음증적인 시선도 이런 연장선상에서 이해해야 할 것이다. 또한 은파리가 목격한 것을 기사화한다는 형식을 고려하면, 이들이 '보여준다'는 행위까지 은근히 즐기고 있음을 읽어낼 수 있다. 신여성을 대상으로 '본다'와 '보여준다'

를 넘나들며 발생하는 쾌락. 아마도 이는 권력 영역에서 배제된
식민지 피지배 남성에게 허용되었던 극소수 쾌락 중 하나였을지
도 모르겠다.

신여성에 관한 우스개

〈색상자〉를 중심으로 퍼져나갔던 냉소는 이제 '우스개'라는 적극적인 웃음의 형식을 만들어낸다. 초기에 우스개란은 기사 중간 중간 여백을 채우거나 쉬어가는 페이지로 등장한다. 이후 〈골계만화滑稽漫話〉〈소문만복래笑門萬福來〉〈넌센쓰 룸〉〈HOUMOR〉 등 다양한 이름으로 우스개 꼭지들이 계속된다. 귀가 안 들리는 모녀가 서로 동문서답하는 이야기나, 집에 들어온 도둑을 무서워하면서도 겉으로만 큰소리치는 겁쟁이 남편을 비꼬는 이야기 등 전래민담도 있었지만, 우스개의 대부분은 '신여성'을 대상으로 한 새로운 이야기였다.

신여성이 웃음거리가 되는 가장 큰 이유는 허영심 때문이다. 두 달 동안 병원에 입원해야 한다는 말에 새로 사둔 값비싼 봄 치마를 입지 못할까 봐 애달아하는 처녀, 남편이 물에 빠졌는데도 남편의 고급 손목시계만 걱정하는 아내, 서점에서 책을 고르는 기준은 "마호가니 칠을 한" 책상에 어울리는가에 달려 있다는 여학생, 바느질도 할 줄 모른다는 남자의 핀잔에 "바늘은 유성기(축음기) 돌리는 데 쓰지, 어디에다가 써"라고 거만스럽게 대꾸하는 단발 낭자들이 바로 그러하다. 또 신여성들은 허구한 날 사랑 타령을 하지만, 그것이 진실치 못해서 웃음거리가 된다. 예를 들면 어느 신여성이 비행사에게 시집간다고 뻐기면서, 비행사는 추락사할 확률이 높아 "이혼 재판도 없이 시집을 또" 갈 수 있는 것이 가장 큰 결혼 이유라고 했다거나, 어느 아내가 가게에서 다른 남편들은 오십 원, 천 원의 가격으로 팔리는데 자기 남편은 한 무더기에 십 전씩 팔리는 싸구려라는 "슬픈 꿈"을 꾸었다면서 엉엉 울었다는 식이다.

이와 같이 허영, 사치, 연애 중독, 돈의 노예, 값싼 사랑, 방탕 등을 가볍게 웃어넘기는, 짤막짤막한 우스개들이 바로 《신여성》이 만들어내는 웃음이었다. 이들의 종합판이라 할 만한 꼭지가 〈유모어 소설〉 〈유모어 독물讀物〉 〈넌센스 콩트〉이다. 이들의 경우, 다른 우스개란에 비해 분량이 대폭 늘어났을 뿐만 아니라, 등장인물과 스토리가 서사물 수준으로 복잡해진다. 이때는 신여성뿐만 아니라 그녀를 따라 모던을 추구하는 남성, 가족도 함께 놀림감이 된다.

"아이구머니나 부-상 인제 오셨어요."
"오. 그런데 오늘 새 말이 하나 또 생겼구나. 부-상이 무엇이냐."

(…) "아비 부父자 부-상父さん이에요. 아버지 하면 어째 좀 어색한 듯도 하구 거북해서요."

"거북하다? 옳치 그럼 저기 앉은 네 시어머니는 모-상毋さん이겠구나."

"오브 코오스. 물론이지요."

"내가 요새 네 말 알아듣기 위해서 모던어 사전을 사다 놓고 공부를 하니까, '물론' 소리는 빼도 알아듣겠다."

"아이구머니나 부-상! 어쩌면"

노라는 감격한 나머지 두 손바닥을 포개여 한쪽 볼따구니에 갖다 비비면서 온몸을 비틀고 섰다.¹⁷

신여성 '노라'¹⁸는 시아버지를 '부-상父さん', 시어머니를 '모-상毋さん', 남편을 '우리 댁 나으리이니 나-상'이라고, 스스로 신조어를 만들어 부른다. 그녀에게 전적으로 동조하는 남편, 새것이라면 무엇이든지 다 좋아하는 시어머니, 며느리 재롱이 귀엽기만 한 시아버지는 모두 웃음거리가 된다. 특히 명랑한 모던식 가정을 이루기 위해 '모던어' 공부를 한다는 시아버지와 온몸을 비틀며 애교를 떠는 얼치기 신여성 '노라'의 모습은 기묘한 조화를 이룬다. 그러나 결국 시아버지는 입에도 안 맞는 양식을 먹는 고역을 치르다 졸도하고 만다. "밥을 접시에다 담어주니 개밥"(양식)이고, "국이래야 걸레 빨어 놓은 물"(스프)이고, "고기래야 반 근 정도 되는 것을 썰지도 않고 그대로 불기운만 쬐어" 온 것(비프 스테이크)을 내놓고, "시큼찝질한 것이 냄새만 맡어도 속의 것이 다 나오려고" 하

는 "서양 간장"(소스)과 "보기만 하면 시골에서 거름 치는 것"이 연상되는 "쇠스랑 같은 삼지창"(포크)을 쓰길 강요하는 상황을 견딜 수 없었기 때문이다. 결국 이 모든 것은 무조건 서양을 따르는 신여성의 허영심이 빚어낸 어설픈 흉내 내기로 그려진다.

신여성이 꿈꾸는 '명랑한 모던 가정'과 행복. 그러나 그 꿈같이 행복한 가정이 얼마나 우스꽝스러우며 그것을 지향하는 소망이 얼마나 허위적인지를 낱낱이 밝혀내는 것, 그것이 새로운 웃음이 다다른 종착점, 기괴한 신여성을 그려내는 일이었다.

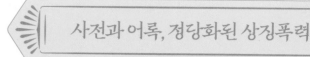

사전과 어록, 정당화된 상징폭력

　사전辭典은 낱말을 모아 일정한 순서로 배열하여 발음, 뜻, 용법, 어원 등을 해설한 것이다. 《신여성》에서 사전란이 나타난 것은 당시 근대 문물의 도입으로 새로운 말들이 많이 등장했기 때문이다.[19] 이들 꼭지에서는 실제로 어려운 단어나 새로운 단어를 '사전'이라는 개념에 걸맞게 설명한다. 예를 들어 사보타주, 룸펜, 프롤레타리아, 아이러니, 패스포트, 세레나데, 부인운동, 페미니즘, 메이데이 등의 항목이 그러하다. 이런 단어들은 사회 변화에 따라 새롭게 등장한 말이기 때문에 사전에 실릴 이유가 분명하다. 그러나 《신여성》의 사전란에는 낱말 풀이라기에는 이상한, 희화화된 설명이나 은어, 속어까지도 심심찮게 등장한다.

　　스텍키 걸stick girl ＝ 몇 시간 동안 산보를 같이 해주고 돈을 받는 신신新新 직업부인. 조선에는 아직 수입되지 않았음.

키스 걸kiss girl = 조선에서 생겼다는데 상세하지 않으나, 돈 받고 키스해 주는 여자라고 한다. 박람회 때 경성에 한참 소문 있던 것.

X·X·X = kiss kiss kiss의 애교 있는 생략어. 편지 끝에 쓰기도 한다. 해석이 없어도 잘 알 것이다.

치- = 여학생들이 못마땅할 때 사용하는 말.[20]

재난災難 = 그렇게나 연모戀慕하던 사람과 처음으로 키스했는데 그만, 충치가 흔들려서 아프고 쑤시고 나중에는 열이 생기고 골치가 아프고 두 눈이 부르트는 것을 가리킴.[21]

포-타블portable = '포-타블'이라고 하면 커다란 축음기 말고 휴대용 축음기를 가리키는 말임은 누구나 아는 일이지만, 이 '포-타블'은 축음기가 아니다. (…) '포-타블'이라면 잠깐 산보할 때나 함께 다니는 편리한 여자 벗을 가리키는 말이기 때문이다.[22]

이런 낱말 풀이는 사전의 형식을 빌려 세태를 풍자, 조롱하는 것으로 권력의 또 다른 작동을 보여준다. 객관성을 가장한 주관성의 발동. 이것이 새로운 사전을 탄생하게 한 원동력이다. 이를 통해 개인의 의견은 공공의 합의를 거친 사회적 상식으로 탈바꿈한다.[23]

한편 명언이나 잠언을 모은 '어록語錄'이 등장해서 또 다른 사회적 상식을 만들어내기도 한다.[24] 물론 '여자의 말에는 오뉴월에도 서리가 내린다' '시앗 싸움에는 돌부처도 돌아앉는다' 등과 같이 전통 속담도 종종 게재되지만, 대부분의 어록은 당시 떠돌던 말들을 수집, 첨가하여 공공의 담론으로 만들어낸 것들이다. 대표적인

〈시시로 보면서 모를 말〉. 자주 쓰이는 신조어 낱말 풀이를 담고 있다. _《신여성》 3권 1호(25년 1월).

〈모던 신어 사전〉. 새롭게 등장한 신조어 낱말 풀이를 담고 있다. _《신여성》 5권 1호(31년 1월).

예로 〈양성어록〉에는 주로 남성/여성, 연애/결혼의 주제에 따라 짤막한 명언, 금언, 격언이 실려 있다. 그러나 주 내용을 보면 겉과 속이 다른 여성을 비난하고, 여성에게 연애의 위험을 경고하고, 권장할 연애 등을 제시함으로써 여성 대상의 교훈서, 지침서 역할을 수행한다. 그리고는 "묵은 잡지에서"라고 모호한 출처를 명시해 둔다.

어록과 또 다른 방법으로 교훈서 노릇을 하는 꼭지는 소위 십계명류이다. 낱개로 된 격언들을 이것저것 모아놓은 어록에 비해 한 가지 주제에 따라 지켜야 할 규율을 순서대로 배열한 십계명은 《신여성》의 독특한 형식 중 하나였다. 대표적으로 '여학생의 아홉 가지 잘못'이라든가 '여성이 고치고 싶은 버릇 10개' '모던 여성 십계명' '연애 십계명' 등을 찾아볼 수 있다.[25]

십계명이 기독교 신자라면 지켜야 마땅할 도리인 것처럼 이제 신여성에게 주어지는 계율들은 신여성의 생활 전반을 통제하고 지침을 내린다. 이는 신여성에게 가해지는 새로운 힘이었다. 사회적 통념을 인지시키고, 어떻게 보여야 하는지를 여성들에게 일깨워 주는 것. 이를 보편타당한, 객관적인 형식으로 가장하는 방식이 십계명류, 어록, 사전의 형식일 것이다.

상징폭력의 가장 전형적인 사례로 부르디외Pierre Bourdieu가 언어의 문제를 꼽았던 것처럼, 사전이나 어록, 십계명을 통해 우리는 상징폭력이 실행되는 모습을 엿볼 수 있다. 상징폭력은 정치폭력이나 물리력보다 더 효과적으로 작용한다.[26] 그곳은 고유의 폭력, 즉 폭력으로 인식되지 않는 권력이 지배하는 장이기 때문이다. 이

〈양성어록〉. 남녀의 연애·결혼에 대한 명언·금언 등을 모은 기사. _《신여성》 3권 1호(25년 1월).

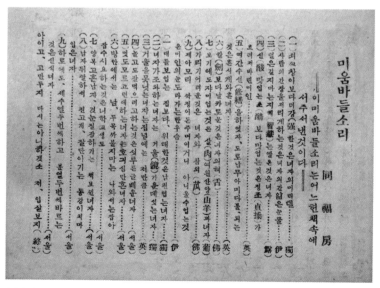

〈미움받을 소리〉. 여성을 비판·훈계하는 글귀 모음. _《신여성》 3권 2호(25년 2월).

처럼 눈에 보이지 않는 적, 그러나 도처에 존재하는 적과 신여성의 알력 관계를 《신여성》에서 읽어낼 수 있다. 《신여성》은 단어 정의, 명언 인용, 계율 작성이라는 공식을 이용해 신여성들에게 자신의 말을 이해시키려 했을 뿐 아니라 그 말을 믿고 따르라는, 즉 '수용'을 강제하는 권력을 행사했다. 이런 비가시적 권력이 언어를 통해 작용하는 지점이 사전, 어록, 십계명류였던 것이다.

참을 수 없는 존재의 불온함

이 꽃의 연하고 아름다운 모습은 사람들로 하여금 사랑하고픈 마음
이 일게 하지요. 그러나 궁궐에 나면 귀공자와 왕손의 눈길을 받을
것이요, 권세가에 나면 유명하고 벼슬 높은 이들의 사랑을 받을 것
이나 여항閭巷(여염집)에 나면 시골 아이, 떠꺼머리 목동에게 꺾이게
되겠지요. (…) 여자 또한 그러해서 사대부가에 나면 반드시 우아한
숙녀가 되고, 여염집에 나면 그저 그런 부인이 되는 것이랍니다. 어
찌 용모와 덕이 부족해서 그렇겠어요?[27]

윗글은 1864년 '초옥'이란 여성이 상대 남성에게 꽃을 꺾어주
며 건네는 말이다. 조선이라는 시대를 감안한다면 대단히 파격적
이다. 초옥 또한 꽤나 당돌한 여성임이 분명하다. 그녀는 사모할
만한 상대를 만났지만, 자신이 여성이기 때문에 마치 꽃가지가 꺾

이듯 남성에 의해 운명이 결정되는 팔자라는 생각에 답답해한다.

그로부터 50여 년이 흐른 1920-1930년대의 신여성. 공적영역으로 진출한 그녀들은 자유로운 개인 주체의 삶을 만끽하는 듯 보인다. 자신의 외모를 꾸미고, 하고 싶은 공부를 하고, 직업을 선택하고, 자유연애-결혼을 하고, 온갖 취미 생활을 즐길 수 있으니 말이다. 이 자유는 분명 '초옥'이 누리지 못했던 것이다. 그러나 '초옥'이를 좌우했던 손 자체가 사라진 것은 아니다. 그 손은 한층 은밀하게 가려져 있을 따름이다. 꽃나무가 자라는 장소가 이전 여성의 존재 조건을 규정했다면, 이제 신여성들은 관찰을 통해 재현됨으로써 존재한다. 어떻게 보일 것인가, 어떻게 보여야 하는가가 여성의 존재 조건이 되어버린 셈이다. 이때 시선은 마땅히 남성 주체에게 속해 있다. 설령 그것이 여성 자신의 시선인 듯 보일지라도 그 안에는 내면화된 남성적 기준이 분명하게 존재한다. 따라서 보아야 할 것과 볼 수 없는 것을 구별하고, 보는 방식을 선택하는 일은 여전히 남성 주체에게 달려 있다.

〈색상자〉, 〈은파리〉, 갖가지 우스개, 사전, 어록, 십계명 등은 남성 시선이 작동하는 방식을 여실히 보여준다. 그 시선 속에서 여성들은 희화화되고, 조롱거리가 되며 이들을 단죄하고 계몽하는 공식적인 틀이 생성되어 간다. 여성을 대상으로 한, 그러나 남성 지식인이 만든 여성 계몽 잡지 《신여성》은 신여성을 둘러싼 온갖 소문을 주워 담으며 그들을 비판하고 조롱함은 물론, 때로는 윽박지르고 겁주기도 했다. 동시에 '부적절한' 신여성을 웃음거리로 만들고, 새로운 지침으로 신여성을 계도하고자 했다. 그러나 이 모든 것을 감행하게 만든 건 남성을 거슬리게 만드는, 신경 쓰이게 만드는, 불편하게 만드는 '신여성'의 존재였다. 그 존재의 불온한 무게감을 가까스로 억누르는 힘, 그것이 〈색상자〉와 〈은파리〉와 갖가지 우스개, 사전, 어록, 십계명을 만들어낸 것이다.

강력한 남성의 '시선' 체제가 작동하는 담론의 장場이 잡지 《신여성》임에는 분명하다. 그와 동시에 그 시선 체제를 탄생시킨 불온한 신여성의 존재감 또한 분명하다. 여우털 목도리 때문에 한껏 조롱당할지언정 비로소 자기 몸을 보살필 수 있는 여성이 등장했고, 교만과 허영으로 가득한 사랑을 꿈꾼다고 비판받을지언정 자기 삶을 스스로 결정할 수 있는 여성이 나타난 것이다. 그녀들의 불온한 무게감을 감지하는 것이야말로 《신여성》의 페이지를 읽어내는 지금 우리들의 '시선'일 터이다.

덧붙이는 글 1

《신여성》의 어록, 십계명

양성어록兩性語錄 — 양주동[28]

※ 오스카 와일드가 말하길, 착한 계집은 사람을 괴롭게 하고 악한 계집은 사람을 못살게 한다.

※ 남성은 여성에 대하여 영원한 벗이 되길 희망한다. 그러나 여성은 남성을 자기의 주인으로 섬기든지 그렇지 않으면 종으로 여기려 한다.

※ 남성처럼 우물愚物은 없느니라. 여성처럼 속물俗物은 없느니라.

※ 여성은 남성을 사랑할 때에 수재秀才를 사랑하지 않고 수재인 듯한 사람을 사랑하며, 참된 사랑을 용납하지 않고 참인 듯한 사랑을 용납하느니라.

※ 참된 연애는 도깨비와 같으니라. 이야기하는 사람은 많아도 본 사람은 적으므로.

※ 처녀의 정조는 팔 물건에 흠을 내지 않으려 함이오, 아내의 정조는 금강석의 도난 예방이오, 과부의 정조는 남편의 망령에 바치는 정신적 향불香火이니라.

고치고 싶은 버릇

① "애는 왜 이래" "넌 괜히 그러더라" 하는 어투
② "해주세요" "꼭- 네" 하고 조르는 편지

③ 남 앞에 나가면 얼굴이 빨개지다가도, 안에 들어가면 남들 10배는 성내는 버릇

④ 선생님 앞에만 나가면 옷고름으로 장난치는 버릇

⑤ 조금만 꾸중을 들으면 쫄쫄 우는 버릇

⑥ 하찮은 일 보고도 깜짝 놀라 혀 내미는 버릇

⑦ 나갈 때 무얼 잊어버리고 도로 가지러 들어오는 버릇

⑧ 학교에서 돌아오면 책보도 풀기 전에 "어머니 저-" 하며 어리광 부리는 버릇

⑨ 한 장 써서는 찢고 두 장 써서는 버리고, 편지지만 없애는 버릇

⑩ 남의 물건 산 것 보고 "너 그것 어디서 샀니?" 하며 마음에 걸려 하는 것[29]

안심하고 사귈 수 있는 여자

① 이야기는 잘하지만 비밀은 꼭 지키는 여자

② 겉은 무거운 듯하지만 속은 시원한 여자

③ 천진난만하고 이지理智가 풍부한 여자

④ 쉽게 사귈 수 있지만 정조 관념이 굳은 여자

⑤ 필요한 때에 '아니요' 하고 똑똑히 말할 여자

⑥ 보드라운 중에도 굳은 신념이 있는 여자

⑦ 정당한 줄 알면 숨김없이 말해주는 여자

⑧ 고상하고도 속이 트인 여자

⑨ 아는 것 있지만 교만 안 피우는 여자

⑩ 상냥하면서도 이해 있는 여자

⑪ 몸은 깨끗이 가꾸지만 허영심이 없는 여자

⑫ 세상 경험은 있지만 교활하지 않은 여자[30]

1 〈색상자〉와 비슷한 꼭지들로는 〈조각보〉 〈이 소식 저 소식〉 등이 있었고, 비교적 객관적인 사실에 기초한 소식을 전달하는 〈여학생 통신〉 〈지방 통신〉 〈여성신문〉 〈여성계 소식〉 〈여학교 통신〉 〈여인사룬〉 등이 있었다. 그러나 사실을 바탕으로 소식을 전하던 꼭지들도 1930년대에 이르면 그 성격이 모호해져서 말 그대로 잡스럽다고 할 내용을 다루기 시작하고 종국에는 〈색상자〉류의 글과 변별하기 어려울 정도에 이른다.

2 관상자, 〈여성의 잡관잡평〉, 《신여성》 4권 3호(26년 3월), 51~52쪽.

3 〈색상자〉, 《신여성》 2권 3호(23년 3월), 64~65쪽.

4 〈색상자〉, 《신여성》 4권 6호(26년 6월), 46~47쪽.

5 〈색상자〉, 《신여성》 7권 12호(33년 12월), 54쪽.

6 〈색상자〉, 《신여성》 7권 9호(33년 9월), 63쪽.

7 〈색상자〉, 《신여성》 4권 8호(26년 8월), 57쪽.

8 〈색상자〉, 《신여성》 7권 8호(33년 8월), 82쪽.

9 5장의 "제2부인, 경계에서 출현하다"(215쪽) 참조.

10 앙리 베르그송, 《웃음》, 정연복 옮김, 문학과지성사, 2021, 89~115쪽 참조.

11 1장의 "새로운 탈 거리, 타인과 접촉하다"(39쪽) 참조.

12 목성, 〈풍자만필 은파리〉, 《신여성》 2권 4호(24년 6월), 24쪽.

13 목성, 〈풍자만필 은파리〉, 《신여성》 2권 5호(24년 7월), 37~39쪽.

14 목성, 〈풍자만필 은파리〉, 《신여성》 2권 7호(24년 10월), 66쪽.

15 존 버거, 《이미지, 시각과 미디어》, 동문선, 1990; 로라 멀비, 〈시각적 쾌락과 내러티브 영화〉, 《페미니즘 영화 여성》, 유지나·변재란 편, 여성사, 1993; 수잔 헤이워드, 《영화 사전―이론과 비평》, 이영기 옮김, 한나래, 1997, 45~46쪽 참조.

16 이하 인도 연구에 관한 서술은 《제국주의―신화와 현실》, 박지향, 서울대학교 출판부, 2000, 163~172쪽을 참조한 것이다.

17 웅초, 〈유-모어 소설—부부 카페광〉, 《신여성》 7권 5호(33년 5월), 51쪽.

18 하필 며느리의 이름이 당대 여성해방 담론의 연장선에서 크게 유행했던 입센의 〈인형의 집〉의 여주인공과 이름이 똑같은 점도 주목할 필요가 있다. 이는 얼치기 신여성은 물론 여성해방 담론까지도 비판하는 의도로 읽을 수 있기 때문이다.

19 〈시시로 보면서 모를 말〉(25년 1월)이 사전 형식으로는 처음 등장한 이래 〈여자에 대해서 쓰는 말 사전〉(25년 9월) 〈모던 신어新語 사전〉(31년 1월) 〈모던 유행어 사전〉(31년 4월) 〈유행어 사전〉(31년 6월) 〈유행 신어 해설〉(31년 11월) 〈모던어 사전〉(32년 2월) 〈신어 사전〉(32년 4월) 〈모던 딕슈내리dictionary〉(33년 2월) 〈유행어 아·라·모·드〉(33년 4월) 등이 있었다.

20 〈모던 신어 사전〉, 《신여성》 5권 1호(31년 1월), 26~27쪽.

21 〈모던 딕슈내리〉, 《신여성》 7권 2호(33년 2월), 81쪽.

22 〈유행어 아·라·모·드〉, 《신여성》 7권 4호(33년 4월), 76~77쪽.

23 뤼스 아모시, 《상투어—언어·담론·사회》, 조성애 옮김, 동문선, 2001, 37쪽.

24 〈양성어록兩性語錄〉(25년 1월) 〈미움받을 말〉(25년 2월) 〈여성에 관한 조선의 이어(俚語, 속어)〉(26년 2월) 〈여성계 유기遊記〉(26년 10월) 등의 꼭지가 주요 명언집이다.

25 〈여학생의 아홉 가지 잘못〉(24년 7월) 〈고치고 싶은 버릇〉(10개항, 25년 3월) 〈안심하고 사귈 수 있는 여자〉(12개항, 25년 4월) 〈부부 조화의 16개 조항〉(26년 6월) 〈모던 여성 십계명〉(31년 4월) 〈유혹에 걸리지 않는 비결〉(20개항, 31년 6월) 〈사랑을 맞추는 법〉(31년 6월) 〈남편의 마음을 맞추는 법〉(31년 6월) 〈연애 십계〉(31년 12월) 〈부부생활 원만 비결 10개조〉(32년 3월) 〈반드시 알아둘 주부상식 20개조〉(32년 6월) 〈여름방학 중 아동 교육법 십조〉(32년 8월) 〈일학년생 어머니에게〉(33년 6월) 등이 그러하다.

26 피에르 부르디외, 《상징폭력과 문화재생산》, 정일준 옮김, 새물결, 1995, 1·2장 참조.

27 《19세기 서울의 사랑—절화기담, 포의교집》, 김경미·조혜란 옮김, 여이연, 2003, 141쪽.

28 주동 생, 〈양성어록〉, 《신여성》 3권 1호(25년 1월), 64~65쪽.

29 〈고치고 싶은 버릇〉, 《신여성》 3권 3호(25년 3월), 67쪽.

30 〈안심하고 사귈 수 있는 여자〉, 《신여성》 3권 4호(25년 4월), 23쪽.

3장

문제적 기호,
'여학생'

여자교육은 모성 중심의 교육이어야 한다. (…) 여자의 반생은 어린아이를 낳아 기르는 것으로 보내게 되며 어린아이는 어미의 품에서 성격의 토대가 잡힌다. 좋은 어머니가 되며 좋은 아내를 길러내는 것이 여자의 인류에 대한 의무요, 국가에 대한 의무요, 사회에 대한 의무이다. 또 여자가 아니면 하지 못할 일이다. (…) 아! 우리 쓰러져가는 민족을 새로 일으킬 새 국민을 낳아주소서. 학교에 가거든 그것을 배우도록 합시다.

新女性

'신여성'은 누구일까? 그것은 또 '여학생' '모던걸' '현모양처' '직업부인' 등의 용어와 어떤 관련을 맺고 있는가? 신여성이란 신학문을 익힌 '여학생'의 단계를 거쳐, 새로운 외모와 교양으로 무장한 '모던걸'의 단계를 밟고, 경제적 자립을 도모하는 '직업여성'이 되거나 혹은 결혼하여 근대적 가정을 꾸리는 '현모양처'가 되어가는 일군의 여성들인가? 아니면 '여학생'은 학교라는 공간 속에서, 반면에 '모던걸'은 도시라는 공간 속에서 발화되는 기호인가? 다시 말해 위의 언표들은 실체로서의 신여성들을 세분화하여 지칭하는 이름인가? 아니면 각각은 학교, 거리, 극장, 하숙집, 직장, 빵집, 전차, 백화점 등 공적영역에 새롭게 등장한 일군의 여성들을 규율하려는 타자화의 기표들인가? 또한 이런 식으로 신여성들을 명명하거나 재명명하는 담론적 주체는 누구인가? 여성인가? 아니면 남성인가? 주체화의 기호와 타자화의 기호들은 구분될 수 있는 것일까? 그 어떤 것도 단순하게 답하긴 어렵다.

그럼에도 불구하고 잡지 《신여성》에서 '신여성'뿐 아니라 '여학생' '모던걸' '직업부인' 등의 언표가 끊임없이 등장하고 있다는 사실은 전근대와 근대 사이에서, 민족국가와 식민지 사이에서, 남성과 여성 사이에서 기존의 질서가 동요하고 있다는 것, 나아가 힘의 재편을 둘러싼 모종의 경합이 벌어지는 중이라는 것을 드러낸다. 시몬 드 보부아르Simone de Beauvoir처럼 말한다면 1900년대 전후 태어난 조선의 여성들은 1920-1930년대를 통과하면서 '신여성'이라는 담론적 배치와 '학교'라는 물질적 배치를 통해 근대 여성으로 "만들어지는 중"이었다. 여기서는 '여학생'이라는 기호가 《신여성》 내에서 어떤 위상을 차지하고 있는지, 그것이 식민지 근대 여성 주체의 성격을 어떻게 주조하고 있는지를 간략히 탐색한다.

가장 먼저 주목할 점은 학교에 다니는 여성들은 개화기부터 존재했으나 '여학생'이라는 호칭은 《신여성》에 와서 본격적으로 등장한다는 것이다. 1920년에 창간한 《신여자》의 경우 주로 등장하는 용어는 '신여자' '청년 여자' 등이다. 그리고 그 명칭들은 잡지의 발행인이기도 한 조선 1세대 페미니스트 김원주, 김활란, 박인덕 등이 자신들을 구세대로부터 구별 짓기 위해 스스로에게 붙이는 자기 명명의 기호였다. '누이'라는 단어도 등장하지만, 그것조차 '신청년'이 '신여자'들에게 새로운 미래를 함께 열어가자며 연대감을 표현하는 맥락에서 등장한다.[1] 그런데 개벽사의 《부인》이 《신여성》으로 바뀌자마자 '여학생'이라는 호칭이 대대적으로 나타난다.

두 번째로 확인해야 할 것은 '여학생' 관련 기사가 1923년 9월의 창간호[2]부터 폐간호로 추정되는 1934년 8월호까지 거의 한 호의 예외도 없이 실렸고, 두 번이나 특집으로 다루어지는 등[3] 《신여성》 내에서 문예란을 제외하고 양적으로 가장 많다는 사실이다.[4]

그뿐만 아니라 다루는 범위도 매우 광범위해서 1926년 4월 '여학생호'에서는 논설에 해당하는 두 개의 기사 〈오늘날 여학생에 대한 일반 남자의 그릇된 선입견〉 〈여학생 여러분에게 고하노라—특히 생활운동에 착목하라〉[5]를 필두로, 1908년 '동원여숙'[6] 창설 당시와 1926년 현재의 여성교육 풍경을 비교하는 기사, 동경 유학생 출신의 여교사들 소개, 여학교 의자를 개량해야 한다는 지적, 여학생들이 치마를 짧게 입고 볼이 좁은 구두를 신으며 다리를 드러내고 다니는 것에 대한 문제 제기, 졸업생 취업난 문제, 지방에서 유학 온 여학생들의 감시 감독 문제, 가정교육을 잘해달라는 교사의 당부와 조언, 경성에 유학 간 딸에 대한 근심 걱정, 기숙사 생활에 대한 추억담, 구여성과 비교해 여학생이 얼마나 등이 곧고 혈색이 좋으며 근육이 발달했는가를 소개하는 교사의 글, 외국인, 남학생, 10년 전 졸업생, 구가정부인, 서점 주인, 상점 주인, 하숙집 주인이 현재의 여학생을 바라보고 느끼는 감상, 그리고 각학교 여학생과 졸업생이 모교에 대해 불평불만을 털어놓는 글, 나아가 신흥 외국, 구체적으로 러시아, 중국, 독일의 여학생을 소개하는 글 등이 전방위로 실려 있다.

이런 사실은 《신여성》이 학교에 다니는 당대의 여학생들을 구체적인 독자층으로 삼아, 그들을 타깃으로 다양한 읽을거리를 제

경성여자고등보통학교사학년졸업생일동입니다 " 이여분들중에다섯분은보통학교교사로
여성자고등보통학교사학년졸업생일동입니다 " 이여분들중에다섯분은보통학교교사로
세분은일본으로유학간다합니다

그중의첫지졸업생은오정순(吳貞順)양

입니다

《신여성》에 실린 화보 사진. 경성여자고등보통학교 4학년 졸업생을 소개하고 있다. 사진 설명을 통해 이들 중 5명이 보통학교 교사로 6명은 가정으로 4명은 사범과로 3명은 일본으로 유학을 간다고 밝히고 있다. _《신여성》 2권 3호(24년 4월).

공하는 대중잡지였다는 것을 보여준다. 그리고 동시에《신여성》
이 새롭게 등장한 여학생들의 공적 생활 문법을 제시하고 그들에
게 삶의 가이드라인을 제공하는 계몽적이고 규율적인 권력으로
작동했다는 사실도 보여준다. 여학생은 일견 모순되어 보이는 이
런 담론적 자장 속에서 부지런히 재현되는 중이었다.

여성교육 속 '맨스플레인'

드라마 〈미스터 션샤인〉에는 초창기 우리나라 여성교육의 풍경을 알려주는 몇 장면이 나온다. "단정히 있다 혼인하여 지아비 그늘에서 꽃처럼 살라"는 할아버지에 반항하여 "계집이라 하여 어찌 쓸 곳이 없겠습니까?"라며 기별지⁷를 즐겨 읽던 주인공 고애신은 어떤 이방인의 영어 이름이 읽고 싶어서 학당에 찾아간다. 드라마 배경이 1902년이니 그곳은 1886년에 생긴 우리나라 최초의 여자 교육 기관, 이화학당일 가능성이 높다.

그리고 얼마 후 고애신은 고종의 후궁이자 대한제국 마지막 황태자인 영친왕의 생모, 엄귀비嚴貴妃를 만나게 된다. 엄귀비는 "반가의 여식이 신학문을 배우고 있다기에 매우 반가워" 그녀를 초청한 것이다. 그리고 학당에서 배우는 수학이나 지구과학 등이 매우 흥미롭다는 애신의 말에 "내 대한의 여인들을 위해 학당을 세우는 일이 헛된 일은 아닐 것 같다"라며 흡족해한다. 실제 엄귀비는 1908년, 현재 진명여고의 전신인 '진명여학교'와 숙명여대의 전신인 '명신여학교'를 세웠다.

그러나 현실에서 학교에 다니는 여성은 여전히 드물었다. 1910년대에 들어서도 교사들은 광고지를 들고 집마다 찾아가서 딸이나 여동생들을 학교에 보내달라고, "돈 한 푼 받지 않고 공부시켜 드립니다"라고 애원했지만, 여전히 딸 가진 부모의 반응은 냉랭했다. 그나마 개명한 가정에서조차, 상류 가정의 딸은 가마를 타고 중류 이하면 쓰개치마를 덮어쓰고 등교해야 했다.

1919년 3·1운동 이후에는 사정이 달라진다. 일반 여성의 향학열이 높아져 '학교'가 대세가 되었고 1926년 정도에 이르면 "늙어가는 몸으로 인력거를 끌어서 딸의 학비를 대어주는" 부모가 등장하고,[8] "아무리 경제가 곤란한 시기라도 다 같이 자기의 장래를 위하여 무엇이든 하루바삐 배우려는 학생들이 벌떼같이 모여들어 너나 할 것 없이 지원서를 제출"하는 사태가 발생한다. 그런데도 수험료로 떼돈을 버는 학교 당국은 입학 정원을 늘리는 방법을 강구하기는커녕 지나치게 어려운 시험문제를 내거나, 체격, 용모, 재산 정도에 따라 합격과 불합격을 결정하여 수험생들의 원망을 샀다.

《개벽》의 주필인 김기전은 이런 현실을 구체적인 수치까지 들어가며 비판한다. 그는 입으로는 누구나 남녀평등과 여자해방을 외치지만 실제 교육받은 여성은 초등 수준에서조차 여성 인구 860만 명에 고작 5만 명 내외, 즉 1퍼센트가 안 된다고 지적한다.

이런 "치욕스러운 현실"의 원인은 '입학난', 즉 "여자공립보통학교라고는 서울이나 평양을 제외하고는 아무 데도 없고" 나아가 "여자고등보통학교를 보면 공립과 사립을 합해서 일곱 학교밖에 되지 못하"기 때문이라고 한다.[9] 그리고 이런 "조선의 절뚝발이 교육"을 해결할 대안으로 초, 중등학교의 확충은 물론이거니와 "여자만을 위한 전문학교를 세우는 것 그리고 여자만을 위한 각종 기술학교를 세우는 것"이 필요하다고 역설한다.[10]

그런데 식민지 조선에서의 입학난, 즉 학교 부족 현상은 식민통치의 결과물이었다. 일본은 자신들의 본국에서는 여성을 근대 국민국가의 주체, 즉 '황국 신민'으로 만들기 위해 여성교육을 적극적으로 추진했지만, 차별 정책을 추진하던 조선에서의 여성교육에는 매우 소극적이었다.[11]

한편 '입학난' 말고도 여성교육에 대한 논점은 더 있다. 하나는 개화기 이래 줄기차게 논란이 되어온 여성교육의 목적이고, 다른 하나는 당대 실시되던 여성교육의 내용에 관한 것이다. 우선 동경 와세다대학교 출신으로 《무정》의 작가이자, 첫 번째 부인과 이혼하고 조선 최초의 여의사인 허영숙과 재혼한 자유주의자이며, 당시 동아일보 편집국장이었던 약관 32세의 이광수는 여성교육의 목적이 새 국민을 낳고 키워나갈 좋은 어머니를 양성하는 것이라고 설파한다.

여자교육은 모성 중심의 교육이어야 한다. (…) 여자의 반생은 어린 아이를 낳아 기르는 것으로 보내게 되며 어린아이는 어미의 품에서 성격의 토대가 잡힌다. (…) 좋은 어머니가 되며 좋은 아내를 길러 내는 것이 여자의 인류에 대한 의무요, 국가에 대한 의무요, 사회에 대한 의무이다. 또 여자가 아니면 하지 못할 일이다. (…) 여자들이 모성 중심의 교육을 받지 않고 남의 어머니가 되겠다고 하는 것은 마치 의학교醫學校도 다녀보지 못한 사람이 남의 병을 고치겠다는 것과 같이 위태롭고 어리석은 일이다. (…) 아! 우리 쓰러져가는 민족을 새로 일으킬 새 국민을 낳아주소서. 학교에 가거든 그것을 배우도록 합시다.[12]

여성교육의 내용에 대해서는 1931년 미국 유학파이자, 스탠퍼드 대학 교육학석사이자, 〈사랑방 손님과 어머니〉의 작가인 주요섭이 서른의 나이에 〈여성교육 쇄신안〉을 발표하며 문제를 제기한다. 우선 그는 여학교에서 "영어를 집어치우고 그 시간에 조선글을 배우게 해주자"라고 주장한다. 그런데 그 이유가 "여자고등 졸업생의 90%는 가정주부가 될 운명"이기 때문이다. 그렇게 "가정으로 들어갈 여자들에게 영어가 대체 소용이 무엇일까"라는 것이다. 그뿐만 아니라 대수, 기하, 물리화학도 다 필요 없다고 한다. 역시 가정으로 들어갈 여성들에게 이과 상식 이상의 교육은 필요 없다는 것이다.

무엇보다 주요섭은 가사 교육의 내용을 대폭 수정하라고 주문한다. 이유는 "여자고보를 졸업한 주부의 가정에서 십여 일을 내리 저녁 반찬으로 동태에 두부를 섞어 삶아 먹는 것을 보았"기 때문이란다. 또한 교육받은 여자와 결혼한 친구들이 자기 아내가

"그렇게 만들기 쉬운 카레라이스도 만들 줄 몰라서 먹고 싶으면 사 먹어야 된다"고 했다는 것이다. 그러니 여학생에게 "동태를 가지고도 여러 가지 요리를 할 수 있고, 두부를 가지고도 여러 모양으로 요리를 할 수 있도록", 나아가 밥 한 가지를 하더라도 콩밥도 할 수 있고, 계란밥도 할 수 있도록 가르치라고 한다.[13]

주요섭은 또한 1933년에도 〈조선 여자교육 개선안〉을 발표하는데 "조선가정처럼 오락이 없고 건조무미한 가정은 세계에 또 없을 것"이고, 그 때문에 "남자들이 가정에 취미를 갖지 못하고 밖으로 나간"다고 말하면서 "가정오락 방법을 여학생들에게 적극적으로 가르쳐 주어야 그들이 장차 현명한 주부가 될 수 있고, 평화스러운 가정을 꾸밀 수 있게 될 것이다"라고 말한다.[14]

1920년대 중반, 식민지 조선에는 국내에서 여학교를 나오고 동경 유학 이후 교사나 시인, 혹은 성악가나 미술가 등으로 활약 중인 1세대 페미니스트, 나혜석, 김일엽, 김명순, 박인덕 등이 있었다. 모두 이광수, 김기전, 주요섭과 동시대 사람들이다. 그러나 당대 여성교육에 대한 이 여성들의 목소리는 《신여성》에서는 들리지 않는다. 그곳에는 여학생을 향해 장차 '민족개조'[15]를 담당할 아이를 낳아 잘 기르라거나, 실용적 지식으로 무장하여 가정 요리를 더 창의적으로 만들어보라는, 식민지 초엘리트 남성 지식인들의 훈수와 주문, 일종의 조선판 '맨스플레인mansplain'[16]만 가득하다.

소녀를 보호하라

여학생은 '여자'와 '학생'의 조어이다. 학생은 전근대 시대부터 있었지만, 그때 학생을 일컫는 '태학생'(고구려), '국학생'(신라), '생도'(조선시대 성균관), '원생'(조선시대 서원) 같은 호칭은 지배계급과 연결된 특권적 신분을 의미했다. 그러나 보편 교육의 이념을 구현한 근대 학교 체제에서 학생은 전근대 시기와 달리 연령적 존재가 되며, 지식과 경험이 없어 무구하나 무지한 계몽의 대상이 된다. 그리고 이런 학생은 다시 젠더화되어 '여학생'은 더 무구하고 무지한 '소녀'가 된다. 그런데 이는 한편으로 얕잡아 볼 수 있다는 의미이지만, 다른 한편으로 한없이 맑고 깨끗해서 애지중지해야 할 대상이라는 뜻이기도 하다. 실제 당대 여학생들의 로망 중 하나였던 '문학소녀'를 두고 소설가 이석훈은 "무지스러울 만큼 실로 귀엽고 사랑스러운 존재"[17]라고 말하기도 했다.

서구에서 어린이는 16세기에 와서야 어른들의 타락한 세계를 구원해 줄 안티테제로, 순진무구한 천사의 이미지로 표상되며 등장한다.[18] 이와 마찬가지로 1920년대에 이르면 조선의 여학생들은 식민지의 우중충한 현실을 밝혀줄 천사이자 빛, 꽃으로 호명된다. "16세의 어린 소녀 예술가"이자 "무용 천재"인 최승희는 암울한 현실에 한 줄기 희망을 던져줄, '얌전'하고 '겸손'하며 동시에 '경쾌' '우미優美' '델리케이트delicate'한 존재로 등장한다.[19] 최승희를 비롯한 조선의 모든 소녀-여학생의 사명은, 그리하여 무엇보다 '아름다울 것'이었다.

당신의 사명은? 아름다운 것입니다. 당신은 이제 이팔청춘 '꽃 같은 너'. (…) 그러니까 당신은 아름다워야 합니다. (…) 당신들이 나서는 곳은 화창한 봄빛이 떠돌고 있습니다. 아무리 우중충한 집 속에 거처한다고 하더라도 당신이 있는 곳에는 영롱한 향기가 돌고 있습니다. 당신은 꽃이니까요. (…) 당신들은 기적을 가진 천사. 그리고 당신의 사명은 아름다움이올시다. 살풍경한 이 세상을 아름답게 단장시킬 당신입니다. (…) 그러니까 힘을 다하여 아름다움을 발휘하도록 노력하십시오."[20]

《신여성》의 주요 남성 필진은 여학생의 순진무구함과 아름다움을 보호하는 데 전력을 다한다. 그러기 위해서는 당시 여학생과 함께 거리를 공유하던 다른 두 집단, 즉 기생과 남학생으로부터 여학생을 지키는 일이 중요했다.

우선 여학생은 기생과 구별되어야 한다. 기생은 전근대 사회에서 쓰개치마를 쓰거나 하녀를 앞세우지 않고서도 유일하게 거리를 활보할 수 있는 여성이었다. 거리의 기생은 "고운 비단, 화사한 빛 삼회장저고리, 남의 머리채를 사다 엮어 올린 어여머리 등 사치스러운 차림새"로 짙은 화장을 하고 기생을 상징하던 붉은 양산을 들고 다녔다.[21] 그런데 1920년대에 들어서면 "탕녀와 여학생을 구별하는 경계선이 무너"진다. 기생들도 트레머리를 하고 구두를 신고 수수한 치마저고리를 입고 다녔기 때문이다.

이렇게 "기생의 거동이 여학생의 거동을 밟으며, 매음부의 정장이 여학생의 행색을 쫓는 폐단"이 생기면, "매음부 등 잡배들이 여학생 틈에 숨어들어 그 풍기를 문란케" 할 것임이 틀림없고, 그런 와중에 "여학생들이 통행 중에 모욕을 당하는 일이 많이" 생기게 될 것이 뻔하다는 전전긍긍이 이어졌다. 어떻게 여학생들을 이들 "잡雜"것들로부터 구해낼 것인가? 어떻게 여학생의 '순정純正'함을 보존할 것인가?[22]

가장 쉬운 방법은 복장으로 이 두 집단을 구별하는 것이다. 여학생에게 교복을 입히자는 제안, 교복이 힘들면 치마에 흰색으로 두 줄 선을 두르는 식으로라도 학생의 표식을 만들거나 그것도 어렵다면 교표를 제정하거나 저고리의 동정 색이라도 학교마다 통일하자는 주장이 나온다. 그러니까 여학생에게 교복은 자기의 새로운 신분을 과시하는 구별 짓기의 아비투스[23]라기보다는 쉽게 식별되기 위해, '시선의 권력'[24]하에 권장된 것이다. 1926년에 이르면 "여학교에도 어느 학교를 막론하고 거의 마-크를 만들어 가

1920년대 기생의 모습. 여학생과 복장이 잘 구분되지 않는다. _국립중앙박물관 소장.

습에 붙이게" 된다. 숙명의 교표는 "둥그런 바탕에 둥굴레꽃 잎사귀 하나와 꽃을 수놓은" 디자인으로 "꽃과 같이 정숙하게 여자답다는 뜻"이고, 이화의 교포는 "이화꽃(배꽃)과 같이 순결하며 좋은 열매를 많이 맺으라는 의미"였다.[25]

그 많던 신여성은 어디로 갔을까

또한 꽃봉오리 같은 여학생은 그 꽃을 꺾으려는 남학생들의 억센 손으로부터도 보호받아야 했는데 당대는 이것을 '풍기 문란' 단속이라고 불렀다. 풍기 문란은 원래 학생들의 사치스러운 옷차림, 카페나 요리점에서 술이나 음식을 먹고 돈을 내지 않는 것, 학과 시간에 영화를 보러 가는 것, 백화점에서 소매치기하는 것 등을 모두 포함하는 죄목이었다. 하지만 《신여성》에서 집요하게 문제 삼는 풍기 문란은 남녀 관계였다.

남녀 교제와 관련해서는 '희롱하는 남학생'과 '희롱당하는 여학생', 혹은 '늑대狼 같은 남학생'과 '양羊 같은 여학생'이라는 식의 이분법이 설정된다. 연애편지를 먼저 보내는 쪽도, "희롱 삼아 여학생을 꾀여내거나 버려놓는 것"도 늘 남학생이다.[26] 한편 여학생이 유혹에 잘 빠지는 것은 그들이 유혹당하기 가장 쉬운 나이인 데다가 "아직 세상을 몰라 온갖 것을 아름답게만 보고 모든 것을 순결하게만 알고 있"기 때문이다.[27] 또 "속담에 열 번 찍어 안 넘어가는 나무가 없다는 식으로 순진한 소녀들의 마음이 계속적 충동과 유혹에 흔들"리기 때문이다. 순결하고 순수하나 그래서 미숙하고 무능력한 소녀. 이들 여학생은 자칫 잘못하면 눈 깜짝할 사이에 구덩이에 빠져 "자랑스러운 인생의 꽃은 무참히 짓밟히거나 떨어져 버린다."[28] 이런 구도에서 여학생은 이미 피해자이거나 미래의 피해자이다. 그리고 예나 지금이나 여성에게 피해자 정체성을 부여하는 이런 담론은 여성을 무성적이고 수동적인 존재로 만든다.

규율과 감시, 단속되는 몸

1894년의 갑오개혁과 1895년의 을미개혁으로 신분제도가 공식적으로 폐지되면서 전통적인 성별 관계에 획기적 변화가 일어났다. 특히 내외법이 무력화되면서 여성은 거리나 학교와 같은 공적공간에 등장하기 시작했다.[29] 근대 문물의 상징인 철도는 신분과 토지의 봉건적 속박에서 벗어나 원하는 곳으로 이동할 수 있는 자유를 주었고, 여성들 역시 그 철도를 타고 부모와 집을 떠나 '유학생'이 되었다. 그뿐만 아니라 여학생은 음악회와 강연회, 극장에서 문화를 향유하는 문화적 주체이자, 산책길에서 남자와 나란히 걸을 수 있는 자유연애의 주체이기도 했다. 그러나 현실에서는 공적영역에 들어선 여학생의 일거수일투족이 시시비비의 대상이 되고, 머리끝부터 발끝까지, 표정에서부터 걸음걸이까지 단속의 대상이 된다.

우선 거리에서 남녀가 함께 어울리는 풍속이 철퇴를 맞는다. 1920년대 초 철도 당국은 기차 통학생의 풍기 문란을 단속하기 위해 남녀 학생의 열차 칸을 분리하는 지침을 공표했다. 즉 남학생은 앞 열차로, 여학생은 뒤 열차로 각각 좌석을 구분해 승차하게 했으며, 이를 위반하는 학생은 소속 학교와 이름을 적어 철도국 수사과에 보고하라고 했다.[30]

두 번째로 여학생은 학교 규율을 통해서도 활동의 자유가 제한된다. 필리프 아리에스Philippe Ariès나 미셸 푸코Michel Foucault가 지적한 것처럼, 근대 학교는 특정 집단을 학년, 학급 등으로 연령에 따라 분할하고, 시험제도를 통해 그들을 서열화하며, 기숙사의 공간 구조와 학교 규칙 등을 통해 신체를 통제하는 규율권력이다. 식민지 조선에서도 1920년대와 1930년대를 지나면서 학교 규율이 완비된다.

1927년 제정된 양정고등학교의 학교 규율 '생도심득세칙生徒心得細則'을 보면, "풍기에 해로운 소설 또는 서적을 읽어서는 안 된다" "교과서 외의 서적 또는 잡지 등을 구독할 때는 학급 주임에게 신고해야 한다" "요릿집, 찻집, 흥행장 등 적어도 생도의 체면을 훼손시키는 장소에 출입해서는 안 된다" "통학생의 숙소가 풍기에 해롭다고 인정될 때는 변경하도록 해야 한다" 등의 내용이 있다.[31] 그러나 이것은 당시 사회적 맥락을 고려해 볼 때 사회주의 사상과의 접촉을 차단하는 데 더 방점이 있었다. 공주고보, 양정고보, 경성제이고보 등에서는 학생 숙소에 대한 감독을 편리하게 하려고 학교가 정한 소정의 문표門標를 학생 숙소에 달기도 했는

데, 이는 고보생들 사이에 널리 퍼져 있던 독서회를 적발하기 위한 장치였다고 한다.[32]

이에 비해 1927년 숙명여자고등보통학교에서 제정한 '나날의 양식'이라는 학교 규칙은 '학습상 유의사항' '체육상 유의사항' '등하교 시 유의사항', '교실 출입 시 유의사항', '교실 안에서의 유의사항', '휴게 시간의 유의사항', '식사 시 유의사항', '복장상 유의사항', '위생상 유의사항', '기타 유의사항' 등으로 여학생의 시간과 공간을 전방위적으로 단속했다. 그뿐만 아니라 "허가 없이 활동사진, 연극 등 흥행물을 관람하기 위하여 극장에 가서는 안 됩니다" "밤 외출을 할 때는 가족 또는 본교생과 동행합시다" "언제나 편지 왕래에 주의하여, 미심쩍은 편지를 받았을 때는 담임선생 혹은 사감 선생에게 제출합시다"라는 식으로 여성 신체에 대한 통제를 강화했다.[33]

세 번째로 여학생의 주거 공간에 대한 감시이다. 특히 하숙집은 풍기 문란의 진원지로 여겨졌기 때문에 강력한 단속 대상이었다. 가장 좋은 방법은 학생 모두 기숙사 생활을 하도록 하는 것이었다. 그게 여의찮으면 "학교의 선생이 경찰관리 모양으로 항상 학생의 뒤를 정탐하고 또 하숙을 가끔 시찰"해야 했다.[34]

학교 기숙사에 있지 않고 다른 하숙집에 있는 학생이 더러 있는데 그런 사람으로 공부도 못하고 타락된 사람이 많이 있습니다. (…) 한 집에 남학생 여학생이 (방이 따로따로일지라도) 함께 거주한다는 것은 십의 칠, 팔은 유혹의 구렁에 딸을 넣어두는 셈입니다. 또 한 집에 남학생과 섞여 있지 않다고 해도 모르는 남자가 주인집에 드나들지 말라는 법이 있겠습니까?"[35]

그리고 이 모든 것을 종합한 것이 여학생들의 일상을 세밀하게 규율하는 기숙사 규칙이다. 1927년에 제정된 숙명의 기숙사 규칙엔 아래와 같은 내용이 포함되어 있다.

1. 학교의 교과서 및 참고서 이외의 독서를 금한다.
2. 허가 없이 가족, 친척, 졸업생, 통학생 기타 일체의 방문객을 기숙사에 들이지 말아야 한다.
3. 기숙사생은 면회하러 온 사람을 만날 때 그 사람의 주소, 이름과 본인과의 관계를 면회부에 써야 한다.
4. 외출은 수요일과 일요일만 가능하다.
   ① 수요일은 방과후부터 5시 반까지 가능하고, 일요일은 아침 식사 후부터 오후 5시까지이다.
   ② 출입할 때는 본인의 명찰을 맡기고 나가야 하며 2시간 이상 외출할 때는 외출부를 작성하여 사감의 날인을 받아야 한다.
   ③ 외출할 때는 반드시 2인 이상이 동행해야 한다.
5. 임시외출, 외박, 여행을 희망할 때는 반드시 사감에게 이유를 제출하고 허락받아야 한다.

당시 회고담을 보면 기숙사는 "너무 규칙적이기 때문에 일거수일투족에 자유가 없어 항상 밧줄로 얽매인 것 같은 느낌"을 가질 수밖에 없었고, 어쩌다 친척이 면회 한번을 오면 마치 "옥중에서 친척을 면회하는 것처럼" 반가웠다고 한다.[36] 기숙사에서 학생들은 차례대로 일주일씩 사감 방에 가서 "무릎을 꿇고 앉아 예의 작법을 배"우고, "때로 사감 방에 손님이 오면 하녀 모양으로 차를 따라야 하고 또 때로는 사감의 다리까지 주물러줘야" 했다. 기숙사 방에서는 "누비이불처럼 누빈 걸레를 네 겹으로 딱 접어서 장판지 한 칸을 닦은 다음 그것을 돌려 쥐고 다른 장판지 한 칸을 닦"아야 했기 때문에 가령 "방 하나에 열 칸 이상의 장판지가 깔렸으면 걸레를 열 번 이상 고쳐 쥐어야 할 뿐 아니라 몇 번씩 빨아야 했"고, 걸레를 빠는 일조차 "뽀독뽀독 소리가 나도록 빨아서 또한 뽀독뽀독 소리가 나도록 짜"야 했다고 한다. 푸코가 말한 것처럼 기숙사를 통해 여학생들의 신체는 새로운 규율권력의 표적이 되고, 지식의 새로운 대상이 되어가고 있었다. 여학생은 행위를 분할하고 동작을 시간대에 따라 배열하는, 신체의 이런 근대적 복종 기술을 익히면서 주체로 만들어지고 있었다.[37]

그 많던 신여성은 어디로 갔을까

상상된 학교, 핍진한 현실

나혜석은 1918년 《여자계》에 〈경희〉라는 소설을 발표한다. 주인공은 일본 유학생 경희. 방학을 맞아 집에 왔는데, 여자인 주제에 학교에 다니는 경희가 못마땅한 사돈 마님은 경희에게 "그만 곱게 입고 앉았다가 부잣집으로 시집가서 아들딸 낳고 재미있게 살지 그렇게 고생할 것 무엇 있니?"라고 나무란다. 할머니는 "여편네는 동서남북도 몰라야 복이 많다"라면서 공부해 봤자 어차피 결혼해서 보리방아 찧는 신세가 될 것이라고 조롱한다. 하지만 경희가 일본어로 된 양재 교본을 번역해서 일본인 강사의 존경을 받고, 심지어 졸업하기도 전에 일본 회사에 고액 연봉으로 스카우트 제의를 받았다는 것을 알게 되자 주변 사람들의 태도가 달라진다. 여자도 공부시켜야 할 분명한 이유가 확인된 것이다.

또한 경희는 청소 하나에도 남달랐다. 다락 청소를 하면서도

"가정학에서 배운 질서, 위생학에서 배운 정리, 또 도화 시간에 배운 색과 색의 조화, 음악 시간에 배운 장단의 음률을 이용하여" "건조적建造的이고 응용적"으로 한다. 자립심이 강해 자기 먹을 것, 입을 것을 제 손으로 만들고 마당 치우는 일, 마루 걸레질도 마다하지 않는다. 하지만 아버지는 열아홉 살 딸의 결혼이 이미 늦었다고 생각한다. 이번 기회에 혼담이 오가는 명문가에 시집보내겠다고 작정한다. 경희는 갈등한다. 자기 앞에는 부잣집 안방마님이라는 탄탄대로와 신여성이라는 "험하고 찾기 어려운 길"이 있는데 어느 쪽으로 가야 할까? 하지만 자신은 여자이기 이전에 사람이라는 자각, 즉 "오냐, 사람이다. 사람으로 보이지 않는 험한 길을 찾지 않으면 누구더러 찾으라 하리!"라는 다짐과 함께 학업을 계속하기로 마음먹는다.[38]

식민지 조선의 많은 여성들이 '경희'를 동경하고 '경희'처럼 되고 싶어 했을 것이다. 여학생이 된다는 것은, 개성 넘치는 사람이 되는 길이고, 신학문을 통해 유능해지는 길이며, 주변의 존경을 받는 길이고, 스스로 경제적 자립을 도모하는 길이라고 생각했을 것이다. 그런데 이런 바람은 현실에서 실현될 수 있었을까?

1924년 봄, 진명여고의 한 여학생은 졸업을 앞두고 막막한 심정을 토로한다. 우선 "공부를 더 하고 싶습니다. 그렇지만 돈이 없어서 일본이나 청국에는 갈 수가 없습니다. 조선 안에서는 갈 곳이 한 곳도 없습니다"라고 한탄한다. 그다음 공부를 더 할 수 없다면 직업을 가져야 하는데 공립학교 교사로 가려면 사범과 출신만 뽑기 때문에 불가능하고, 사립학교는 몇 개 되지 않으며, "그 외에

은행원, 회사원, 간호부, 전화교환수" 등의 직업은 이름만 있을 뿐 실제 자리는 없다고 말한다. 그렇다면 "공부도 더 못 할 사정이고 사회에 나아가 일할 처지도 되지 못하면" 세 번째 대안으로 결혼을 생각할 수도 있지만, 부모와 자신의 결혼관이 달라 그것도 쉽지 않을 것이라고 비판한다. 그러면서 제발 시집가라고 독촉하지 말고, 대학이나 회사 같은 것은 바라지도 않으니 우선 여자전문학교라도 세워달라고 간절히 요청한다.[39]

이건 《신여성》 편집진이 직접 조사한 졸업생의 희망 진로 통계를 통해서도 확인된다. 1924년 숙명, 배화, 진명, 경성여고보,[40] 동덕, 정신, 이화 등 총 7개의 여고 졸업생 222명을 조사한 결과, 사범과 진학을 희망하는 학생이 50명, 상급학교 진학을 희망하는 학생이 62명, 일본 및 중국 유학을 희망하는 학생이 23명이었다. 반면 사회로 바로 뛰어들어 교사가 되고 싶다는 학생은 26명이고, 기타 다른 구직활동을 하겠다는 사람은 12명이었다. 반면 진로를 가정이라고 대답한 사람은 49명이었다. 요약하면 전문학교든 유학이든 상급학교로 진학해 공부를 계속하겠다는 사람이 61%, 교사 등 직장을 가지겠다는 사람이 17%, 가정이라 답한 사람이 22%였다.[41] 1년 후에도 같은 조사를 하는데, 동일한 7개 학교의 졸업생은 총 222명에서 265명으로 전해에 비해 약 20% 증가하였다. 졸업생의 희망 진로를 보면, 유학을 포함 더 공부하겠다는 사람이 52%, 교사 등을 원하는 사람이 37%, 가정으로 대답한 사람은 10%였다. 전년 대비 진학을 희망하는 사람은 약간 줄고, 취업 희망은 늘었으며, 가정으로 복귀하겠다는 비율은 절반으로 줄었다.[42]

1919년에서 1938년까지의 총독부 공식 통계를 보면 여학교 졸업자의 실제 진로는 관공서 0.9%, 교원 9.6%, 은행과 회사 1.4%로 졸업 후 경제활동[43]을 하는 사람은 전체의 11.9%에 불과하다. 이에 비해 가사는 무려 59.8%로 남자의 28.4%에 비해 두 배 이상 높다. 반면 진학률은 남학생의 경우 34.9%임에 비해 여학생은 26.1%에 불과하다.[44] 1931년의 경우 숙명여고보 졸업생의 88.1%, 진명여고보 졸업생의 79.2%가 졸업 후 가정으로 돌아갔다.[45]

'입학난'을 뚫고 학교에 진학하여 고학하면서까지 졸업했지만 이들이 직업 세계라는 공적공간에 진입할 가능성은 지극히 작았다. 그렇다고 '경희'처럼 사적영역에서 새로운 역할을 담당할 수 있는 것도 아니었다. 왜냐하면 식민지 조선의 '현모양처 교육론'은 일본의 '양처현모 교육론'을 모방한 것이나 그것과는 전혀 다른 사회경제적 조건 속에서 전개되었기 때문이다. 일본의 '여성 국민 만들기' 프로젝트였던 양처현모론이 대두된 메이지 20년대 (1890년대) 일본은 이미 가정에 수도와 가스가 공급되었으며 다이쇼기(1912-1926)에 들어와서는 싱크대와 밥상이 등장했다. "가족이 밥상에 둘러앉아… 주부가 개발한 요리… 찌개를 즐기는 단란한 가정"은 고등여학교를 졸업한 여학생들에게 비현실적인 상황이 아니었다. 교육받고 중산층 주부가 된다는 것은 새로운 라이프 스타일을 창안하고, 제한적인 공간에서나마 자립적 존재가 될 수 있다는 것을 의미했다. 일본의 경우 1925년에 들어서며 중산층으로 간주되는 가정의 비율이 11.5%, 140만 가구에 이르렀다.[46]

이에 비해 식민지 조선의 경우 중산층의 존재 규모를 짐작할 수 있는 도시화율을 보면, 1920년에는 4.86%에 불과하고 산업화와 도시화가 빠르게 진행되었던 1930년대에 와서도 1935년 기준 11.36%로 그리 높지 않다.[47] 1925년을 기준으로 보면 조선에서 신중간층이라 일컬을 수 있는 계층은 전체 인구의 2.6%에 불과했다. 교육을 통해 근대 주부가 되는 길은 구조적으로 불가능했다. 이런 상황에서 조선의 교육받은 여성들이 택한 자구책은 사적영역의 담지자, 가정 개량의 주체가 아니라 가정 개량의 에이전트가 되는 길이었다. 합리적, 근대적 지식으로 무장한 여성은 신문, 잡지를 통해 가사 노동 개선론을 이끌었으며, 전국을 누비며 강습회를 열었다. 김활란 등의 '7인 전도대'가 1920년 6월에 조직되었고, 차미리사 등의 조선여자교육회는 1921년 7월 9일부터 9월 29일까지 무려 84일간 67개의 고을을 돌면서 조혼, 이혼 문제, 의복 개량 문제, 가족 구조 개량 등 주로 풍속 개량과 관련된 강연을 조직했다.[48]

생활 개선 운동은 1920년대 실력양성론과 문화운동의 맥락에서 민족주의자에 의해 제출된 것이지만 교육을 통해 근대적 주체로 자신을 재구성하려고 했던 여성들에 의해 적극적으로 수용되었다. 동시에 이는 식민지 조선의 합리적 개편을 기획하는 일본제국주의의 헤게모니가 관철되는 지점이기도 했다. 식민지 여성교육은 소수의 여성에게 교육자 에이전트의 정체성을 부여하면서 상상 속의 근대 가정, 욕망의 대상으로서의 주부[49]를 유통했다. 식민지 조선에서 여학교는 이런 과정을 통해 함께 증식되는 욕망이었다. 그러나 그것은 핍진한 현실 속에서 매번 미끄러지는, 결코 실현될 수 없는 결정 불가능한 욕망이기도 했다.

1929년 10월 30일, 통학 열차를 타고 있던 광주여고보 학생 몇 명이 일본인 남학생들에게 희롱당하는 사건이 발생한다. 이 일을 계기로 누적되어 왔던 민족 차별에 대한 분노가 터져 나온다. 이른바 1929년 11월 광주학생운동이다. 3·1운동 이후 10년 만이었고, 이번에는 학생들이 주역이었다. 여학생들도 예외는 아니었다.

광주학생운동이 전국적으로 확산되자 서울에서도 1월 학생 연합 시위가 계획된다. 서울의 거의 모든 여학교도 이에 적극 호응하여 1월 15일과 16일 양일간 시위에 참여한다. 일제는 이를 '경성 시내 여학생 만세 소요 사건'이라 불렀고, 신문에서는 '경성 여학생 동맹 휴교 사건'이라고 불렀다. 이 일로 여학생 32명이 검찰에 송치되고 이 중 여덟 명이 보안법 위반으로 구속되었다. 이 여덟 명은 근우회의 허정숙, 이화여자고등보통학교의 최복순, 김진현,

최윤숙, 유리창을 깨뜨린 과격 행위의 당사자 임경애, 대표자 회의를 주도한 경성여자상업학교 학생 송계월, 유일하게 가두 진출까지 성공한 경성여자미술학교의 박계월, 그리고 붉은 깃발과 사회주의 구호가 적힌 '삐라'를 제작한 이화전문학교 휴학생 이순옥이었다.[50]

물론 이 사건은 《신여성》에 실리지 않았다. 이때 《신여성》은 휴간 상태(1926년 10월~1930년 12월)였기 때문이다. 하지만 우리는 이 사건으로 기소된 여덟 명의 여학생 중 한 명이자, 1931년 4월 《신여성》의 기자로 취직한 송계월을 통해 1920년대 내내 남성들에 의해 부박하고, 경솔하고, 사치스러운 '된장녀'로 취급당하던 '여학생'과는 다른 여학생, 현실 속에 뚜렷하게 존재했던 '운동권' 여학생을 만나게 된다.

송계월은 1911년 함경도에서 태어났다. 아버지는 어부이자 북청 노동연맹 회원이었다고 한다. 집안 분위기 때문에 일찌감치 의식화된 송계월은 열다섯에 경성으로 상경하여 1927년 경성여자상업학교에 입학한다. 사회과학과 문학을 통해 식민지 조선의 현실에 눈을 떴고, 사회주의 여성운동가 허정숙과도 가까워졌다고 한다.[51] 경성여상 재학 중에는 학교 비리와 차별 대우에 저항해 세 차례 동맹휴학을 주도하여 서대문형무소에도 두 번이나 구류되는 등 10대 후반에 이미 요시찰 인물이었다. 그러다가 1930년 동맹 휴교 사건으로 다시 2개월가량 수감되고, 이후 징역 6개월, 집행유예 2년을 선고받아 출소한 후, 잠시 일본계 조지아백화점에 취직했다가, 1931년 복간된 《신여성》에 스카우트된 것이다.

송계월은 1932년 5월부터 9월까지 잠시 휴직했고, 다음 해인 1933년 4월 병으로 퇴직하게 되어 《신여성》에 머문 기간은 그리 길지 않다. 그럼에도 불구하고 1930년대 《신여성》 내에서 그녀의 발자취는 뚜렷한데 다음 세 가지 점 때문이다. 첫째 그녀의 신여성론은 1920년대와 달리 '개인의 자각'이라는 차원을 넘어 사회의 구조적 모순이라는 층위에서 논의되고 있다. 그녀는 교육받은 신여성들에게 "착취당하는 이들의 유일한 친구! 무기가 되어야" 한다고 주장한다.[52] 둘째, 송계월은 남성이 여성에 대해 말하는 방식을 뛰어넘어 여성 스스로 자신들을 재현할 수 있도록, 나아가 여성들이 남성들에 대해 말할 수 있도록 여성 주도의 좌담 형식을 개발했다.[53] 마지막으로 그녀는 자신을 향한 '데마고기demagogue'[54]를 정면으로 돌파한다.

송계월은 '계월'이라는 이름 때문인지 과거 기생이었다는 소문에 시달린 적이 있다. 그런데 이번에는 송계월이 처녀의 몸으로 아이를 낳았고, 아이의 아버지가 여럿이라는 소문이 났다. 문제는 그것이 "한낱 서울 거리의 불량 청년들 사이에서" 나도는 뜬소문이 아니라 무려 카프KAPF[55]의 문인이었던 이갑기가 《여인》이라는 잡지를 통해 말했다는 데 있다. 송계월은 그가 거리의 불량 청년도 아니고 부르주아 문사도 아닌 좌파 문인이라는 점 때문에 더 분노하며 그를 실명 저격한다. 그리고 "구두끈의 먼지"에 불과한 이갑기는 '카프'의 말석에라도 남아 있지 말고 떠나라고 일갈한다. 하지만 안타깝게도 송계월은 1933년 5월, 스물셋의 나이에 결핵으로 사망한다. 그녀 사후 《신여성》은 송계월을 애도하는 특집을 만들었다. 김자혜는 그녀를 이렇게 추모한다.

> 당신은 '여성'이라는 글자를 등에 붙인 까닭에 온갖 '데마'와 비열한 공격에 온몸이 상해서 전사한 용사요, 그러나 한 번도 굴한 일이 없고 한 번도 뒤로 물러난 일이 없는 고집 센 여자였소. (…) 갈가리 떨어지는 꽃잎에서도 향기만은 퍼지듯, 시들어진 당신의 몸을 뚫고 당신이 온갖 약한 여성들에게 외치는 소리를 나는 듣소. '남성들의 횡포와 여성들의 길을 막으려는 사회의 온갖 '데마'를 뚫고 나가라'는 힘찬 소리를 듣소.[56]

19세기 말부터 여성들은 집을 나서서 학교에 가고 직업을 가졌다. 그러나 '사람다운 여자'로 자기 개성껏 사는 삶은 순탄치 않았다. 알려진 대로 최초의 성악가인 윤심덕은 현해탄에서의 정사情死로 생을 마감했고, 또 한 명의 '최초', 여성 서양화가 나혜석은 이혼 후 극심한 빈곤 속에 행려병자로 생을 마감했다. 김일엽은 속세를 떠나 비구니가 되었다. 그녀들의 후배, 송계월은 남성들의 '백래시backlash'[57]에 용감하게 맞서 싸웠지만 단명했다. 우회로를 택해 가정학과 여성교육 분야에서 지분을 확보받아 살아남으려던 김활란 등은 친일의 길을 걷게 된다. 어디에도 쉬운 길은 없었다. 그러나 한번 거리로 나선 여성들은 결코 집으로 돌아가지 않았다. 여성들은 살아남는다. 여성들은 "당신들이 불태우지 못한 마녀의 후손들"[58]이기 때문이다.

1920년대 실제 여학생 수는 얼마나 되었을까?

총독부 공식 통계를 살펴보면, 《신여성》이 창간된 1923년, 초등교육 수준인 보통학교의 여학생 수는 관립, 공립, 사립 합하여 45,279명이다(남자는 272,544명). 중등학교의 경우 1923년 7개교에 1,370명, 1925년에는 여자고등보통학교 9개, 총 2,022명이다.

그러나 《신여성》 3권 1호의 〈전 조선 여학생(고등보통) 총수와 그 출생도별〉이라는 기사에 의하면 1925년 전국 여학생은 18개교에 총 2,795명으로 앞의 총독부 통계보다 더 많다. 이는 총독부 통계가 정식으로 인가받은 2개의 공립과 7개의 사립만을 통계에 포함한 데 반해, 《신여성》 등 당시의 매체에서는 인가받은 사립여학교인 이화여고보, 숙명여고보와 식민지 기간 내내 각종학교에 머물렀던 정신여학교, 야학에서 제도권 실업중등학교로 변신한 근화여학교 등을 전혀 구별하고 있지 않았기 때문이다. 당시 사람들이 여학교를 제도적인 수준에서 이해하지 않았다는 것을 알 수 있다.

또한 여학생의 평균 연령대, 혹은 교육 수준을 명확히 추정하기도 어렵다. 야학에서 변모한 근화여학교 학생들의 연령은 다소 높았고, 이화학당은 이미 1910년에 대학부를 설치하여 1914년에 1회 졸업생을 배출했기 때문이다. 따라서 보통 여학생이라고 할 때는 중등교육 기관, 당시로 따지면 '여자고등보통학교'에 다니는 10대 후반의 여학생을 주로 지칭하였지만, 외연은 확대되어 20대 초반까지 아울렀다고 보아야 한다.

왜 여학생 중에는 영어 이름이 많을까?

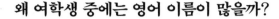

당시에는 서양식 이름이 흔했는데, 최초의 여의사 박에스더, 지금 덕성여대 전신인 근화여학교를 설립한 차미리사, 1919년 동경에서 2·8 독립선언식에 참여했고 이후 '애국부인회'를 주도적으로 결성한 김마리아, 김마리아와 함께 '애국부인회'를 조직했던 황에스더, 1914년 이화대학 최초의 졸업생 김앨리스, 신마실라, 이도리티, 하란사河蘭史의 상동 예배당 영어 학당의 첫 제자들인 신알베트, 손메레, 양우러더, 철기 이범석의 아내이자 "말 타고 쌍권총 쏘던 항일사수"였던 독립운동가인 또 하나의 김마리아 등이 그 예다.

그런데 서양 이름처럼 보이지 않아도 사실은 서양 이름의 한자식 표기인 경우가 많았다. 예를 들면 김활란도 '헬렌'의 한자식 표기였으며, 김활란의 언니인 김애란도 '엘렌'의 한자식 표기였다. 최초의 미국 여자 학사였던 하란사는 '하' 씨 남편의 성에 '낸시'라는 서양식 이름을 붙여 표기한 것이고, 《신여자》 창립 주역 중의 하나이며, 청년 방정환의 가슴을 설레게 하던 신준려의 준려 역시 '줄리아'의 한자식 표기였다.

쉽게 짐작할 수 있는 것처럼 이러한 서양식 명칭은 이들의 세례명이었다. 그리고 세례명 이전의 이름은 김활란의 경우, 기미己亥년에 태어났다고 해서 기득己得, 차미리사의 경우, 남자가 아니라고 해서 섭섭이, 박에스더의 경우 점동이었다. 그러나 조선 여성들 대부분은 '기득' 같은 이름조차 갖지 못하고 어렸을 때는 대충 '간난이' 정도로 불리다가 결혼 후엔 '안동댁'이니 '김해댁'이 되었다. 이름이 없다는 것, 그것은 라캉식으로 말하면 상징계에 진입하지 못했다는 뜻이며, 주체로서 존재할 수 없다는 의미이다. 1909년 민적법에 따라 여성들이 자기 이름을 신고해야 할 때, 여성들은 주저하지 않고 세례명을 신고하거나 아니면 세례명을 음차한 한자로 자신을 신분 등록 했다. 식민지 조선의 여성들은 이런 외국식 이름을 경유해 국가의 시민권을 획득하고서야 비로소 근대 주체가 될 수 있었다.

1   《신여자》 창간호에는 잡지 《신청년》으로부터 도착한 〈〈신여자〉 누이님에
    게〉라는 시詩가 실려 있다. 내용은 당대의 청년세대 자신을 "깊이 없이 어두
    운 캄캄한 벌에 / 차고 아린 밤바람조차 부는데 / 등도 없는 촛불을 간신히 들
    고 / 험한 길을 더듬는 젊은이 여객旅客"이라고 자처하고, 신여자들에게 "새벽
    빛은 오도다 우리 갈 길에 / 누이님아 그대는 새벽종 치라 / 배달터에 잠자는
    형제 깨우러 / 나는 소리치리라 크게 힘 있게"라며 연대를 호소하는 것이다.

2   창간호의 '여학생' 꼭지는 〈여학생과 그 부녀에게〉 〈소개—미국 여학생〉 〈여
    학생과 기생〉 〈여학생 애화〉 〈현대 여학생의 백태〉 그리고 각 여학교에 재직
    하는 여학생의 소식을 전하는 〈여학교 통신〉 등이다.

3   1926년 4월호는 '여학생호', 1933년 10월호는 '여학생문제 특집호'이다.

4   《신여성》의 주제 구성과 글 편수를 분석한 김수진에 따르면 '교육과 여학교'
    는 총 351편으로 전체 글 편수 중 11.3%에 해당한다. '외모와 신문물'은 9.9%,
    '신여성이란' 역시 9.9%, '성과 연애'는 8.0%, '양처주부론'은 7.0%, '결혼과 가
    정 관념'은 6.7%, '신여성 비판'은 5.5%, '자유 연애결혼'은 4.2%, '직업'은 4.1%,
    '여성운동과 계몽'은 4.0%, '근대 관념과 지식'은 3.0%, '남녀차이론'은 1.9%이
    다. 참고로 '문예'에 해당하는 기사의 비중은 15.8%이다. (김수진, 〈1920~30년
    대 신여성 담론과 상징의 구성〉, 2002, 서울대학교 대학원 사회학과 박사학위논문, 부표
    16.)

5   〈오늘날 여학생에 대한 일반 남자의 그릇된 선입견〉은 여성들이 교육받는 이
    유가 사회적, 경제적으로 독립을 하기 위해서인데 여전히 남성들은 학교에
    다니는 여학생에게 성질이 얌전할 것, 얼굴이 예쁠 것, 애교가 뚝뚝 떨어질
    것 등 시대에 뒤떨어지는 요구를 하는 현실을 날카롭게 비판하는 글이다. 〈여
    학생 여러분에게 고하노라—특히 생활운동에 착목하라〉는 여성이 남성과 평
    등해지기 위해서는 경제적 자립이 필수적이라는 이야기를 담고 있다. 필자

는 각각 김기전과 김경재로 둘 다 발행처인 《개벽》관계자이다.

6 '동원여숙'은 현 동덕여대의 전신으로 설립자는 조동식(1887-1969)이다. 그는 《신여성》단골 필자 중 한 명이다.

7 기별지寄別紙는 신문이 없던 시절, 일종의 신문 역할을 하던 소식지이다. 관청에서 발간했기 때문에 조보朝報라고도 불린다.

8 일기자, 〈인력거를 끌어—딸, 공부시킨 아버지와 그 따님〉, 《신여성》 2권 3호(24년 4월), 26쪽.

9 일본제국주의는 조선에 통감부를 설치하여 실제적 지배에 들어선 1905년 이후 조선에도 일본 본국과 같은 구조로 학교 제도를 정비한다. 학교 제도는 식민 기간 네 차례의 걸친 '조선교육령'을 통해 정비되는데, 1차 조선교육령은 1911년에, 2차 교육령은 1922년에, 3차 교육령은 1937년에, 4차 교육령은 1943년에 반포된다. 1, 2차 교육령 기간에 초등교육을 담당하는 학교의 명칭은 '보통학교', 중등교육을 담당하는 학교의 명칭은 '고등보통학교'였다. 따라서 위의 '여자공립보통학교'는 지금으로 치면 여자들만 다니는 초등학교, '여자고등보통학교'는 여자중고등학교에 해당한다. (식민지기 제도에서는 지금처럼 중학교와 고등학교가 나뉘지 않는다.)

10 김기전, 〈조선의 절뚝발이 교육〉, 《신여성》 2권 3호(24년 4월), 2쪽.

11 일본의 경우 메이지 정부는 여성의 국민화를 위해 여성의 취학을 독려하였는데, 행정기관을 통한 독려뿐만 아니라 여성교육에 비판적이거나 소극적인 학부모를 설득하기 위해 학교에서의 재봉 교육을 정착·강화하였고, 여성 교원의 수를 늘렸으며, 가사 노동에 종사하지 않으면 안 되는 하층 여성의 취학을 촉진하기 위한 자수학교를 개설하였다(深谷昌志, 《良妻賢母主義の敎育》, 東京, 黎明書房版, 1966). 결과적으로 보통학교 수준의 여자 취학률은 1897년 50%, 1900년 70%에서 러일전쟁 이후인 1907년에는 96.1%까지 상승한다. 중등학교 수준에서도 마찬가지인데 1899년 고등여학교령 공포 이후 1903년까지 현縣하에 고등여학교를 최소한 1개교를 설치해야 하는 의무를 부과하였다. 이후 메이지 30년대를 경과하면서 부 현립 고등여학교를 모방하는 무수한 사립고등여학교가 생겨난다. (日本國立敎育硏究所, 《近代日本敎育百年史》,

1974).

11 이에 비해 식민지 조선에서 총독부 당국은 본국과 같은 적극적인 여성 취학 정책을 취하지 않았다. 식민지 말까지 초등교육인 보통학교의 여자 취학률은 30%가 되지 못했고, 중등교육인 공립여자고등보통학교 수는 1937년 고작 11개에 불과했다. 취학률은 1%가 되지 못한다.

12 이광수, 〈모성 중심의 여자교육〉, 《신여성》 3권 1호(25년 1월), 19쪽.

13 주요섭, 〈여자교육 개신론〉, 《신여성》 5권 5호(31년 6월), 8쪽.

14 주요섭, 〈조선 여자교육 개선안〉, 《신여성》 7권 10호(33년 10월), 10쪽.

15 이광수는 《개벽》 1922년 5월호에 〈민족개조론〉이라는 논설을 발표했다. 그 글에서 이광수는, 민족 쇠퇴의 원인을 민족성 타락 때문이라고 진단하고, 따라서 이후 조선은 민족개조를 통해 도덕적 역량을 강화하는 방향으로 나아가야 한다고 주장했다. 이러한 논지는 그때까지의 독립운동 및 해외 무장투쟁을 비판하는 것이기도 했기 때문에 격렬한 논란과 반대를 일으켰다.

16 맨스플레인mansplain은 '남자man'와 '설명하다explain'를 합친 단어로, 남성들이 쉽게 '여성들은 잘 모를 것'을 전제하고, 여성들을 가르치려 드는 것을 말한다. 우리나라에서는 리베카 솔닛의 《남자들은 자꾸 나를 가르치려 든다Men Explain Things to Me》(2015, 창비)를 통해 알려졌다.

17 이석훈, 〈문학소녀〉, 《신여성》 7권 5호(33년 5월), 12쪽.

18 필리프 아리에스, 《아동의 탄생》, 문지영 옮김, 새물결, 2003.

19 파랑새, 〈무용천재 최승자양〉, 《신여성》 4권 8호(26년 8월), 47쪽.

20 울금향, 〈당세여학생독본〉, 《신여성》 7권 10호(33년 10월), 65쪽.

21 권보드래, 《연애의 시대》, 현실문화, 2003, 33쪽.

22 〈여학생 제복과 교표 문제〉, 《신여성》 1권 2호(23년 11월), 18쪽.

23 '아비투스'는 문화사회적 환경에 의해 형성되는 무의식적 습속, 성향, 취향을 일컫는 말로, 피에르 부르디외의 개념이다. 《구별짓기》(새물결, 2005) 참조.

24 미셸 푸코는, 보는 자와 보이는 자의 비대칭성을 시선의 권력이라 불렀고, 그 원형을 '판옵티콘'이라는 원형감옥에서 가져왔다. 《감시와 처벌》(나남출판, 2020) 참조.

25 일기자, 〈각 여학교 마-크 이야기〉, 《신여성》 4권 7호(26년 7월), 54쪽.

26 안형중, 〈남학생들이 꾀여내는 죄─일문 편지 내용과 전문학생들〉; 강매, 〈여자는 남자가 버려놓습니다〉, 《신여성》 3권 6호(25년 6/7월), 16쪽.

27 위의 글.

28 조동식, 〈풍기와 조선 여학생〉, 《신여성》 7권 10호(33년 10월), 20쪽.

29 당시 독립신문(1896-1899) 등에서는 여성의 문밖출입을 금지하는 내외 관습에 대한 비판과 여성의 지위 향상을 위해 여성교육이 필수적이라는 논설이 수없이 실렸다. ("조선 천한 사내 생각에 자기 아내가 못 미더워 문밖에 임의로 나가지 못하게 하고 내외하는 풍속을 마련하여 죄인같이 집에 가두어두고 부리기를 종같이 하고 천대하기를 자기보다 낮은 사람으로 여기니 어찌 분하지 아니하리오." 《독립신문》 1896년 4월 21일 논설.)

30 박천홍, 《매혹의 질주, 근대의 횡단》, 산처럼, 2003, 371쪽.

31 박철희, 〈식민지기 한국 중등교육 연구〉 서울대학교 교육학과 박사학위논문, 2002, 114~120쪽.

32 위의 글, 319쪽.

33 《숙명 70년사》, 숙명여자중고등학교, 1976, 108쪽.

34 고본천웅, 〈학생 자기네의 자제력이 제일〉, 《신여성》 3권 6호(25년 6/7월), 57쪽.

35 안형중, 〈남학생들이 꾀여내는 죄〉, 《신여성》 3권 6호(25년 6/7월), 53쪽.

36 조백추, 〈기숙사 생활의 이 모양 저 모양〉, 《신여성》 4권 4호(26년 4월), 34쪽.

37 미셸 푸코, 《감시와 처벌》, 오생근 옮김, 나남출판, 2020.

38 이상경, 〈경희〉, 《나혜석 전집》, 태학사, 2002, 79쪽.

39 김○○, 〈갈 곳이 없습니다〉, 《신여성》 2권 3호(24년 4월), 32쪽.

40 《신여성》 2권 3호(24년 4월)에는 학교명이 '경성여상'으로 되어 있다. 그러나 서울여자상업고등학교의 전신인 경성여상은 1926년에 세워졌기 때문에 1924년에는 존재하지 않았다. 그리고 1년 후 동일한 조사에는 경성여고보(경성여자고등보통학교)로 되어 있어서 1924년의 조사도 경성여고보를 대상으로 한 것으로 보는 게 합리적이다.

41 〈여학생 졸업생들의 가는 곳〉, 《신여성》 2권 3호(24년 4월), 56쪽.

종별 / 교명	졸업생 총수(명)			희망별(명)				
	금년도	작년도	작년 대비	상급교	외국유학	교사	가정 及 기타	계
진명고보	28	14	+14	15	일본 5	7	1	28
배화고등과	17	29	-12	6	-	5	6	17
숙명고보	38	38	-	15	일본 19	-	4	38
경성여고보	102	72	+30	12	일본 5	82	4	102
이화고보	39	30	+9	36	일본 3	-	-	39
정신여교	27	15	+12	10	일본 2	6	9	27
동덕고등과	14	24	-10	10	-	-	4	14
계	265	222	+43	104	34	100	28	265

43 1920년대 여자 직업으로는 교원, 의사, 부인기자, 산파, 유치원 보모, 간호부, 방송국 아나운서, 전화교환수 등이 있었는데 이 중 교원과 의사가 되기 위해서는 여고보를 졸업하고 상급학교를 진학해야 했고, 기자도 대체로 여자고등보통학교 이상의 학력을 가져야 가능했다. 방송국 아나운서도 여자고등보통학교 이상의 학력을 갖춰야 하는 것으로 여겨졌다. 《별건곤》 1927년 3월호, 100~105쪽.

44 박철희, 〈식민지기 한국 중등교육 연구〉(서울대학교 대학원 교육학과 박사학위논문, 2002)에 입각해 중등교육과정 이수자의 졸업 후 진로를 재구성하면 다음과 같다.

		관공서		교원		은행회사		가사		진학		기타		사망		총	
		남	녀	남	녀	남	녀	남	녀	남	녀	남	녀	남	녀	남	녀
1919	명	44	0	55	10	55	0	125	67	121	55	40	13	7	0	447	145
	%	9.8	0	12.3	6.9	12.3	0	28.0	46.2	27.1	37.9	8.9	9.0	1.6	0		
1921	명	29	1	64	10	12	0	47	14	157	46	28	3	0	0	337	74
	%	8.6	1.4	19.0	13.5	3.6	0	13.9	18.9	46.6	62.2	8.3	4.1	0	0		

1925~ 1926	명	21	2	221	112	22	6	342	140	225	94	190	11	4	0	1025	365
	%	2.0	0	21.6	30.7	2.1	1.6	33.4	38.4	22.0	25.8	18.5	3.0	0.4	0		
1931	명	95	17	103	95	89	11	354	605	422	239	248	7	8	6	1319	980
	%	7.2	1.7	7.8	9.7	6.7	1.1	26.8	61.7	32.0	24.4	18.8	0.7	0.6	0.6		
1935	명	158	6	122	35	121	16	448	721	819	279	155	5	10	5	1833	1067
	%	8.6	0.6	6.7	3.3	6.6	1.5	24.4	67.6	44.7	26.1	8.5	3.0	0.5	0.5		
1938	명	178	16	144	169	180	26	565	835	964	408	391	7	6	3	2428	1511
	%	7.3	1.1	5.9	11.2	7.4	1.7	23.3	55.3	39.7	27.0	16.1	3.6	0.2	0.2		
1919~ 1938 누적	명	1817	103	1812	1151	1493	165	6833	7196	8402	3141	3628	220	98	48	24083	12024
	%	7.5	0.9	7.5	9.6	6.2	1.4	28.4	59.8	34.9	26.1	15.1	1.8	0.4	0.4		

45 조선총독부, 〈조사월보〉, 소화 7년 11월에 입각하여 표 구성.

	경성(명/%)		숙명(명/%)		진명(명/%)		이화(명/%)		배화(명/%)		동덕(명/%)	
졸업자 총수	84		96		99		66		48		34	
관공서	3	3.6	0	0	2	2.0	0	0	0	0	2	5.9
교원	1	1.2	0	0	4	4.2	4	6.1	2	4.2	1	2.9
은행회사	5	6.0	0	0	0	0	2	3.0	0	0	2	5.9
가사	26	31.0	74	88.1	76	79.2	31	47	28	58.3	23	67.6
진학 관립사범	38	45.2	8	9.5	1	1.0	1	1.5	0	0	1	2.9
진학 사립전문	5	6.0	6	6.2	5	5.0	13	19.7	16	33.3	1	2.9
진학 기타진학	6	7.1	5	5.2	10	10.1	11	16.7	2	4.2	4	11.8
진학계	49	58.3	19	19.8	16	16.2	25	37.8	18	37.5	6	17.6

46 마에다 아이, 《일본 근대 독자의 성립》, 유은경·이원희 옮김, 자음과모음(이룸), 2003, 207쪽.

47 손정목, 《일제강점기 도시화 과정 연구》, 일지사, 1996, 291쪽.

48 한상권, 《차미리사 평전》, 푸른역사, 2008, 165~215쪽.

49 "남편과 그 아우는 아침부터 저녁까지 집에 있지 아니하니까 연탄 같은 것도 부인이 나아가 손수 사 옵니다. 세금 같은 것도 충분히 부인이 관청에 가서 냅니다. 그리고 남편을 찾아오는 손님이 있으면 친절하게 대접하여 보내고 급한 편지 같은 것도 남편 대신 답장합니다. 이렇게 집에 있어 능히 남편의 뒤를 거두고 힘을 덜고 학교에서 고단하게 돌아오며 부인은 잘 그를 위로합니다. 〈행복스러운 가정〉, 《신여자》 2호, 1920년 4월.

50 이상경, 〈1930년 서울 여학생 만세운동 연구〉, 《여성과 역사》 33, 2020년 12월, 191~192쪽.

51 김소연, 《미치지도 죽지도 않았다》, 효형출판, 2019, 146쪽.

52 원문에는 착취라는 단어 대신 '···'로 표시되었다. 검열을 피하려고 '착취'라는 단어를 생략한 것으로 보인다.

53 〈여학교 졸업생 이동 좌담회〉(《신여성》 5권 4호(31년 5월)), 〈이동 좌담―내가 이상적으로 여기는 남편〉(《신여성》 5권 11호(31년 12월)), 〈직업부인 이동 좌담〉(《신여성》 6권 2호(32년 2월)) 참고.

54 데마고기의 어원은 그리스어의 데마고고스démagōgós이다. 원래는 대중의 지지를 기반으로 하는 정치가 또는 웅변가를 일컫는 말이었지만, 웅변, 선전, 선동이 점차 부정적인 뉘앙스를 띠면서 근대에 들어와서는 근거 없는 허위 사실, 유언비어를 뜻하게 된다. 《신여성》에서는 이 용어를 약어로 '데마'라고 쓰며, 《신여성》 6권 8호(32년 8월)에는 '뉴 저너리즘' '저너리즘' '데푸레슌' '모라토리움' '하우스 오간' '싸이렌' 등의 단어와 함께 신종 외래어로 소개되고 있다.

55 카프는 'Korea Artista Proleta Federacio', 즉 '조선 프롤레타리아 예술가 동맹'의 약자이다. 이름 그대로 사회주의 계열의 문학 단체였고 1925년 8월에 결성, 1935년 5월에 해체된다.

56 김자혜, 〈때늦은 편지〉, 《신여성》 7권 7호(33년 7월), 88쪽.

57 백래시는 사회의 진보적인 변화가 나타날 때 기득권층이 이런 변화에 대해

집단으로 반발하고 반격하는 현상을 일컫는 말이다. 수전 팔루디Susan Faludi는 1960-1970년대 미국의 페미니즘에 대한 반동으로 1980년대 미국에서 일어난 백래시를 분석하여 1991년 《백래시》(아르테, 2017)라는 책을 출간했다.

58 실비아 페데리치Silvia Federici의 《우리는 당신들이 불태우지 못한 마녀의 후손들이다》(갈무리, 2023)에서 따왔다.

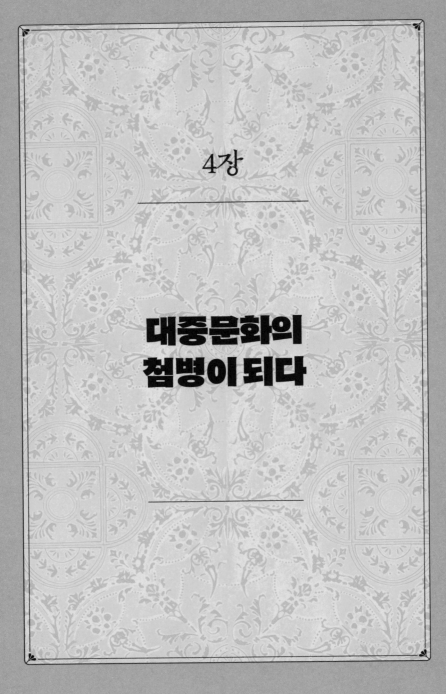

4장

대중문화의
첨병이 되다

여배우가 되고 싶어—저는 금년 십칠 세의 소녀입니다. 얼마
전까지 백화점에서 여점원으로 있다가 지금은 집안일에 노
력하고 있습니다. 그런데 편모슬하이고 항상 쓸데없이 꾸지
람을 들어서 도무지 집에 있기 싫습니다. 그래서 무슨 극단
에든지 가입하여 나중에 훌륭한 여배우가 되려고 합니다. 장
애가 있다면 어떤 것입니까. 좀 가르쳐 주십시오.

新女性

도회는 번화하다. 또 편리하다. 전신, 전화, 전등, 전차, 병원, 극장, 공원 등의 모든 것이 구비하여 있기 때문에 조곰도 부자유를 느끼지 않는다. 이러케 자유로우니만큼 도회는 화려하고 날로 진보되는 문명적 기분이 있다. (…) 도회의 모든 것이 홀리기가 쉬운 여자의 마음을 움직이게 한다. 왜 그러냐 하면 도회는 물질문명이 극단으로 발전하여 보는 것 듣는 것이 모두 화려하고 호활하기 때문이다.[1]

1920년대가 되면서 사회 전반에 촉수를 뻗치기 시작한 대중문화는 1930년대를 통과하면서 식민지 자본주의의 토대 위에서 막강한 위세를 떨쳤다. 이런 변화 안에서 신여성은 대중문화의 소비자로 끊임없이 호출되었다. 신여성들은 학교와 극장, 공원과 다방, 서점과 백화점, 거리 곳곳과 뒷골목에서, 새로운 공간과 문물을 기꺼이 향유했고, 그들의 도시적 삶은 다양한 반향과 사회적 파장을 불러일으켰다. 대중문화와 결합하면서 발산한 신여성들의 생동하는 활력과 발랄한 외양은 조선의 도시를 진동케 했다. 더욱이 대중문화는 개성, 취미, 교양이라는 근대적 개념들과 계열 관계를 형성하면서 그녀들의 욕망을 추동했다. 개인으로서의 한 여성이 자신의 삶에서 대중문화와 대중예술의 산물을 만났을 때 어떤 새로움을 목격했을까. 어떤 새로운 감각과 이끌림을 느꼈을까. 그리고 그 만남의 풍경이 식민지 조선이라는 세상에 어떻게 비추어졌을지 궁금하다.

근대의 쇼윈도, 극장을 구경하다

1910년대는 신파의 시대였다. 신파극의 대중적 흡인력은 사회의 다양한 계층과 신분을 망라해 조선 사람들을 극장으로 불러들였다. 도회지 경성의 여성들은 이 시기에 이미 신파극 관객의 일원으로 익명의 대중을 구성하는 경험을 할 수 있었다. 〈불여귀〉〈쌍옥루〉〈봉선화〉〈장한몽〉〈육혈포강도〉 등의 신파극은 매번 엄청난 인기를 누리며 공연되었고, 특히 이상협의 〈눈물〉은 부인 관객들 사이에서 폭발적인 인기를 누렸다고 한다. 근대식 실내 극장인 연흥사 입구에서 〈눈물〉 공연을 보지 못해 아쉬워하며 돌아간 부인이 수천 명에 이르렀다고 하며 결국 매일신보사가 '부인독자 관극회'를 따로 개최할 정도로 성황이었다. 이 시기에 신파극을 보던 극장 체험은 이후 연극, 영화 등을 즐기는 대중적 감수성을 형성했고, 1920년대 이후 여성이 대중문화의 소비 주체로 전면에 등장하는 데 밑거름이 되었다.

　물론 영화라는 새로운 장르가 유입되면서 기존 연극의 인기는 한풀 꺾일 수밖에 없었다. 여성들은 움직이는 영화 스크린에 매료되어 극장을 찾았다. 특히 1920년대 이후 등장한 문화 세력으로서의 신여성은 영화 관람이라는 문화 소비의 행위 위에 근대화와 서구화의 체험을 포개어 놓았다. 신여성들에게 극장 구경은 최첨단의 매체를 통해 기술 문명을 체감하는 기회였고, 스크린은 진보한 서구 사회를 들여다보고 모방할 수 있는 쇼윈도 역할을 했다. 영화는 근대적인 시각 체험을 제공하는 문명의 혜택 중 하나였고, 새로운 감각과 정서를 개발해 주는 요술경에 다름 아니었다.

　《신여성》은 여성들이 새로운 대중문화 장르, 특히 영화와 만날 수 있는 친절하고도 쉬운 길을 지속적으로 제공해 주었다. 1920년대의 《신여성》은 주로 극장 구경과 관련된 소소한 소문이나 극장 주변의 풍경을 스케치하면서 새로운 대중문화에 대한 신여성들의 관심을 끌어당겼다. 이 시기의 극장은 온갖 불미스러운 소문의 온상지였는데, 그 불온함과 위태로움이 극장에 대한 호기심을 부추긴 것도 사실이다. 조선극장을 매일 찾아 매번 일등석에만 앉는 분홍 저고리의 보석 반지 낀 여자가 "어느 여학교 여선생"이었다는 사실 자체가 쑥덕거림과 비난의 대상이 되었다.[2] 여섯 살밖에 안 된 아이가 극장 구경 갔다가 돈이 없어서 들어가지 못하고 "옥외 후란에 있는 우물에 실족"하여 익사했다는 식의 극장 관련 사건 사고 기사가 늘 신문에 실렸다. 종종 발생한 기생 배우와 변사의 애정 도피 사건은 극장의 퇴폐적 이미지를 부풀리는 데 일조했다. 극장은 남녀노소를 불문하고 가보고 싶어 하는 신식 공간이었으며 매혹적인 공간이었다.

《신여성》에는 당시의 대표적인 극장이었던 '우미관'과 '단성사' 그리고 일본 영화관인 '황금관'에 대한 기사가 제법 자주 실린다. 우미관은 종로구 관철동에 위치했던 2층짜리 벽돌 건물이었고, 황금관은 을지로 4가 국도극장 자리에 목조 2층으로 지었다가 다시 콘크리트로 개축하여 관객 1,000명 정도를 수용할 수 있는 대규모 극장이었다. 1920년대의 황금관은 서양 영화를 전문적으로 개봉하였다. 종로구 수운동에 위치한 단성사는 2층짜리 목조 건물이었는데 너무 부실하게 지어서 가끔 관객이 2층에서 떨어지는 사고가 발생하기도 했다. 단성사의 관람석은 350석 정도였는데, 1920년대까지도 남녀 좌석이 아래, 위층으로 분리되어 있었다. 《신여성》에는 남녀 좌석이 따로 배치되어서 발생한 당시의 해프닝도 소개되어 있다.[3] "전라도에서 올라온 금니 박은 여자"가 남편과 서울 구경에서 빠질 수 없는 단성사 영화 구경을 갔다. 과자 파는 아이가 여자에게 "엇던 남자 한 분이 금니 박은 여자 갓다주래요"라고 말하며 과자와 우유차를 자꾸 가져다주었다. 여자는 남자석에 앉은 남편이 사서 보낸 줄로 알고 받아먹었다. 그런데 극장을 나오면서 남편에게 물으니 전혀 모르는 일이라는 것이다. 극장에 남자석, 여자석이 따로 있던 시대에 발생한 우스운 착오였다.

1930년대에 들어서면서 《신여성》은 본격적인 영화 소개와 영화 관련 기사에 상당한 페이지를 할애했다. 매호마다 한두 페이지의 영화 소개 기사가 다수 기획된 것은 물론이고, 10여 페이지에

을 품에안고 영웅한 휘파람을불면서산
보를 나갓슴니다.
고요한 일요일 오후 시골동리로――

씨......세리――쿠――퍼―
퇴지나야......웨 이・비 이
류―고......내일・하일운
아키......푸란세스・홀러

「잠잇・소――그리고 고랍소」
내팀운 쏘다시 전장으로――핵공은쓰라
린마음을 감추어안고 황금히 마차에올
라안다. 그러나 아직모 몸에취한 크리
스텔을 달려가는 마차의뒤를 언제까지
나 언제야지나 바라다 보는것이엿다.

――配役――

크리스텔......리리안・하베이
멜헤나히......컨랫드・파이트
알력산더......필리・후밋치

會議는 충춘다
(五十一頁의게속)

×

행복한앗에 잡넘사믄
이업시 훈자(從者)가
차자와 돌려운소식!
그내용을 아지모못하
는 크리스텔은 황급
히 출발순비를 하는
태공에게분주을 하는
「그럼 내일도 음!
그러나 핵공은
요히 크리스텔의손을
잡고 천진스러운 그
눈을바라다보앗다그리

――（５３）――

《신여성》의 지상영화란. 미국 파라마운트사의 영화 〈어느 일요일 오후〉를 스틸컷과 함께 소개하고 있다. _《신여성》 8권 2호(34년 2/3월).

달하는 '사진소설' 형식의 '지상영화'란이 고정적으로 실렸다. 신작 영화 소개에서 한층 확장되어 영화배우의 동정과 사생활 기사, 배우 사진, 최근 영화계 소식 등을 알리는 코너도 신설되었으며 사진화보 지면에 영화의 스틸컷을 사용하는 경우도 잦았다. 읽는 기사에서 보는 기사로, 지면 배치에 시각성을 더한 것이다. 1930년대에 영화는 이미 대중문화의 최고 자리를 점하고 있었다. 시장과 자본이라는 패권을 쥔 영화의 대중문화적 위세가 잡지의 지면 구성에도 영향을 준 것은 너무나도 분명하다.

《신여성》에서 다룬 작품 중에서 구체적인 내용이 확인되는 영화는 25편이다. 그중에서 일종의 범죄 스릴러물인 〈칠만 인의 목격자〉, '괴기영화'라고 명기하고 있는 〈살인마〉, 엽기적인 장면의 연속인 〈동물원의 살인〉, 공포물 〈악마의 부첩富籤〉, 아이젠슈타인의 〈소리치는 멕시코〉, 어린이 영화 〈꿈나라의 아리스〉를 제외한 나머지 대부분의 작품은 농염한 여배우를 내세워 사랑, 복수, 애증의 정서를 담은 멜로영화이거나 눈물을 유도하는 격정적인 드라마들이었다. 이는 식민지하 조선에서 1년에 수백 편씩 상영되는 외화 중에서 《신여성》이 그들의 주요 독자층을 겨냥해서 여성 취향의 영화를 선별하고 기사화했음을 짐작하게 해준다.

브로마이드를 사고 키스신을 즐기다

《신여성》의 독자들은 영화배우의 브로마이드를 사고 여배우의 스타일을 따라 했다. 《신여성》의 악의적이고도 매력적인 필자 '은파리'처럼 '자운영'이라는 필자도 이화여자전문학교의 기숙사를 은밀하게 엿보고 기사를 썼다. 여대생의 기숙사 방에는 "서양 배우의 브로마이드"가 걸려 있었다.[4] 여학생들은 기숙사에서 연애편지를 쓰고, 친구와 결혼 고민을 나누며, 사랑하는 사람과 눈 오는 밤에 같이 걷고 싶다고 말한다. 필자는 이런 여학생들을 몰래 엿보며 "나의 천사여! 나의 비너쓰여!"라고 부르짖는다. 이렇게 영어를 공부하고 일본어로 된 소설을 읽으며 외화(서양 영화)를 즐겨 보는 여학생들은 물론이고, 도시의 여성들은 영화배우의 이름을 외우고 배우들의 타입을 구분하며 이상형을 공유했다. 마음에 드는 남성을 두고 "K가 가진 그 '시크'하고 '에로틱'한 동작에 마음이 이끌리고. (…) 육체의 균형이 마치 '줄리어스 시저'를 죽이러 가는 '안토니오'를 조각한 것과 같"[5]다는 품평을 하기 시작한 것은 전적으로 외화의 영향이었다. 남성들은 그들만의 좌담회에서 "세뇨리타와 플래퍼 이 두 가지로 크게 구분할 수가 있는데 (…) 서양 여배우로 치면 릴리언 기시가 세뇨리타형이요, 클라라 보가 플래퍼형입니다. (…) 저는 그레타 가르보가 좋더군요"[6]라는 의견을 나누었다. 또 "리처드 알렌을 연상시키는—나의 상상한 그 타입이었으나—차밍한 얼굴이었다"[7], "발렌티노형 남자로부터 존 배리모어형 남성에게로 요즘의 모던 여성의 성 대상은 전향"[8]했다는 사교적 언술과 대화가 자연스러워졌다.

여성이건 남성이건 각자의 입장에서 자신이 닮고 싶거나 혹은 자신의 이상형을 표현하기 위해 영화 속 캐릭터나 영화배우를 모델 삼아 대화하는 방식이 이 시기부터 시작된 것이다. 당시의 남성들은 여성들이 "청신하고 세련되"게 말하기 위해서는 토키(영화)를 자주 보는 것이 좋겠다고 권하기도 했다. 영화를 보면서 "그 회화의 기교를 배우라는 것이다".[9] 영화의 대중적 인기는 영화배우의 인기로 직결되었고, 그에 부응하여 《신여성》은 영화 소개 외에도 파라마운트나 메트로 골드윈, 폭스, 워너 브라더스, 유니버설 등과 같은 할리우드의 영화사를 소개하고 대표작과 전속 영화배우의 근황을 알려주기도 했다.[10] 미국영화협회에서 상을 받은 작품과 배우들에 관한 발 빠른 소식[11]부터 농염한 여배우의 사진과 그녀들의 사생활이 곧잘 실렸다. 영화의 유입과 번성은 대중문화를 향유하는 사람 중에서 '영화광', '극다광劇多狂'[12]이라는 새로운 근대적 인간형을 양산했고, 《신여성》의 영화 관련 기사들은 그들의 허기를 채워주기에 충분했다.

영화가 현실에 미친 영향은 그저 새로운 볼거리를 제공해 주는 수준을 넘어서서 일상의 차원을 변모시켰고, 무엇보다도 근대와 문명이라는 대명제를 은밀하게 품고 있는 서구문화를 지향하게 했다. 패션을 선도하는 머리 모양과 복장은 물론이고 언어 습관과 연애 방법, 삶의 스타일, 세련된 매너, 그리고 일상의 실감 차원까지도 바꾸어놓았다.

촬영할 때 키-쓰하는 법이 있으니 여배우가 남편이 있는 여자일 때는 윗입술이나 아랫입술만 맞춘다. 남편이 없는 여자이면 마음대로 장면에 의하야 맞추는 것이다. 그러나 아무리 남편이 있는 여배우라 할지라도 장면이 러브씬의 크라이막쓰일 때에는 할 수 없이 상대 배우와 본격적 키-쓰를 하지 않으면 아니 되는 것이며 또한 그네

그 많던 신여성은 어디로 갔을까

들도 백색 여자의 독특한 육취肉臭와 화장에서 흘러나오는 염기艶氣
가 그들로 하여곰 저절로 껴안게 한다고 한다. 그러나 감독은 영화
를 더 살리기 위하야 '좀 더 열렬히 껴안아라. 그리고 가슴을 더 대
고 키-쓰를 좀 오래하라…'고 늘 주문을 하는 것이다.[13]

관객의 입장에서는 완성된 영화 자체도 궁금하지만 스크린의
이면, 즉 영화 제작 과정이나 촬영장의 뒷이야기가 더 궁금하기도
한 법이다. 《신여성》에 실린 위 기사는 남배우들이 현장에서 키스
하는 방법을 친절하게도 상대 여배우가 미혼이냐 기혼이냐에 따
라 나누어 자세히 설명하는데, 상당히 선정적이다. 이런 기사가
매체에 자주 등장하자 극장에서 영화를 보다가 키스 장면이 나와
도 고개를 숙이는 여성들이 점점 사라졌다. 위의 남성 평론가는
독일 영화 〈가솔린 보이 3인조〉의 연애 장면에 키스하고 두 남녀
가 부둥켜안고 있는 시간이 확실히 1분 이상이나 되었음에도 부
인석의 여자들이 고개를 숙이기는커녕 그냥 태연히 쳐다보고 있
을 뿐이라며 극장 객석의 풍경을 담담히 스케치하기도 했다.[14] 그
리고 조금 더 대담해진 젊은이들은 극장에서 애정을 나누는 데 거
리낌이 없어졌다.

일요일 밤 극장은 만원이었다. 은막은 낸시 캐롤과 리처드 알렌의
러브씬이다. 관객은 정신을 잃고 가상의 연인들을 그리면서 스크린
을 바라보았다. 바로 그때 눈앞에 스크린의 러브씬보다도 더욱더욱
독신자들을 탄식시킬 러브씬이 전개되고 있었다. 두 사람은 영화는

보지도 않고 자기네의 러브씬에 도취되어 있었다. 영화는 어두운 곳 아니면 비추지 않는 것으로 만들어준 이에게 그들은 감사하고 있다. "이 다음 일요일에도 또 옵시다, 네?" "여기 결상 밑에는 걸리는 것이 없어서 좋지요."[15]

20세기 초입 한국에 실내 극장이 등장한 이래 남자석과 부인석으로 나뉘어 있던 좌석 배치가 1933년경이 되면 드디어 남녀합석 방식으로 바뀐다. 물론 전국의 모든 극장이 일률적으로 남녀합석의 배치로 바뀌지는 않았고, 지역에 따라 조금 더 더딘 곳도 있었다. 어쨌든 1930년대 중반이 되면 극장에서 은밀한 연애를 즐기는 청춘 남녀에 대한 쑥덕거림과 매체의 발화가 더 잦아졌다.

도시 곳곳을 점령한 유행가

길거리 상점의 유성기(축음기)에서, 카페와 다방 안 빙글빙글 돌아가는 레코드판 위에서 그리고 거리를 향해 틀어놓은 라디오에서도 유행가가 흘러나왔다. 교복을 입은 여학생들과 양산을 펼쳐 든 신여성들은 집에서는 물론이고 거리에서도 유행가를 흥얼거렸다. 1924년 6월호 《신여성》에는 '유행가 시비是非'와 관련한 특집 기사가 기획될 만큼 유행가 곡조는 도시 곳곳을 들쑤셔 놓았다.

1920년대가 되면 거대 자본을 기반으로 대중문화 산업이 다양하게 확산되는데, 영화 산업과 더불어 음반시장은 상업주의가 탐내는 포획지였다. 레코드 보급의 불씨가 된 최초의 대박 음반은 알려진 대로 윤심덕의 〈사의 찬미〉(1926)이다. 《신여성》에 자주

'일본축음기상회'의 유성기 광고(좌측, 《동아일보》, 1925. 12. 19.). 유성기의 손잡이를 직접 돌리거나 태엽을 감아서 구동시키는데, 소리를 재생(증폭)시키는 나팔관이 달린 것도 있다(우측, 부평역사박물관 소장)

등장하는 1920년대의 사회문화적 유행이자 일종의 병리 현상이었던 정사情死 사건 중에서, 성악가 윤심덕과 극작가 김우진의 현해탄 투신은 사회적 파장이 가장 큰 사건이었다. 이들의 죽음이 후광이 되어 〈사의 찬미〉 음반은 수만 매 팔려나갔다. 외국곡 〈푸른 물결의 다뉴브강〉을 개사하여 부른 윤심덕의 〈사의 찬미〉가 거리의 유성기에서 쉼 없이 흘러나왔고 유성기 회사가 부자가 되었다는 소문이 파다했다.[16] 〈사의 찬미〉가 음반시장에서 상업적인 성공을 거둔 이후, 조선에는 콜롬비아, 빅터, 포리톨과 같은 유명 외국 음반사들이 속속 자회사를 설립하면서 레코드 시장을 형성하였다.

유성기 유입과 관련해서는 1887년 미국 공사관의 의무관이던 알렌이 납관식 실린더 유성기를 가지고 왔다는 공식적인 기록이 남아 있다. 그러나 유성기가 비교적 대중적으로 보급되기 시작한 것은 1920년대에 이르러서이며, 1930년대 중반에는 보급 대수가

1938년 《동아일보》에 실린 라디오 편성표. 라디오에 합창, 피아노 연주, 바이올린 연주, 관현악, 가요(유행가), 경기가요(신민요) 등의 다양한 음악 방송이 편성되었음을 확인할 수 있다.

30만 대에 이르렀다. 더불어 음반 판매량도 1년에 30만 장을 넘어섰고, 1932년 이애리수가 불러 빅 히트를 쳤던 빅터 레코드의 〈황성옛터〉는 순식간에 5만 장이 팔렸다.[17]

라디오는 1927년 조선 전체에 총 1,440대가 보급되었고, 1930년대가 되면 보급 대수가 10배 이상 늘어난다. 1936년에는 한 해에만 5만 대 이상이 보급되었다.[18] 경성방송국에서 송출하는 라디오 프로그램은 오전 5시 반 기상 보도를 시작으로 뉴스, 라디오 체조, 각종 강연, 정오 시보를 비롯하여 라디오 드라마와 민요, 취주악 연주, 피아노 연주, 가극, 기생 타령, 유행가 등이 시간대별로 다양하게 구성되었다. 특히 라디오에서 흘러나오는 신민요와 가곡, 각종 유행가 가락은 유행가의 유행과 레코드판 보급에 일조했다.

1933년의 《신여성》에서 전격적으로 게재되기 시작한 레코드 광고들을 쉽게 발견할 수 있다. 시에론 레코드사는 가격이 '1원 레코드'로 유명했던 자사의 유행가 음반 중에서 신인 가수의 〈모던 서울〉과 〈처녀 십팔세〉를 널리 선전하기 위해 "1만 매 한정으로

(좌) 시에론 레코드사 광고. 《신여성》 7권 5호(33년 5월).
(우) 〈넌센스 왕좌 스켓치 최고봉―곰보타령 엿줘라타령〉
음반 광고. 만담가 신불출과 여배우 신은봉의 사진이 중앙
에 삽입되어 있다.[19]

절반 가격인 50전에 판매"[20]하는 파격적인 판매 전략을 펼쳤다.
신인 가수의 음반 제작이 일단 '1만 매'에서 시작된다는 것은 이
미 조선에 확고한 음반시장과 거대 소비자가 형성되어 있었음을
알려준다. 신불출, 신은봉, 김연실이 주요 멤버였던 '만담'과 듣는
'(연)극 레코드' 광고도 자주 실렸다.[21] 유행가뿐만 아니라 가곡과
신민요[22] 음반 역시 여러 레코드사에서 동시다발적으로 제작하
고 선전했으며, 인기리에 팔려나갔다.[23]

　《신여성》의 남성 필자들은 유행가의 가사와 곡조가 천박하다

며 유행가를 좋아하는 여성들을 비난하기 일쑤였다. 이들은 주로 학교 선생이거나 언론인, 작가이거나 사회 지도자급 인사들이었다. 남성들의 성토에도 불구하고 신여성들은 열광하며 유행가를 듣고 불렀다. 여성들이 유행가를 흥얼거린다고 각종 기사와 만평을 통해 여성들을 조롱하고 비난했지만, 젊은 여성들은 유행가 부르기를 멈추지 않고 음반을 샀다.

유행가에 대한 혹독한 사회적 비판에도 불구하고 여성 대중의 향유가 계속되었다는 것은 담론과 현실, 계몽과 정서가 괴리되는 일상적 삶의 정황을 보여주는 대목이기도 하다. 그 답을 신여성들이 경험한, 실질적 행위와 그에 따른 구체적 체감 안에서 찾을 수 있을 것이다. 신여성들의 근대적 감수성은 유행가를 향유하는 동안 주조되지 않았을까. 그녀들은 축음기를 다루고 레코드를 닦는 새로운 방식의 문명 체험을 하면서 전에 없던 신체적 감각과 내면의 정서를 발산할 수 있었다. 남성들이 혹은 사회가 절대 가르쳐 주지 않았던 것들을, 그녀들 스스로 근대적 산물에 자극받으며 자신들의 감각을 통해 배웠을 것이다. 자신만의 노래 취향을 만들고, 좋아하는 가수가 생기며, 레코드 수집이라는 취미를 갖게 한 유행가는 대중예술의 통속적 미학 안에서 신여성의 욕망과 갈증을 해소해 주었던 것이다.

여성팬, 그녀들이 위험하다

근대의 물결 안에서 새로운 존재 방식을 찾고자 한 신여성들의 욕구와 식민 조선에 뿌리를 내린 문화자본의 상업주의는 자연스럽게 손을 잡는 듯 보였지만, 여성이 대중문화의 능동적이고 환대받는 수용자가 되는 길은 초창기부터 요원한 듯했다.

엄금, 취체, 풍속괴란 예방
극장(영화관)은 신여성들에게 매력적인 만큼 충격적이고, 낯선만큼 위험한 공간이었다. 극장은 초창기부터 불순한 요소들이 뒤섞여 있는 공간으로 평가되었다.

극장에 들어가서 분칠한 얼굴에 낚시눈을 뜨고 서방질이 재미나서 집안일은 돌보지 않고 음탕한 마음을 가져 미풍양속을 어지럽히니

저런 못된 화냥년들 즉시 집으로 돌아가라.[24]

《대한매일신보》에 위의 기사가 쓰인 1910년은, 1907년에 개장한 '단성사'가 영화 전용관으로 바뀌어 운영되기 시작한 때이고 일본인이 조선에 세운 최초의 영화관인 '경성고등연예관'이 지어진 해이다. 위와 같은 시선은 결국 영화가 도입된 초창기부터 여성 관객을 경계하는 남성들의 목소리가 얼마나 강력했는지를 잘 보여준다. 이뿐만이 아니다. 신파극이 전성기를 구가하던 1913-1914년의 《매일신보》에는 연극장과 영화관의 풍기 문란에 대한 당국의 단속과 관련한 기사가 수없이 등장했다.[25]

당국의 취체는 1920년대에도 지속되었다. 1923년 〈평양경찰서의 엄중 취체 방침〉을 보면 평양부 내의 극장과 영화관의 상연시간이 간혹 자정을 지나 새벽 1시까지도 계속되는 일이 있다며, 새로운 제한 시간 방침을 공시했다. 모든 흥행물 상연시간을 여섯 시간이 넘지 않도록 하고, 극장 개장 시간을 자정까지로 제한하여 어떤 경우에도 자정이 지나면 즉시 중지하도록 했다.[26] 극장 흥행 시간을 총 여섯 시간 이내로 제한하기 전까지는 아홉 시간을 넘지 않는다는 규정이 있었다고 하니, 한번 극장에 들어가면 하루 종일을 보낼 수도 있었다. 현대의 통상적인 관람(관극) 시간과 견줄 때 도무지 상상하기 어려운 긴 시간이다.

물론 이 시기의 극장 구경은, 지금처럼 극장에 들어선 후 약간의 광고와 다음 영화 예고편을 보며 스크린으로의 몰입을 준비하다가 두세 시간 영화를 즐기고 극장 문을 나서는 것과는 좀 다른

〈여름 풍정風情 2─몽파리 나녀裸女〉,
_《조선일보》 1929. 7. 27.

방식이었다. 극장에서는 영화를 토막토막 끊어서 상영했으며, 그 중간에 유행가 가수가 나와서 노래를 부르기도 했고, 짧은 막간극이나 레뷔revue 공연을 하기도 했다. 레뷔는 프랑스에서 유래한 통속적이고 풍자적인 공연물로, 가벼운 촌극, 춤, 노래 등을 빠른 템포로 진행하는 볼거리이다. 당시 일본을 통해 조선의 공연계에도 유입되었는데, 레뷔의 인기는 프랑스 레뷔 영화 〈몽 파리Mon Paris〉(1929)의 서울 개봉을 계기로 확산되었다. 이 영화를 두고 영화감독이자 평론가인 안석영은 "모던 뽀이 모던 껄의 신경을 마비시킨 동시에 미쳐 뛰게" 한 작품, "수십 수백의 뻘거버슨 여자들의 관능의 변태적 딴스"라고 평가했다. 그러나 안석영이 결국 조롱하고 비판하려는 대상은 영화감독도, 남녀 가릴 것 없이 이 작품에 열광한 관객들도 아니었다. 영화 속 여성 댄서들처럼 속이 비치거나 "거미줄보다도 설핀(거칠고 성긴) 옷"을 입고 거리를 "질풍가치 쏘다니는" 경성의 모던걸이었다.

연극장 역시 처음부터 끝까지 한 호흡으로 공연하는 것이 아니라 중간에 휴지기가 있었다. 막간幕間에 다른 가수나 연희자가 나와서 노래나 춤, 놀이패 등의 장기를 보여주었고, 코미디류의 막간극을 하기도 했다. 유행가 〈황성옛터〉(원제는 〈황성의 적〉, 1932년 빅터 레코드 발간)의 가수 이애리수가 바로 막간에 나와서 노래를 부르다가 그 곡이 히트하면서 유명해진 경우였다. 나중에는 본공연인 연극보다 이애리수의 막간 공연을 보기 위해 극장을 찾는 사람이 더 많았다고도 한다. 이애리수는 인기 가수로도 유명했지만, 연희전문학교 출신 유부남 배동필과의 정사情死 사건으로도 장안을 떠들썩하게 했다. 《신여성》은 이애리수를 성공한 가수로서가 아니라, 배동필 집안의 반대로 결혼에 실패하자 함께 동반자살을 했다가 겨우 살아난 스캔들의 주인공으로 더 주목했다.[27]

다시 1930년대를 전후한 경성으로 돌아가 보자. 도시의 극장에서는 자정이 넘는 시간에도 공연 혹은 상연이 이루어졌다고 하니, "불야성을 이루는 경성", "네온싸인 깜박이는 화려한 도회지"라는 표현은 단순한 수사가 아니었다. 이러고 보니, 극장이 어찌 불량한 이미지를 갖지 않을 것이며, 극장 다니기 좋아하는 여성을 고운 시선으로 보겠는가. 1926년이 되면 극장의 흥행 시간을 기존의 여섯 시간에서 다시 세 시간으로 변경·제한하는 취체령이 시행되었다. 1926년 2월 중에 경기도 경찰부 보안과에서 검열한 영화는 서양 영화 249편과 일본 신파 114편이고, 이 중에서 "공안 풍속

방해로 절단된 건수"는 신파 1편, 구극 2편, 서양극 19편, 희극 1건으로 총 23건이었다고 한다. 잘려 나간 내용의 대부분은 키스 장면을 포함한 선정적인 장면이었다.

새로운 공간과 문화상품, 특히 여성들을 타락시킬지도 모르는 극장과 영화에 대한 단속은 공식적인 법령과 단속, 검열만으로 그치지 않았다. 신여성의 새로운 욕망에 대한 이 당시 남성들의 두려움과 불안감은 강력한 계몽적 언설과 소문의 소문을 생산하는 방식으로 표출되었다.

사교랑, 유행가 시비

《신여성》에는 영화관 안팎의 잡다한 사건을 내용으로 하는 가십거리 기사나, 영화에 대한 여성들의 관심을 지속적으로 경계하는 학교 당국 혹은 남성들의 목소리가 꾸준히 실렸다. 기사를 보면 극장을 찾는 여성들은 수준 있는 관객으로 또는 신문화의 수혜자로 명명되었다. 그러나 동시에 풍기를 문란케 하고 음란을 횡행[28] 시키는 범법자 취급을 당하기도 했다. 이들을 부르는 당시의 신조어가 '사교랑社交娘'인데, 지금 말로 하자면 '노는 언니'쯤 될 것 같다. 사교랑의 특징은 "젊은 남자 홀리기를 업"으로 하는 자들로, "밤마다 맵시 내고 야시장으로 극장으로" 다닌다고 말했다. 여학생들에게 극장 출입은 타락의 길로 빠지는 지름길이라며 겁을 주었고 극장은 범죄의 온상으로 그려졌으며, 극장 다니기 좋아하는 여자들에게는 불량기가 있다는 게 일반적인 인식이었다. 특히 순수함을 유지해야 하는 여학생들에게는 영화 관람을 엄금하였다.

영화 내용에 대한 판단력 미숙과 위험한 관중들이 있기 때문에 그들과 접촉하지 말하야 함[29]을 이유로 꼽았다. 물론 이런 경고와 엄금에도 이미 근대적 자의식과 문화적 열망을 키운 여학생과 신여성들은 극장 출입을 주저하지 않았다.

한편《신여성》의 '유행가 시비'에서 가장 많이 등장하는 노래는, 윤심덕의 〈사의 찬미〉[30]였다.

유행 중에 더욱이 위험한 유행이 있으니 그것은 '노래'이다. (⋯) 안일하고 호화롭고 좋은 음식 많이 먹는 자들이 할 일이 없어서 계집의 붉은 입술을 찬미하여, 타락하고 퇴폐한 정서를 노래하는 것이 참으로 많아진다. (⋯) 세상 돌아다니는 노래가 많으니 대개는 음식점에서 웃음을 파는 '하녀'들의 생활이나 또는 창기娼妓들이 사나이의 마음을 괴롭게 해서 유혹하는 노래가 그중에 큰 예가 될 것이다. (⋯) 그런 중에 요사이에 한 유행이 생기었다. (⋯) 지금은 누구나 알게 된 그 소위 죽음을 찬미하는 〈사의 찬미〉라는 노래이다. (⋯) 성악가였던 윤심덕 양이 세상에서 없어지던 날부터 이 '레코-드'가 상점에 나오게 되었고 또 그들의 대대적인 선전이 시작된 후로 그 레코-드는 참으로 수천 장의 판매가 있었다고 한다. (⋯) 희망 많고 할 일 많은 우리 학생들은 이런 병든 노래 죽은 자의 노래를 부를 필요가 없다. 개인적인 연애를 하고 이 세상을 저버린 사람의 죽음의 노래는, 적어도 우리의 사회를 위해서 싸우려는 청년 남녀가 불러서는 안 된다.[31]

유행가 시비는 당시에 사회적 공론이 형성되었던 소란스럽고 민감한 주제였다. 특히 번안 연극 〈리수일과 심순애〉에 삽입되었던 노래 〈아아 세상은 꿈이런가ああ世わ夢や夢なりや〉와 같은 유행가, 영화를 통해 일본에서 유입된 유행가 〈가레스스끼〉, 그리고 여학생이 부르기에는 어울리지 않는 남성적이고 거친 노래라며 혹평을 받은 〈데아보라〉[32]라는 일본어 유행가까지 유행에 합류했다. "조선 여자들에게도 지금은 노래가 생겨서 이것저것이 유행하기 시작"하였는데 "불행하게도" 그들 사이에 유행하는 노래는 야비하고 천박한 것뿐이며, 그들의 심성을 더럽히고 있다고 《신여성》의 필진들은 목소리를 높였다.[33] 천박한 유행가를 근절하라는 사회의 요구는 1930년대까지도 계속되었다.[34] 1920년대 후반부터 1930년대 내내 〈신 데이야보로〉 〈데아블로〉 〈염정艶精 데아보로〉 등의 제목으로 버전을 달리하며 공연되었던 질 낮은 신파극에 대한 부정적 인식이 누적되어 유행가 〈데아보라〉에 대한 거부감은 증폭되었다.[35] 대부분의 '유행가 시비' 관련 담론들은 결국 여성 혹은 여학생들에게 "맑고 깨끗한 동심"의 "동요"를 부르라는 순결주의의 권고로 끝을 맺는다.[36]

조선의 근대화에 긍정적인 기여를 할 만한 세력으로 등장했던 신여성은 대중문화의 장에서 적극적인 수용자가 되고자 했던 초창기부터 타락하고 위험한 존재, 잠재적 범법자로 비난받았다. 그녀들의 재기발랄함과 자유분방함은 위험하기 짝이 없는 수준을 넘어서 병리적 현상으로 낙인찍히기도 했다. 교양이나 고상한 취미 등의 코드와 연결되면서 적극 권유되고 유도된 신여성의 대중문화 향유 방식은 통제와 비난의 대상이 된 것이다. 소위 말하는 고급스럽고 순화된 양식의 문화예술 장르(가곡, 명화, 학생극, 신극 등)만이 상대적으로 관대하게 허용되었다.

그러나 여성들의 욕망을 포획하고자 하는 제도와 담론의 촘촘한 그물망에도 불구하고 신여성들은 끊임없이 그 그물망을 빠져나갔다. 스스로를 '팬'이라고 명명하기 시작한 일군의 여성 향유층은 자신이 좋아하는 "배우 한 사람에게 연애편지"를 쓰고[37] 유행가 가수와 배우의 사진을 모으며 '스타'를 동경했다. 더 나아가 몸소 자신이 스타가 되려는 꿈을 꾸기 시작했다.

위험성의 변주, '연예계'로의 입성

조선 사회에 가수와 여배우를 지망하는 여성이 대거 등장하기 시작했다. 가수나 여배우 같은 대중의 스타는 근대가 만들어낸 새로운 유형의 욕망이었다. 단지 바라보기만 하는 수동적 자리를 박차고 직접 뛰어들 용기가 여성들의 내면에 꿈틀대기 시작한 것이다. 많은 극단이 만들어지고 사라지기를 거듭하는 1920-1930년대 내내, 횟수를 세는 것이 무의미할 정도로 일간지와 잡지에 "극단 연구생 모집" 광고가 자주 실린 것도 그 용기를 부추겼으리라.

누가 그 처녀들을 부르지도 않았건만 영화에서 보는 모든 로맨스와 화려하고 정서적인 순정의 연애는 알지 못하는 사이에 귀뚜라미와 뻐꾹새가 우는 산중의 처녀들까지 도망꾼으로 만들게 하는 것이다. 미래의 스타를 꿈꾸며 촬영소 문 앞에서 배회하는 젊은 여자들이

하루에도 십여 명씩은 있었다.[38]

여성들은 꿈의 실현과 현실적인 고민 해결을 위해 잡지사나 신문사에 '독자 카드'를 보내고 자문할 정도로 적극적이었다. 그런데 진로와 인생사에 대한 조언을 해주는 위치에 있는 자들은 대부분 남성이었다. 그들은 개인적으로 신학문과 근대 지식을 내장한 사회 지도층이었지만 충고의 내용은 종래의 가부장적 시각에서 한 발짝도 벗어나 있지 않았다.

> 문 십구 세의 처녀예요. 연극에 취미가 많아서 언제든지 여배우 한번 되기가 소원입니다. 부모가 말리는데 어찌할까요. (대구 독자)
>
> 답 여러 말 할 수 없습니다. 부모님의 만류도 일리가 있습니다. 시키시는 대로 하시는 것이 어떨까요. (K 기자)[39]

무엇이든지 당신의 어려운 문제를 물어주시면 대답해 드리겠습니다.

○ 여배우가 되고 싶어

> 문 저는 금년 십칠 세의 소녀입니다. 얼마 전까지 백화점에서 여점원으로 있다가 지금은 집안일에 노력하고 있습니다. 그런데 편모슬하이고 항상 쓸데없이 꾸지람을 들어서 도무지 집에 있기 싫습니다. 그래서 무슨 극단에든지 가입하여 나중에 훌륭한 여배우가 되려고 합니다. 장애가 있다면 어떤 것입니

까. 좀 가르쳐 주십시오. (대전 이영월)

○ **생활비부터 각오하시오**

답   여배우는 참 어렵습니다. 첫째 여배우 생활은 수입이 거의 없습니다. 그러니 생활비를 당신이 가져다가 쓰셔야 하고 만일 생활비로 쓸 돈이 없으면 타락하기 쉽습니다. 그리하오니 깊이 생각해 보십시오. 만일 생활에 여유가 있고 순전히 극예술에 정진코자 하면 경성 어성정 극예술연구회로 들어가십시오. (일기자)[40]

여성들이 영화를 보고 유행가를 부르는 것만으로도 불쾌함과 경계의 눈길을 보냈던 남성들이, 한술 더 떠서 여배우 혹은 가수가 되겠다고 나서는 여성들을 보면서 어떤 태도를 취했을지는 짐작이 되고도 남는다. 사회의 위험 담론이 여기저기서 출몰했다. 배우 지망생들을 유혹하여 "결국 그러한 여자들을 꼬여가지고 윤락의 길로 집어넣는" "불량소년"이 많다고 하지만 필자들은 불량소년을 비판하기보다 여성들의 타락을 염려했다. 여배우 신은봉의 수기 형식으로 실린 《신여성》의 한 기사는 "극단 참회록—무엇이 나를 극단에 애착을 잃게 하였나"[41]라는 자극적인 제목을 달았다. 자신의 삶을 한탄하는 글이었지만 여배우가 되어 사회로 진출하려는 여성들을 노골적으로 강력하게 저지하는 논조였다.

이 땅 사람들이 여배우를 사람으로 취급한 줄 아십니까? (…) 여배우의 생활의 전변轉變은 다만 세상 사람들의 호기好奇를 끄는 화제가 될 뿐이요 인간 생활의 정당의 일로 취급해 주지를 않습니다그려. (…) 극단 흥행주의 한 개의 상품 도구로서 의연히 유한관중의 향략 심리를 만족해 주려 애쓰는 한 개의 완롱물 외에 더 이상의 자신을 찾을 수 없었습니다. (…) 나 아니 우리들은 정당한 인간이 아니외다. 조롱, 비난, 멸시, 천시. 이것이 상금尚今까지 조선 여배우들이 사회로부터 받는 대접이 아니고 무엇이었습니까. (…) 다시 흥행 무대로 나가 유한계급의 저열한 관중에게 에로의 향락물이 되고 싶지는 않습니다.

신은봉은 결국 "호화로운 여배우 생활"을 그만두고 "축음기 회사의 여사무원으로 들어"가게 되었다고 고백한다. 마치 이 글은 여배우에게 "한 개의 완롱물", "에로의 향락물"이라는 낙인을 찍는 효과를 냈다. 토월회와 태양극단을 거쳐 빅터 레코드와 명일극단 소속으로 활동했던 여배우 강석연의 삶을 소개한 사우춘의 글 역시 "극단의 화형花形이 독을 마시기까지"[42]라는 선정적인 제목으로, "여배우=여가수=불우하고 험난한 인생"이라는 사회적 관념이 생겨나는 데 일조하고 있다. 강석연은 "조선의 신극운동에 기여하고 극계의 유명한 여배우가 되는 것이 꿈이었으나" 유행가 레코드를 내고 돈을 벌면서 가족 간 불화가 생겨 양잿물을 마셨다고 한다.

대중문화계에서 상당한 커리어를 쌓고 성공을 경험한 신은봉과 강석연의 삶은 여배우와 여가수의 인생 성공기로 공유되지 못하고 참회와 소동의 사건으로 회자되었다. 이는 대중문화의 장에서 생산 주체와 소비 주체를 불문하고 여성을 문화 향유의 주체로 인정하지 않는 언론 매체의 남성중심성을 확인시켜 준다.

(남성)사회는 매번 다른 화법과 사례를 구사했지만 결국은 지겹도록 같은 말을 하고 있었다. 남성들의 지상 명제, 그것은 "여성의 삶을 살아라"가 아니라, "여성을 보호해야 한다"였다.

> 최근 불경기의 여파로 온갖 사람의 마음에 극도의 변화를 주어 순간적 향락의 도취! 그것으로 기분의 위안이라도 구하려는 젊은이들의 수효가 늘어감에 따라 이들의 환락장인 '카페'가 곳곳에서 새로 고개를 내밀고 있다. (⋯) 요즘에 와서는 얼굴은 둘째 문제이고 그가 영화 여배우나 무대 여배우 출신으로 다소 인기가 있던 사람이면 덮어놓고 끌어가는 형편이다. 이는 일반 손님의 기호를 맞추는 한편 자기네의 상업 수단으로서이다. 여배우의 카페 진출! (⋯) 더구나 빵문제에 쪼들리는 이들이 배우 이름으로는 아무런 생활 보장이 없는 극단과 프로덕션의 배경을 탈출하여(이 중에는 타락해서 굴러들어 온 사람도 있겠지만) 까다로운 수속 없이 곧 취직이 될 수 있는 카페로의 진출! 이것은 너무도 당연한 일로 볼 수밖에 없는 것이다.[43]

'여배우'는 젊은 여성들이 선망하는 근대적 직업이면서, 생계가 보장되지 않는다는 점에서 '업'으로 삼기 어려운 '직업'이었다. 차홍녀, 문예봉, 김신재 등 당대 최고의 인기 스타들조차 가난에 시달렸다고 하니, "빵문제에 쪼들리는" 즉 최소한의 생계도 보장받지 못해 배고픈 배우들이 결국 "살을 파는" 카페 여급이나 기생이 되는 것이라는 인식이 파다했던 때였다. 특히 진고개의 카페들에는 일본에서 일군의 "에로낭자군娘子軍"이 몰려왔고 심지어 "서양여급"까지 두며 성황을 이루자, 북촌의 "에로업자"들은 그 대항책으로 "조선 여배우 출신을 모두 데려와서 벌써 여배우로 여급 노릇을 하는 사람이 십여 명에 이르렀"[44]다고 했다. 상황이 이러하니 지식인 남성들에게 '연예계(영화계)'는 간판을 달리한 '화류계'로 보일 뿐이었다. 배우나 가수를 대중예술계의 새로운 직업군으로서 수용하지 못하고 신식 기생의 확산으로 생각했으니, 새로운 욕망을 품기 시작한 신여성들이 얼마나 위태로워 보였겠는가.

'금기'라는 딱지가 붙는 순간 그 금기의 대상은 더욱 강렬한 욕망을 촉발하기 마련이다. 학창 시절을 회고하는 여학생들은 "기쁜 일"의 하나로 "활동사진(영화) 좋은 것이 왔다고 하면 사감 선생을 졸라서 여럿이 함께 구경"한 것으로 꼽았고, "극장 구경"이 "광활한 공중에 날개를 펼치고 활활 날아가는 것처럼 시원하고 기뻤"다고 격앙된 목소리로 말했다. "과학계의 경의! 발성활동영화 출래!" "발성활사회(발성활동사진회-인용자)에 단체 신청 답지!" "화면에 전개되는 위대한 경이 세계"와 같은 광고 문구는 특히나 신사상과 신문명, 신세계로의 진출을 갈망하는 신여성들을 흥분시켰을 것이다.

신여성들이 근대 교육의 수혜 여부에 지대한 관심을 가지면서 직업을 통해 공적공간으로 진출하고자 고군분투했던 것만큼이나, 그녀들의 문화적 열망과 행보는 적극적이었다. 대중문화의 선별적 소비와 향유를 통해 신여성들은 자신들의 새로운 정체성과 지향하는 바를 표출하는 과시적 포즈를 취하기도 했다. 여성들이 대중문화 상품의 구매력을 통해 유행에 편승하거나 유행을 만들어내려는 무자각적인 소비를 했던 것도 맞다. 그로 인해 신여성들은 지식인과 사회 지도층을 자임한 남성 필자들에게 사치와 허영, 저속함과 무분별에 대한 질타와 조롱, 비판과 훈계를 받았다. 그러나 여성들은 자신만의 필요와 욕구를 분명히 인지하고 있었다. 일본 유학 후 사회주의 여성운동에 투신했던 정칠성은 취미로 '승마'를 즐겼는데, 그 이유를 이렇게 밝힌 바 있다.

> 그때에 말타기를 시작한 동기로 말하자면, 다른 동무들은 어떻게 하게 되었는지 알 수 없으나 나는 결코 오락이나 호기심으로만 말타기를 배운 것이 아니었습니다. 활동사진이나 소설 중에서 외국 여자들이 흔히 말을 타고 전쟁터에 나가서 적군과 싸울 때에 남자 이상으로 활발하고 용감스럽게 싸워서 개선가를 부르는 것을 보고는 거기에 느낀 바가 있어서 혼자 생각에 나도 어찌하면 그런 여자들처럼 말도 잘 타고 싸움도 잘해서 한번 조선에 유명한 여장부가 될까 하고 먼저 말타기부터 배웠었습니다.[45]

이 같은 정칠성의 내면 고백은 드물고도 소중한 자료이다. 적극적으로 새로운 문화를 수용하고 향유하면서 문화의 주체가 되고자 한 신여성들이, 새로운 기회들을 놓치지 않으려 했고 신문화를 받아들이는 데 더욱 열정적일 수밖에 없었음을 보여주기 때문이다. 신여성들은 영화를 통해 배운 다른 세계 여성의 삶, 그 안에서 자신이 느낀 내적 필요와 대사회적 성공의 욕망을 인지하고 있었다. 이러한 자각은 신여성들에게 의식적으로든, 무의식적으로든 강고한 조선의 전통사회에 균열을 내는 진원이 될 수 있었을 것이다.

잡지의 지면을 장악했던 다수의 남성 필자는 신여성에게 "취미라는 것이 현실고에 허덕이는 우리들의 생활에 부드러운 위무를 던져주고 윤택미를 가져오는 수가 많"으므로 기꺼이 취미의 자유와 문화예술을 즐기라는 식의 권유를 드물지 않게 했다. "신여성으로서 피아노 하나 칠 줄 모르고 브람스의 자장가 하나도 못 부른다면 그것은 수치에 가까운 일"이니 음악에 취미를 가져야 한다"[46]는 식이었다. "한 달에 한두 번씩 좋은 극이나 명서明書를 감상하여 극예술에 대한 이해를 얻고 인생 문제에 대한 온갖 알력과 미묘한 인정을 은막을 통해서 내다보는 것도 좋다"는 것이다. 그러나 피아노와 브람스의 음악, 한 달에 한두 번 연극을 관람하라는 권유이자 훈계는 신여성들에게 동요 부르기를 권유했던 것만큼이나 1930년대 사회 현실에서 지독히도 비현실적이고 공허한 주문일 뿐이었다.

신여성의 대중문화 소비가 단순히 여성의 지갑을 여는 일에만 관련되어 있었다면, 남성들이 여성의 문화소비와 즐거움 추구를 그렇게 맹렬하게 공격하며 위험과 경계의 담론을 오랫동안 반복할 이유는 없었을 것이다. 여성들의 문화소비는 분명 남성적 사회

질서에 틈을 만드는 지점으로 작용했고, 그녀들의 욕망이 표출될 수 있는 적극적인 기제였다. 근대화와 더불어 여성들 앞에 전개된 문화 시장과 사회의 변화는 가능성이자 한계였다. 열정과 절망을 동시에 경험한 신여성들. 신여성들이 대중문화에 탐닉할 수밖에 없었고 탐닉해야만 했던 이유는 구체적인 체험과 실감의 차원을 통해 새로운 유형의 감각과 존재 방식을 지각한 데 있었을 것이다.

대중문화와 예술은 감각의 미세한 영역에서 인간과 대면한다. 여성들은 유행가를 부르면서 낭만적인 연애와 이별의 애상을 경험하고, 영화를 보면서 근대적인 여성의 삶과 자유를 꿈꾸었다. 여성들이 다양한 대중문화 장르를 향유하며 문예적 감수성을 키우거나 로맨스의 주인공이 되는 환상에 빠지도록 유인한 것은 물론 근대 자본주의 시장의 압도적인 입김이었다. 그러나 그 과정에서 여성들은 '나'의 욕망과 마주하고, 자기 목소리를 내는 데 필요한 선택과 표현의 시간을 겪었다. 그녀들이 꿈꾸는 학교, 가정, 사랑, 결혼, 직업 등에 대한 미래적 전망이 식민지 조선의 가부장적 세계와 계속해서 불화했음에도 불구하고 말이다.

1927년 어느 봄날, 영화관을 찾은 '극다광 구보씨의 일일'

　1원짜리 입장권을 끈고 극장에 들어왔다. 양화 2편에 40전 하는 극장들도 많은데 1원이나 하는 걸 보니 수입료가 비싼 영화인가 보다. 얼마 전까지만 해도 외화가 새로 걸리기만 하면 극장은 대만원이엇다. 영화인구가 팽창해서 어느 날이든지 극장은 대만원이고, 좌석수와 상관없이 관객들을 우리간에 송아지 몰아넣듯이 막 쓸어 넣는 통에 극장 안은 늘 소란하다. 값이 비싸서인지 가정의 감독이 심해진 탓인지, 오늘은 극장 안이 한산하다. 스크린 상하좌우의 장치의 색채와 구성이 좀 아담한 단성사에 비하면 이곳은 좀 추한 맛이 잇다.

　그러고 보니 얼마 전 개봉햇던 미국 영화 '백장미'가 참패햇단다. 그것은 조선 팬의 감상안이 향상햇음을 의미하는 것이다. 아조 풍속이라든지 정조가 다른 서양 영화는 우리들의 감정과는 격리된 탓으로, 부화浮華한 미국 영화 가튼 것은 이제는 일반 팬의 호기심을 끌기 어려운 것이다. 〈아리랑〉은 이차 상연까지 햇다는 반가운 소식이 들려오는 걸 보면 말이다. 가까이에서 과자 삽쇼, 담배 삽쇼 하는 소리가 들린다. 아해를 불러 라모네 한 병 달라고 해야겟다. 극장에서 파는 음료나 과자는 질이 좀 불량하여 지난번에도 이거 먹고 배탈이 낫엇지만, 난 극장에 오면 습관처럼 라모네를 마신다.

　오늘따라 2층 부인석에는 여자 관객이 많다. 사람을 찾는 척하며 2층을 둘러보니, 금니 박은 노부인도 보이고, 여염집 부녀자들도 잇다. 단발랑이기는 하나 옷매무새를 보니 기생인 것 같은 젊은 여자들도 여럿이다. 진기한 일은 그중에서 성에 갓 눈뜬 여학생이 반수 이상을 참열參列한 것이다. 어, 영화가 시작되나 보다. 스크린 앞으로 변사가 등장한다.

시작한 지 한참이 되엇지만, 영화에 몰입할 수가 업다. 저 변사의 해설은 감정이 과잉되어 청승맞고 천하게 들린다. 더욱 기가 차는 것은 다음 장면으로 넘어갓는데도 앞 장면에 도취되어 계속하고 잇다는 것이다. 아- 슯흐다!는 탄식을 연발한다. 내 앞자리에 안즌 나이 지긋한 양반이 한마디 한다. 변사의 '하얏다', '하얏섯다'라는 하대하는 듯한 어투가 거슬리나보다. 노인은 '하엿습니다', '하엿섯습니다'로 바꾸어야 한다고 투덜거린다. 역시 변사는 단성사의 최성룡이 최고인 것 같다. 점잔게 웃기고 영어 발음도 일본식이 아니라서 자연스런 맛이 잇다.

'십분 휴식'이다. 또 변사가 나와 다음 영화 예고를 하느라 시끄럽다. 이미 무대 위에 예고 간판도 세워 놓앗고, 프로그램지에 적어도 놓앗으면서 왜 불필요한 것을 하는지 모르겠다. 차라리 음악으로 관객의 피로한 뇌를 쉬게 해주엇으면 좋겟다. 아니면 가수가 나와서 독창을 하든지.

장내가 고요하다. 다들 스크린에 눈과 마음을 함북 빼앗길 수박에 없는 것이 키쓰 장면이기 때문이다. 그런데 순간 질식할 듯한 외마디 소리가 부인석에서 의례히 돌발한다. 부인석 중에도 머리 트러언진 젊은 여인들 모혀 안즌 곳에서. 예전에는 키쓰 장면만 나오면 고개를 수그리고 보지 못하는 부인들이 많앗는데, 역시 세상이 달라졋다.

한참 영화가 진행 중인데 누군가가 사람 일홈을 버럭 부른다. 극장에 온 손님에게 전화가 왓는지, 그것을 전달하는 사람이 소리를 버럭

지른 것이다. 그 사람의 일홈을 부를 때 다른 손님들에게 방해가 되는 것은 물론 당자도 퍽 불쾌할 것이다. 조선극장처럼 스크린 엽 기둥을 뚤코서 유리통을 끼여놋코 그 유리에 불를 사람의 일홈을 써놋코 전등으로 신호하면 얼마나 좋은가.

극장을 나오는 길. 아까는 황급히 들어가느라 보지 못했던 극장 간판이 눈에 들어온다. 간판 모양이 수년 전에 비하면 여간 발전된 것이 아니다. 그런데 저 그림은 영화 전편을 통하야 제일 주요한 「씨-ㄴ」이 아니고, 영화 자체에 잇서서도 제외하여버려도 실패가 안 될 장면이다. 극장 간판의 의무가 어듸 잇는지 무러보고 싶다. 좀 천한 늣김이 드는 것이, 미안한 말이지만 우미관 간판과 막상막하이다.

_《별건곤》 5호, 6호(27년 3월, 4월)에 연재되어 있는 〈극장만담〉을 바탕으로 재구성

그 많던 신여성은 어디로 갔을까

1 박경식, 〈도회의 여자와 농촌의 여자〉, 《신여성》 4권 8호(26년 8월), 32쪽.

2 〈색상자〉, 《신여성》 4권 6호(26년 6월), 47쪽.

3 〈색상자〉, 《신여성》 3권 1호(25년 1월), 91쪽.

4 자운영, 〈이전소야곡〉, 《신여성》 7권 12호(33년 12월), 45~50쪽.

5 마면, 〈신연애삼중주〉, 《신여성》 5권 11호(31년 12월), 54쪽.

6 〈총각좌담회〉, 《신여성》 7권 2호(33년 2월), 50쪽.

7 김명애, 〈지워진 짝사랑〉, 《신여성》 7권 8호(33년 8월), 66쪽.

8 김자혜, 〈윤영애 자살에 대한 사견〉, 《신여성》 7권 10호(33년 10월), 118쪽.

9 울금향, 〈당세여학생독본〉, 《신여성》 7권 10호(33년 10월), 66쪽.

10 〈시-크 시네마 씩크 CHIC CINE SICK〉, 《신여성》 7권 2호(33년 2월), 86쪽.

11 〈1932년 영화계의 왕자 '메트로'의 영광〉, 《신여성》 7권 4호(33년 4월), 74쪽.

12 무명초, 〈생명을 좌우하는 유행의 마력〉, 《신여성》 5권 10호(31년 11월), 64~67쪽.

13 서광제, 〈영화계 비화 — 여배우 애염곡〉, 《신여성》 6권 8호(32년 8월), 94쪽.

14 위의 글, 94~100쪽.

15 〈가두풍경〉, 《신여성》 7권 7호(33년 7월), 142쪽.

16 〈일시 소문 높은 여성의 최근 소식 8〉, 《조선일보》, 1928. 1. 10.

17 김만수·최동현, 《일제강점기 유성기음반 속의 대중희극》, 태학사, 1997, 43~53쪽.

18 이범경, 《한국방송사》, 범우사, 1998, 150~158쪽.

19 음반 광고에 실린 신불출, 신은봉의 사진이 다음 기사에 수록되어 있음. 임세화, 〈세상 움직이는 '말'의 힘을 믿은 불세출의 만담가 신불출〉, 《한국일보》, 2016. 2. 28.

20 〈광고〉, 《신여성》 7권 5호(33년 5월).

21 〈광고〉, 《신여성》 7권 5호(33년 5월).

22 1930년대에 등장한 신민요는 20세기에 만들어진 것으로 다양한 버전으로 변주된 전통 민요를 가리켰다.

23 〈광고〉, 《신여성》 33년 10월호, 126쪽.

24 《대한매일신보》, 1910. 3. 3.

25 "근래 활동사진(영화)이 세상에 미치는 영향에 대해 여러 의견이 있음으로 당국에서는 처음부터 이에 대한 취체에 주의하고 지금 경성에서는 이미 허가된 활동사진관 외에 다른 곳에 신설을 허가치 않기로 했다. 신설하기로 한 유락관有樂舘은 황금정에 있던 세계관이 폐업하고 이 방면으로 옮긴 것이고 이뿐만 아니라 관람석 등에 대해서도 사회 풍교상에 미치는 악영향이 있는 것은 엄중한 취체를 한다고 하니 지금 각 활동사진관 및 연극장의 풍기는 엄숙해질 것이라고 한다." 《매일신보》, 1916. 1. 14.

26 〈평양경찰서의 엄중 취체 방침〉, 《매일신보》, 1923. 6. 5.

27 〈색상자〉, 《신여성》 7권 3호(33년 3월), 91쪽.

28 〈가장여학생 나드리〉, 《신여성》 3권 11호(25년 11월), 43쪽.

29 〈나의 다섯 가지 희망〉, 《신여성》 4권 4호(26년 4월), 22쪽.

30 인생의 허무와 죽음을 노래하는 〈사의 찬미〉는 윤심덕의 죽음이라는 실제 사건과 직조되면서 조선 사회에 일종의 신드롬을 일으켰다.

31 Y생, 〈류행에 대하야 / 사의 찬미에 대하야〉, 《신여성》 4권 10호(26년 10월), 12~13쪽.

32 "총대 한 편 손에 잡고 모자를 눌러쓰니 사나이 꼴"이라는 가사의 노래. 안광희, 〈한국연극사자료집〉 제2권, 457쪽에서 재인용.

33 〈유행가 시비―여학생 자신과 여학교 당국의 주의를 촉促하기 위하야〉, 《신여성》 2권 6호(24년 6월), 46~53쪽.

34 "요새 거리에서 흔히 들리는 축음기 소리만 들어도 그 너무도 속악함에 혼자 얼굴을 붉히게 된다. 정서교육에 좀 더 유의해야겠다. 학교마다 축음기를 비치하고 고상한 음악의 감상을 훈련시켜야겠다." 주요섭, 〈조선 여자교육 개선안〉, 《신여성》 7권 10호(33년 10월), 16쪽.

35 토월회의 〈신 데이야보로〉 광고 문구. 《매일신보》, 1926. 5. 22.

36 "아름답고 깨끗한 노래를 늘 발표해 주는 우리 윤석중 선생의 구슬보다 꽃보다 더 아름답고 귀여운 노래를 한데 모아서 어여쁘게 책으로 꾸며놓은 조선에서 처음되는 동시독본이요 맑고 깨끗한 동심의 동산입니다. 노래를 사랑하는 여러분은 속히 이 새로운 동시집을 읽어주십시오." 윤석중 동요집 〈잃어버린 댕기〉, 《신여성》 7권 8호(33년 8월), 111쪽.

37 〈여성계 소식〉, 《신여성》 4권 7호(26년 7월), 61쪽.

38 서광제, 〈영화계 비화―여배우 애염곡〉, 《신여성》 6권 8호(32년 8월), 94쪽.

39 〈여인사롱〉, 《신여성》 5권 10호(31년 11월), 86쪽.

40 〈수문수답隨問隨答 어찌하리까 난문해답難問解答〉, 《조선일보》, 1931. 12. 21.

41 신은봉, 〈극단참회록―무엇이 나를 극단에 애착을 잃게 하였나〉, 《신여성》 7권 10호(33년 10월), 102~108쪽.

42 사우춘, 〈극단의 화형花形이 독을 마시기까지―강석연 자살 소동기〉, 《신여성》 7권 1호(33년 1월), 46쪽.

43 〈여배우의 카페 진출〉, 《신여성》 5권 11호(31년 12월), 51쪽.

44 〈여배우의 가두 진출〉, 《혜성》 1권 8호(31년 11월). 안광희, 〈한국근대연극자료집 제4권〉, 역락, 2001, 633쪽에서 재인용.

45 정칠성, 〈남복하고 말 달릴 때〉, 《별건곤》 3권 2호(27년 8월), 58쪽.

46 박로아, 〈여학생의 취미 검토〉, 《신여성》 5권 5호(31년 6월), 72~73쪽.

5장

은밀한, 그리고
폭로된 성性

S 언니…! 참말이어요. 사람이 그리워요. 언니가 그리워요. 맘껏 부둥켜안고 숨 막히는 키스를 하고 싶어요. 언니! 언니는 지금 무엇을 하고 계실까요. 저와 같이 마음의 하소를 글로 쓰고는 안 계시겠지요. 아마 소설을 읽고 계실 거예요. 언니! 지금 당장 뛰어가 보고 싶습니다– (…) 나를 귀여워해 주세요. 사랑해 주세요. 차마 말로는 할 수가 없어서 이렇게 잠을 이루지 못하다가 글로 써 드리는 것입니다.

新女性

아! 이 눈물이야말로 사랑의 눈물일까요! 더욱이 나는 이성理性이란, 처음으로 당신을 사랑하니까 그야말로 첫사랑의 눈물일까요! 어쨌든 나는 당신과 함께 있고, 당신과 함께 지내는 것이 나의 영원한 행복입니다. 아! 춘선 씨!

 지나간 겨울이 아니었습니까? 내가 당신 집을 찾아갔을 때, 당신은 여러 가지로 문학과 미술에 대한 이야기를 하여주시고, 그 다음에는 서로 웃으며 당신은 〈만돌린〉을 치고 나는 노래를 하였지요. 아! 나는 그때같이 즐거운 때가 없었으며, 그때같이 흥분된 때가 없었습니다. 그러나 두 사람이 "나를 사랑하여 주시오! 나는 당신을 영원히 사랑합니다" 하는 말을 나누고 서로 떠난 후에, 당신은 동경으로 가고 나는 이 서울에 있게 되지 아니하였습니까? 그리하여 당신이 동경으로 간 후로부터, 나는 어느 날 어느 때를 물론하고 당신을

사모하지 아니한 때가 없었으며. 따라서 당신을 생각하고 눈물을 흘리지 아니한 때가 없었습니다.[1]

위의 인용은 오은서(노자영의 필명)의 연애서간집 《사랑의 불꽃》의 일부이다. 1920년대의 대표적인 베스트셀러 작가 오은서는 《사랑의 불꽃》 서문에서 "사랑은 인생의 꽃"이고 "오아시스"라고 선언하며, '사랑'이라는 말이 폭발적으로 유행하고 있다고 하였다. 그는 이렇게 '사랑'이 유행인 시대에 '연애서간집'의 발행은 당연하다고 말했다.

1920-1930년대, 연애의 시대가 왔다. '연애'는 본능적으로 이성에 대한 관심을 갖게 되는 나이에 이른 '춘정발동기'의 남녀라면 누구나 거역할 수 없는 힘이자 인류가 추구하는 이상적 행복과 함께하는[2] 가치로 인정되었다. 진실한 연애는 맹목적인 데 있다는 연애지상주의자들의 목소리가 더는 낯설지 않을 만큼 사회는 빠르게 변화하고 있었으며, '연애'라는 용어와 현상이 동반한 매혹에 빠져들고 있었다.

청춘들의 연애는 너무나 자연스러운 현상이고, 연애를 하지 못하거나 연애 경험이 없는 것은 문제가 되며, 그 때문에 느끼는 불안이 당연한 시대가 되었다. 그러나 이렇게 추상적, 이념적으로 던져진 '연애'라는 새 시대의 요구 아래, 청년들은 어떻게 연애를 해야 하는지 방법을 잘 모르니 서투를 수밖에 없었다.

K 양을 사랑하는 T 군의 이야기가 《신여성》에 소개되고 있다. B 전문학교 운동선수인 T 군은 같은 운동선수인 K 양을 정말로

사랑하여, K 양이 통학하는 길가로 하숙까지 옮긴다. 연애의 필수 조건인 '시간, 거리, 만남, 돈'을 갖추었지만 도무지 자신의 마음을 K 양에게 보여줄 방법을 알지 못하였다. 참다못한 T 군은 귀가하는 K 양을 자신의 하숙방에 오게 하여 무슨 할 말이 있냐는 K 양의 말에 갑자기 면도칼로 자신의 왼편 손바닥을 베어버린다. 새빨간 피를 흘리는 T 군은 속으로 그녀가 자신의 상처를 만지면서 뜨거운 "키쓰"를 해줄 것이라고 상상하지만, 놀란 K 양은 벌벌 떨고만 있다가 집에 돌아와 울면서 아버지에게 일러바친다. 이 '악마주의 연애'로 인해 T 군은 파출소에 끌려다니다가 학교도 그만두게 된다.[3] 연애에 미숙했던 청년들에게 연애는 인생을 망칠 수 있는 위험한 행위이기도 했다. 연애 실패 후 자살이라는 극단적 선택을 했고 죽음까지는 아니더라도 피로 사랑을 표현하는 연애편지를 주고받았던 당대의 젊은이들 앞에, 연애는 아직 건강한 모델을 내놓지 못하고 있었다.

연애 이전의 연애, 신여성의 '동성애'

여학생이라는 신분은, 몸과 마음은 어른이었지만, 여전히 미숙하고 보호받아야 하는 순결한 존재로 인식되었기 때문에 연애에 바로 뛰어들기에는 장애가 많았다. 연애는 하고 싶지만 사회적 여건이 되지 않았기에 여학생들 사이에는 동성끼리 마치 연애를 하는 듯한 뉘앙스의 놀이가 생기기 시작하였다.

S 언니…! 참말이어요. 사람이 그리워요. 언니가 그리워요. 맘껏 부둥

켜안고 숨 막히는 키스를 하고 싶어요. 언니! 언니는 지금 무엇을 하고 계실까요. 저와 같이 마음의 하소를 글로 쓰고는 안 계시겠지요. 아마 소설小說을 읽고 계실 거예요. 언니! 지금 당장 뛰어가 보고 싶습니다- (…) 나를 귀여워해 주세요. 사랑해 주세요. 차마 말로는 할 수가 없어서 이렇게 잠을 이루지 못하다가 글로 써 드리는 것입니다.[4]

여고 시절 우리는 누구나 'S 언니'를 갖고 싶어 했다. 단짝 친구 이상의 친밀성이 보장된 'S 언니'를 갖는 것은 시기와 질타의 시선을 받는 일이기도 했다. 영화 〈윤희에게〉에서 쥰의 편지가 원하지 않는 삶을 사는 윤희에게 중요한 터닝 포인트가 되고 자신의 감정과 존재성을 확인시켜 주는 매개체가 되는 것처럼, 편지는 자신의 감정과 존재성을 보여주는 또 다른 방식이기도 했다.

1920-1930년대에 이러한 여성들만의 핑크빛 서신은 연애의 우회로였다. 위의 서신에서 드러난 대로 거기에는 '숨 막히는 키스'를 하고 싶을 정도로 그리운 감정이 존재한다. 이는 공상과 동경으로 만든 감상이라고 간과하기에는 너무나도 열정적인 감정이다. 여학생들 간의 서신 교환 행위는 유희 이상의 그 무엇이었다. 그때는 달콤한 연애가 자신의 온 존재를 던져야 할 낭만적 신화로 존재하던 시절이었다. 그런 면에서 여학생끼리의 '동성애' 놀이 문화는 재미있지만 한편으로는 좀 더 달착지근한, 복잡한 감정의 가닥들로 이루어져 있었다.

이 오묘한 감정이 사춘기 소녀의 보편적인 정서로 자리 잡았던 것은, 이성에 대한 달아오르는 호기심을 불순한 탈선의 시작으로 간주하는 억압적 시선 때문이었는지도 모른다. 현진건의 소설 〈B 사감과 러브레터〉에 나오는 기숙사 내의 웃지 못할 해프닝은 연애에 대한 여성들의 열망을 수용하지 못한 그 당시 현실을 반영하고 있다.

그러나 여학교에서 벌어지는 이러한 현상을, 이성 간 '연애'를 시대적 이상이자 인텔리의 자격 조건으로 받아들였던 계몽주의자들은 이해할 수 없었다. 그렇다고 《신여성》의 남성 필진이 여성들 사이의 동성애 현상을 전면 부정하거나 무조건 혐오했던 것은 아니다.

우리의 생각으로 보건대 동성애란, 그것이 더럽게 성욕의 만족을 얻으려 하는 수단이 되지 아니하는 이상에는, 이익이 있을지언정, 해는 없을 관계라고 한다. 여자들 사이에는 이 동성애가 있음으로 해서, 정서의 애틋한 발달을 재촉함이 되고 따라서 남녀 간의 풋사랑에 대한 유혹을 면함이 될 것이다.[5]

남성 필자들은 여성들 간의 동성애가 깨끗하고, 남녀 간의 풋사랑에 빠지지 않기 위해서라는 조건이 충족된다면 인정할 수 있다는 아량(?)을 베푼다. 여성 동성애가 정서의 애틋한 발달을 촉진한다는 표현은, 동성애는 '이성애'를 위한 예행연습이라는 본연의 임무에 충실할 때만 그 가치를 인정받을 수 있다는 논리이기도 하다.

같은 맥락에서 여학생 간의 동성애는 시간이 지나면 없어지는 과도기적 감정에 불과하다는 의견도 있다. 여기서 동성애는 그 자체의 의미를 갖는 영역으로 인정받는 대신 이성애의 부속물 혹은 이성애라는 정상적인 성적 감정에 대한 '타자'로 존재할 뿐이다.

무차별기의 동성연애는 남자를 물론하고 다 같이 있는 일이지만은 여자 더구나 학교에 통학하는 학생에게 많이 실견實見할 수가 있는 것이니 이것은 무슨 성욕을 의식하는 것도 아니요 어쩐지 그중에 마음에 맞는 사람을 서로 의탁하게 되어 운동장이나 교당이나 또는 나오나 들어가나 모든 행동이 이성연애와 조금도 다를 것이 없는 것입니다. (…) 성적으로 하등의 의식이 없을 뿐 아니라 또한 하등 목적도 없이 성의 본능적 암시로 가장 접촉되기 쉽고 또는 친밀한 가능성이 있는 친구들과 동성의 연애를 여자들에게 많이 볼 수 있는 것은 처지나 경우와 또는 성적수치심에서 기인되는 것이지만은 이것이 영원히 계속되느냐 하면 그것은 얼마 되지 아니하여 없어지고 마는 것입니다.[6]

여성은 아무 목적도 없이 그저 성적인 본능으로 가장 가깝고 쉽게 만날 수 있는 친구들과 동성연애를 한다고 표현하고 있다. 동성애는 여성에게서 많이 볼 수 있고, 여성은 성적 미숙아이며 이브처럼 본질적으로 수치심을 갖는 존재라는 생물학적인 성적 편견이 그대로 적용된 것이다.

이러한 편견 속에서 《신여성》은 동성애 현상을 어떻게 규제

할 것인가에 대한 고민을 시작한다. 규제를 가장 효과적으로 작동하는 것은 과학적 증명이다. 그러면 신여성에 나타난 동성애 과학 담론을 살펴보자.

> **무차별적 성욕기의 동성연애:** 성욕학자는 성욕의 발달을 3기로 나누었습니다. 제1기라고 하는 것은 가장 초기의 아동시대이니 즉 이 시대를 중성기라고 해서 심리적 성욕 작용이 일어나지 아니하는 시기라고 하였고 그다음 제2기는 무차별기라고 하여 성욕의 방향이 충분히 차별적이지 않고 여러 가지 방면으로 동요가 되어서 눈앞에 있는 외부의 목적물로 인하여 그 방면을 잘 변경하는 시기라고 합니다. 이러한 시기에 동성연애가 많이 일어난다고 학자들이 말을 합니다. 그 다음 제3기로는 소위 차별기라고 해서 보통의 상태로 성욕 방면이 이성을 바라게 되는 것이니 이러한 상태는 성욕이 쇠퇴해서 전혀 소멸할 그때까지 계속한다고 합니다. (…) 그러기 때문에 이 성욕 무차별 시기에 잘못하면 장래에 다시 고치지 못할 만큼 마음에 상처를 남기게 되는 것이니 성욕 생활상으로는 가장 중요한 시기라고 학자들이 말을 합니다.[7]

성욕학자의 분석에 의하면 성욕의 제1기는 초기의 아동시대이며 이 시기는 중성기라고 해서 심리적 성욕 작용이 일어나지 않는다. 제2기가 무차별기인데 성욕의 방향이 여러 가지 방면으로 동요가 돼서 외부의 목적물이나 방향이 잘 변경되는 시기이다. 넘치는 감정과 애정을 노래한 사춘기가 여기에 해당한다. 이 시기를 거치면 우왕좌왕했던 성욕의 방향이 이성으로 고정되는 보통의 상태로 유지된다. 그러므로 필자는 이 과정을 잘 견디어 내고 지도하지 못하면 일생을 망치는 문란한 생활을 할 수밖에 없음을 경계한다. 이처럼 사춘기의 동성애는 성욕에 대한 이해가 제대로 성립되지 않은 상태에서 일어나는 감정의 혼돈이므로 이에 대한 지도와 규제는 필수적이라고 인식되었다. 또 필자는 동성연애기에 주의하지 않으면 성격 발달에 장애가 생기니 엄숙하고 진중하게 처리해야 한다고 근엄하게 충고하고 있다.

그런데 《신여성》에서는 과학적 '이론'의 범주를 벗어나 사회적 '사실'로 드러난 동성애 관련 사건들을 이야기하지만, 그것에 대한 사회적 관점이나 과학적 근거를 통한 분석은 보이지 않는다. 아래 인용문은 한 여학생의 자살 사건을 보도하는 기사의 일부분이다.

구룡연에 투신한 여학생… 금강산으로 수학여행 갔다가 인솔 선생의 노력으로 생명은 구조—모 전문학교생과 삼각연애 관계로

그는 재작년부터 학교를 졸업하고 방금 모처에서 유치원 보모 노릇을 하고 있는 김정숙(가명)이와 동성연애를 하게 되었다. 그리하여 이 두 사람은 학교에서나 하숙에 돌아와서나 꼭 같이 지내자고 시도 때도 없이 이야기를 하고 지내었다. (…) 이러는 중에 정숙이는 경성 모 의학전문학교 학생 이기태(가명)와 사랑을 속삭이게 되고 이래서 영자도 정숙이의 소개로 그를 오빠라고 부르며 세 사람이 친하게 지내였다. (…) 이리하여 한 남자를 가운데 둔 이 두 여학생은 자기네 자신도 모르는 삼각관계의 고통과 비애를 맛보게 되었다.[8]

그 많던 신여성은 어디로 갔을까

자신보다 남자 친구를 더 사랑한다는 이유로 자살한 한 여학생에 대한 이 기사는 동성애 문제를 통해 독자의 호기심을 자극하고 있다. 과학의 이름을 빌린 성욕학자에 의해 일차적으로 고쳐야 할 비정상적인 상태로 여겨진 동성애는, 이제 이들의 삶에 비극적 분위기를 더하는 또 다른 시선과 만나게 된다. 여성 간의 동성애를 성장통을 겪는 개인 간의 내밀한 소통 수단으로 이해하지 않고, 그저 '센티멘탈한 감정의 과잉'이나 '미성숙한 존재들이 보이는 과도기적 욕망'으로 해석하려는 것이다. 이처럼 여성 간의 동성애는 성숙하지 못한 주체들 사이에서 일어난 일이었기에, 획일화된 이성애 규범으로부터의 적극적 '일탈'로 풀이될 가능성은 별로 없었다.

이론과 실제 사이, 연애의 스펙트럼

오랜 기간 신여성의 대명사로서 나혜석, 윤심덕, 김원주 등의 이름이 많은 사람의 입에 오르내리게 된 이유는, '연애 사건'에 대한 세간의 관심과 호기심이 시대의 흐름을 타고 폭발적으로 퍼져 나갔기 때문이다.

《신여성》은 21세기 여느 스포츠 신문이나 연예 뉴스 못지않은 신속성과 과잉 포장을 밑천으로, 소위 인텔리 신여성들의 연애 관련 비화를 '보도'했다. 그런데 신여성들의 파격적 언행이 주는 생소함이, '관찰'하는 이들(남성들)에겐 낯섦을 넘어서 불쾌감을 유발했다.

(그) 사람인즉 남의 말 좋아하는 조선 사회에 소문거리를 뿌리고 다닌 일이 있어서 한참은 유명했던 김원주 씨다. (…) 김 씨는 재작년 겨울부터 동경서 임노월과 서로 연애하다가 작년 정월 이후부터 임 군과 공공연하게 동거하며 지내왔다. (…) 김원주는 "그리고 예술과 실생활을 분리할 것이 아니고 실생활 그 물物이 우선 예술이어야만 되겠다고 생각하였다"고 말한다. 이 말은 예술의 생활화가 아니라 생활의 예술화라는 의미일 듯하다. (…) 사실 그의 예술적 생활이라는 것에는 벌렸던 입을 닫을 수가 없다. 재롱도 여기까지 오면 도로 정이 떨어진다.[9]

여기서 필자는 이혼한 김원주가 임노월과 동거를 시작했다는데에 대해 '정이 떨어진다'는 개인적 소감을 밝히면서, 김원주의예술 세계의 진정성까지 의문이라며 비난하고 있다. 더구나 윤심덕의 사생활에 대해서는 그 비난의 수위가 더 높아진다.

윤 씨의 이번 행동이 사실이라 하면 그것이 연애라는 그 순수한 정서에서 나왔는지 예술을 위해서인지 또는 인생을 위해서인지 자못 의문이다. (…) 유감이지만 윤 씨의 이번 행동은 타락한 행동이다. 예술가이면 예술가 사업가이면 사업가 가정부인이면 가정부인 교육가이면 교육가 직업부인이면 직업부인으로 똑똑히 사람이 좀 되어갑시다. 윤 씨야- 기왕 국외로 갔다는 소문이 있으니 거기서 태평연월이나 노래하면서 건강히 일생을 지내라. 누구나 그대 보기를 원치 않을 테니.[10]

이처럼 유명한 신여성이 '실제로' 개입된 각종 연애 사건을 대할 때는 앞다투어 이들의 행위를 손가락질하던 《신여성》 필자들은, 실명實名이 사라진 '이론'의 차원에서는 누구보다도 엄숙하게 연애의 중요성과 심각성을 강조하고 있다. 특히 당시의 연애론은 전 세계적으로 여성계를 풍미했던 엘렌 케이Ellen Key나 콜론타이 Alexandra Kollontai의 이론을 바탕으로, '이론적'으로 명쾌하게 제시되었다.

연애 문제를 다루는 《신여성》 필진의 시각은, 연애 없는 결혼은 없다는 엘렌 케이의 자유주의 연애론과 여성해방 운동가인 콜론타이의 사회주의 연애론으로 크게 나누어진다. 자유주의 연애론은 참된 연애의 조건으로 영육일치를 내세우면서, 자신이 선택한 배우자와의 자유결혼(연애결혼)을 하나의 이상적 과정으로 묘사했다.

남녀 교제를 자유롭게 하는 일은 다만 결혼 상대의 선택에 뿐 필요한 것이 아니라 새 시대에 처하는 새 인물로서의 진실한 새 생명을 활기 있게 키우는 데 크게 값있는 일이 되는 것이다. (…) 진정한 의미의 자유결혼은 자유 교제가 있는 곳에서만 바랄 수 있는 것이다. (…) 당신들의 배우자는 반드시 당신 자신이 선택하소서.[11]

주요섭은 결혼이란 한 남자와 여자의 육체와 정신이 하나로 융합하는 것을 의미하는데, 그것을 가능하게 하는 징검다리가 바로 연애라고 하였다.[12] 연애는 개성과 자각, 자유, 영육 융합 등의 개념과 어우러져 있었다. 이렇게 결혼은 연애를 전제로 함을 주장하면서 한편으로는 연애소설만 읽고 연애를 외치는 당시의 청춘 남녀들에게 진정한 연애관이 결여되어 있음을 비판하기도 한다. 외적 조건을 앞세우고 성욕과 감각적인 미에 역점을 두고 있는 자유주의적 연애관을 경계하면서, 충분한 인격적 신뢰를 바탕으로 한 연애가 필요함을 역설한다.[13]

자유연애 사상이 지닌 다양한 의미를 이해하기보다는 행복한 결혼을 위한 과정과 결과를 중요시하는 자유주의 연애론은 사회주의 연애론자들에게 공격을 받았다. 사회주의 연애론자들은 연애는 행복한 결혼을 만드는 과정이 아니며, 그 감정적 열정을 '혁명의 투혼'으로 연결해야 함을 강조한다. 연애의 감상적이고 신비스러운 면을 경계해야 하며 오히려 자본주의 사회에서 평등하지 않은 남녀의 계급적 차이를 올바로 인식하고 판단하는 것이 가장 중요하다고 했다. 김옥엽은 인간 생활의 불평불만을 '가정 평화'라는 이름으로 무마시키는 연애론에 반대하며, 남녀평등에 기초한 여성의 진정한 자유와 사랑을 위해 혁명운동을 해야 한다는 콜론타이의 연애론을 제안하기도 한다. 그러나 연애가 남녀 개인 간의 육체적이고 정신적인 자유로운 결합이라는 콜론타이의 주장은 자칫 개인적 열정 때문에 계급에 대한 의무를 소홀히 하는 이유가 될 수 있음에 역시 비판의 대상이 되었다.

우리들은 과거 연애지상주의를 청산함에 따라 새로운 '콜론타이'리즘의 대하여서도 엄정한 비판을 가져야 한다는 것이다. 이상적으로 말하면 연애는 우리들의 인간성을 높이며 우리들의 새로운 사회를 위하여 싸우는 능률을 증가하는 것이 아니면 아니 된다.[14]

특히 연애할 여유가 없는 프롤레타리아에게는, 연애가 개인의 사사로운 일이자 육체의 자유로운 결합이라는 콜론타이의 연애론도 별다른 의미를 지니지 못한다는 지적[15]도 눈여겨보아야 한다. 시대적 사명과도 같았던 연애가 현실적으로는 누구나 할 수 있는, 평범하고 평등한 권리가 아니었던 셈이다.

성욕을 인정하라

연애는 성애와 끊을 수 없는 관계를 가지고 있습니다. 5월의 청초한 신록도 검은 흙 속에서 생겨나는 것처럼 연애도 성욕이란 땅에서 솟아나는 생물입니다. 이 말이 너무 노골적이라 하시더라도 사실은 분명한 사실입니다. '플러스'와 '마이너스'의 전기가 서로 합하여 불꽃이 튀는 것처럼 '프로톤'과 '일렉트론'이 서로 합하여 원자가 되고 '카티온'과 '아니온'이 서로 모여서 분자가 구성되는 것처럼 이성 간에 연애가 일어나는 것은 이미 '물체'의 가장 적은 심오한 곳에서부터 이미 기미가 있는 것입니다.[16]

이제 연애는 성욕과 자성磁性을 띠면서 서로를 호출하게 된다. 연애의 정신적인 면과 육체적인 면을 분리할 수 없음은 너무나 당연하다. 그러나 근대 이전에 성욕은 떳떳하게 말할 수 없는 것이었고 특히 여성의 경우, 성적 욕구를 결코 드러내서는 안 되었다. 성욕에 대한 다양한 논의는 고사하고 실체 자체를 인정하지 않았다. 그러다가 1920년대에 와서야 성욕에 대해 조심스럽게 목소리를 내기 시작했다. 특히 《신여성》은 연애와 성욕의 밀접한 관계에 주목하며 여성의 성욕을 공적인 논의 공간으로 이끌어 냈다.

그런데 위 인용문의 부제가 '초등독본'이라는 것에서 알 수 있듯이, 연애나 성은 학습의 대상이었다. 모범적이고 이상적인 모델을 제시하고 그에 따른 훈련(학습)을 요구하는 장場인 교과서 형식으로 나타난 것이다. 연애 교과서 즉 〈연애초등독본〉 안에서, 성욕은 남녀 모두에게 자연스러운 것이었다. 남녀라는 플러스 마이너스의 양극이 성적 차이, 성욕의 차이로 인해 인력引力을 발휘할 때, 연애가 생성된다고 보았다.[17] 연애를 개인적이며 자연스러운 하나의 현상으로 인정하고, 자연스러운 성적 본능도 양성 간의 동등한 위치에서 파악하고자 하는 《신여성》의 관점은 당대로서는 놀라운 변화였다.

여성 성욕의 실체는 인정했지만 그럼에도 불구하고 이상적인 연애를 위해서 성욕은 적절하게 다스려야 하는 대상으로 인식되었다. 성욕은 흙이고 연애는 꽃이라며 진흙탕 속에서 연꽃이 피어나듯 성욕을 정화하는 것이 진정한 연애의 꽃을 피우는 것[18]이라고 했다.

성욕의 족쇄, 정조 담론

의식적으로 기회를 만들어 가면서까지라도 거기에 열중할 필요는 조금도 없으나 여러 가지 사정이 부득이하게 되는 경우에는 약혼 중의 정조 허락은 불가피한 것일 뿐 아니라 그것은 아무 죄악도 수치도 아니라고 생각합니다. (…) 대개 그러한 의미에서 나는 약혼 중의 정조 허락을 오히려 찬성하는 생각을 가지고 있습니다마는 다만 거기에는 반드시 바쓰 콘트롤birth control(피임-인용자)을 할 것이라고 주장하고 싶습니다.[19]

약혼 중 성관계는 죄악도 수치도 아닌 당연한 것이지만, 피임은 꼭 챙겨야 한다는 상당히 급진적인 주장이 등장할 정도로《신여성》은 개방적인 성 인식을 보여주었다. 하지만 개인적이고 사적인 성생활을 사회적으로 공론화하기 위해 지극히 객관적이고 과학적인 개념과 이론을 빌려야 했다. 그래야만 혹시 이후에 생길 수 있는 위험 요소들을 피할 수 있기 때문이다. 결국 아름다운 연애, 바람직한 남녀 교제, 성욕의 인정과 발휘에 대한 수많은 목소리는 '성교육'이라는 한 점으로 모아졌다. 교육의 장 안에서 성이 설명될 때, 그것은 사회적이고 도덕적인 규범에서 조금도 벗어날 수 없었다.

여성은 본래 영웅숭배적인 것과 상대적으로 남성은 자기의 씨를 널리 퍼트리려는 욕망이 핏속에 흐르고 있는 것이니 남편의 직업이 무엇이고 평소의 행동이 어떠하더라도 아내는 남성으로서의 이 본능이 그 남편에게 있음을 충분히 알아둘 것이다.[20]

남녀 간의 원초적 욕망의 차이나 생리적 구조[21]의 차이를 입증하는 담론을 살펴보면, 예전과는 달리 무조건적인 남녀 차별, 남성 우월성을 주장하지는 않는다. 대신 이들은, 남성이 지닌 성에 대한 신체적, 정신적, 생물학적 관점을 꼼꼼히 살펴보아 남성의 신체적인 특성을 인정해야만 한다는 식의 논리를 편다. 물론 여기에도 차별적 관점은 존재하지만, 생득적으로 차별화된 남녀의 성 차이가 과학적으로 입증되었으니, 그것을 인정하는 게 중요하다는 것이다. 이렇게 과학적 분석이라는 미명하에 은근히 남성과 여성의 성적인 차이를 강조하면서 과거와는 다르게 남성에게도 정조가 중요함을 강조한다. 그러나 여성이 정조를 잃었을 때 피해가 더 크기 때문에 정조론에 대한 교육은 여성에게 집중된다. 대부분의 성교육도 바로 이 '정조론'을 기본 내용으로 삼고 있다.

성은 연애, 성욕, 정조의 카테고리 안에서 교육되었다. 특히 정조 문제는 《신여성》에서 특집으로 다뤄질 만큼(1932년 3월호), 현실적이고 중대한 문제였다. '남자 정조' '처녀 정조' '약혼자 간의 정조' '부부 간의 정조' '과부 정조' '종교상으로 본 정조' '법률상으로 본 정조' 등의 주제를 설정하고, 다양한 필자의 목소리를 통해 이질적인 주장들이 충돌하고 있음을 보여준다.

아내에게 정조를 바라거든 당신도 정조를 지켜주십시오. 그것만은 여자로서도 남자에게 요구할 수 있는 권리일 것이다. (…) 하여튼 정조! 그것은 확실히 여자로서 신중히 가져야 할 커다란 도덕률이다. 아무리 똑똑한 여자라도 정조를 문란해 갖고는 세상없이 떠들어도 한층 품위가 떨어지고 마는 것이 사실이다. 남의 아내로서 정조를 지키지 못한다면 소위 가정의 평화, 자녀에게 미치는 영향, 그로 인하야 일어나는 사회에 대한 문란은 제법 복잡할 것이요 자기 일신상에도 커다란 파문이 일 것이다.[22]

정조를 개인의 "양심의 문제"[23]로 해석하면서 도덕적인 측면에서 정조의 소중함을 주장하는 전근대적인 인식을 드러내기도 하고, 사회주의 필자의 경우 정조를 봉건적인 유물로 보기도 한다.[24] 그러나 정조를 대수롭지 않게 여기는 것과는 별개로, 정조 문제가 임신과 연결된다는 점을 강조한다. 임신 문제를 걱정하는 이유로 임신과 출산, 육아로 이어지는 프롤레타리아 계급의 경제적 곤란함도 함께 언급되고 있다.

당시에는 파격적으로 "처녀성을 잃어버릴 때의 감격"을 언급하면서 여성의 성적 쾌락을 드러내기도 하지만, 그 "감격"[25]도 결혼을 통해서만 느낄 수 있다며 한계를 보여준다. 결국 성욕은 결혼이라는 합법화된 제도 안에서만 가능하고, 개인의 품성과 수양이 강조되는 연애는 "결혼을 전제하는 예비 행위"[26]가 되어버린다. 《신여성》이 말하는 성적 쾌락의 완벽한 결말은 결혼이다. 결혼을 통해 자유연애를 완성하면서 성적 쾌락을 경험하는 것이 최고의 이상이었다. 개인의 성적 본능과 사회적으로 교육된 성이 충돌했던 이 시기에, 《신여성》은 연애와 성에 대한 방향을 설정하는데 이정표 역할을 했지만 시대적 제약을 무시할 수는 없었다. 파격적이고 급진적인 견해와 조언들도 결국은 이상적인 결혼과 가정이라는 흡수력 좋은 스펀지 안으로 빨려 들어가 버리고 말았다.

길들지 않는 성욕, 타락의 원천?

《신여성》에서 인간의 성욕은 일상에서 자연스럽게 논의될 수 있는 문제로 인식되었다. 《신여성》 7권 5호에 실린 〈성 문제를 중심으로 한 제1회 부인과 의사 좌담회〉에서는 '처녀와 비처녀를 구별하는 법', '처녀막' 이야기, '자위', '피임법' 등 감히 이전에는 입 밖에 낼 수 없었던 문제들이 논의된다. 오늘날의 관점에서는 다소 비과학적인 억측들도 존재하지만, 이러한 진기한 풍경은 그만큼 성 담론이 대중적으로 인식되었다는 점을 보여준다.

공론화된 성 담론 속에서, 성생활은 자유연애와 일부일처제의 결혼으로 이어지는 경우에는 긍정적인 모델로 인식되었다. 이들은 '스위트 홈'의 이상적 부부 관계를 위해 '정조 관념'을 강조한다. 동시에 늘 경계했던 것은 제도 안으로 포섭되지 않는 성욕의 남용과 '성매매'였다.

기생 같은 여자를 달고 급히 걷는 사람 지팡이만 휘젓는 못된 보이, 저 중에 땅 팔아 가지고 오는 사람도 있겠고 남의 집 아들 꾀어내 오는 사람도 있겠고 도망해 오는 오입쟁이 여인네도 있을 것이니 저들이 모두 경성의 광무곡을 보태려고 오는 것이 아니냐. 자꾸 쏟아

性問題를中心으로한

第一回

婦人科醫師座談會

申弼浩醫院　申弼浩 先生

許信醫院　許信 先生

帝大附屬醫院　尹泰權 先生

辯護士　楊潤植 先生

本社　金奎澤

金　밧부신데 시간을 내여주서서 대단감사합니다. 오늘밤 이야기 할 화제의중심제목은 특별히 작정한것이업습니다. 그러니까 아모구애하실것이업습니다. 과 경력하신이야기를 들녀주시면 고맙겟습니다.

申　그래도 이야기의발단은 시작해주서야겟는걸요.

金　그리켓습니다. 그럼 한가지 궁금슬어운것을 엿주어보지요. 의학상으로 處女와非處女를 엇케구별합니까.

處女鑑別法

許　글세요 엄격하게말하면 구별할수가업습니다. 보통으로 흰부터 處女와處女아니와사이에는 犯할수업는 神秘性이 숨어잇는 것처럼 생각을하야왓스나 科學的으로보면 處女膜의有無가 곳 處女非處女를 구별식히는것은 아닙니다. 원래로 處女膜이란것이 破裂되는경우가 ×× 라고 만할수가 어되잇습니까.

尹　마라손이나 그외의 과격한운동을 하는중에도 파렬되기가 쉽습니다.

許　마치 十七八세의처녀라면 모르겟스나 그이상이되면 임이 性에대하야 난숙시대라고할수가 잇스니싸말입니다. 자연 ××는

김규택 외, 〈(성 문제를 중심으로 한) 제1회 부인과 의사 좌담회〉
《신여성》 7권 5호(33년 5월).

져 오는 것이 아니냐.[27]

1929년 신년 벽두,《별건곤》기자는 "남의 집 아들"을 꾀어내오고, "오입쟁이" 여인네들이 활보하는 거리를 경성의 '성적 타락'의 실상으로 생생하게 보고한다. "성적 타락"에 대한 이러한 우려는《신여성》곳곳에서 발견된다.

> 에로티시즘의 성행이 또한 현대의 특징이다. 이상은 아름다우나 실제의 현실과 부합되지 않으면 그는 공상이다. 카페가 번창한다. 오전 우동집이 생긴다. 그는 불경기의 소산이다. 불경기가 심해질수록 에로티시즘의 진전은 그와 반비례하고 있는 것이다.[28]

김옥엽은 1920-1930년대의 특징을 에로티시즘의 성행이라 한다. 이 글에서는 카페가 번창하고 일명 퇴폐 영업소인 '우동집'이 생기는 사회의 전반적인 타락 현상에 대한 근심이 넘쳐난다. 필자는 곧이어 이러한 성적 방종을 "자본주의 사회의 특징이요, 자아 모순에서 나온 것"이라 진단한다.

우리 사회에서는 일본의 공창제가 들어오면서 성매매가 보편화된다. 여급이 있는 카페나 우동집이 성황을 이루면서 자연스럽게 그 공간에서 성매매가 이루어졌고, 매독약이나 성기능 강화제와 같은 약품의 광고가 버젓이 신문이나 잡지의 지면을 장식했다. 이미 근대 초기부터 성병 치료제 광고가 신문에 실렸다. 1920-1930년대부터는 의(약)학 등 근대 과학 이론으로 포장된 성이야기들이 등장하는데, 《신여성》에서는 성에 관한 이야기가 특히 1930년대에 집중된다. 주 독자층이던 여학생이 가정주부가 된 1930년대에는 다음 이미지와 같은 불감증 치료약 광고가 실린다.

이처럼 성은 하나의 상품이 되어, 그를 둘러싼 이야기는 도시의 어두운 면에 자리 잡았다. 인신매매나 뚜쟁이(성매매 중개인)를 통해 여자들을 사고파는 일이 넘쳐났고, 심지어는 멀리 중국까지 팔려 가는 여성들도 있었다.

바-비너스라는 배우 복혜숙 씨가 경영하는 주점에 새 얼굴로 나온 젊은 색시—그는 장유라라는 열아홉 살 된 처녀다. (…) "나는 아빠도 엄마도 다 있답니다. 그러나 아빠는 6년 전부터… 딴 색시와 살림을 하신답니다. 그러니 어떻게 합니까. 외로우신 어머니의 힘만 가지고는 도무지 살아갈 길이 망연하지요…. 그런데 마침 고향에 이곳 마담의 동무 되시는 월화 씨가 계셔서 그가 이곳을 진권해 주셨답니다. (…) 아니요, 생각하던 것보다는 퍽 재미있는 곳이에요. 오시는 손님들이 모두 점잖은 분이시라." 말을 맺으며 말하던 시대는 또 하나 규중의 색시를 거리로 끌어내 왔다.[29]

아직도 축첩이라는 봉건적 잔재가 남아 있고, 홀어머니가 삶을 꾸려가기에 난관이 많은 현실은 결국 시대가 "또 하나의 규중 색시를 거리로 끌어내 온 것"이라고 한탄하게 한다. 필자는 매춘이 '자본주의의 산물'임을 인지하고 있다. 그러나 정작 이 글의 소제목은 "그 여자의 변명"이다. 이러한 제목을 붙임으로써 그 불행의

* 성의 고민 해결!! 신비는 폭로되어—자택완쾌요법과 애정증진의 비결

가정 원만의 근원인 부부애의 충실은 성의 충분한 만족을 얻어서야 비로소 실현하는 것입니다. 기뻐야 할 결혼 생활이 성의 불만, 성적 장해로 말미암아 비참하게 되어 부부 간의 애정이 엷어져서 남모르게 고민의 날을 보내고 계시는 부인네들에게 자택에서 남편에게도 알리지 않고 단시일간에 불감증과 히스테리-성적 장해를 완쾌시켜 부부 간 의가 좋아져서 성의 만족을 충분히 감수感受하게 되는 진기한 スキ-ル(스킬-인용자) 요법의 상세한 설명의 150쪽의 성독본 성애 증진의 비결서라고 할 만한 미본美本을 증정합니다. 여러 가지의 요법약과 갱소년법更少年法도 무효하고 만족을 얻지 못하고 고민하시는 분은 주저하지 마시고 좌기左記 처소로 우표 30전을 넣어 편지하십시오. 아무도 모르게 별명으로 밀봉해 드리겠습니다. 보시면 반드시 기뻐하시리라고 믿습니다. 奈良縣 榛原町 廣小路 慶喜町(내량현 진원정 광소로 경희정). 起生園(기생원).[30]

원인을 "시대"가 아니라 개인의 선택이라고 간주해 버리는 것이다. 현실이 어떠했든, 일단 여자의 정조가 돈을 통해 거래되었다는 사실은 비난받아 마땅한 변명이라고 생각했기 때문이다.

다만 생각되는 것은 내가 처음에 너무 약했던 것입니다. 이지理智력도 의지의 힘도 또 판단력도 모두가 약했던 것뿐입니다. (…) 그러면 앞으로 기생으로 일생을 보내시겠습니까. 천만에요. 혼자 생활할 밑천만 있다면 누가 미쳤다고 그 노릇을 하겠습니까. 고요히 신앙생활로 돌아가겠습니다.[31]

이 인용구는 한 인텔리 여성의 인생 유전에 관한 글의 말미이다. 그녀는 여학교 졸업 후 취직한 학교에서 본처가 있는 교무주임과 연애를 하다가 퇴직을 당하고, 집안의 강요로 후처가 된다. 이후 남편의 학대로 가출하고 서울에 상경, 동경 유학 후 남자에게서 또다시 버림받고, 첫 번째 애인과의 재회 후 다시 그 남자를 피해 조선으로 와서는 유랑 끝에 남원에서 기생이 되었다고 한다. 스토리상으로는 이 여인 역시 남성 중심의 가부장제적 사회의 희생자이다. 하지만 불행의 원인을 "이지력도 의지의 힘도 또 판단력도 모두가 약했기 때문"이라 말하는 구절은 비난의 화살을 시대가 아닌, 여성 개인에게로 향하게 한다. 매춘을 '시대'의 산물로 여기기보다, 일차적으로 여성들 스스로가 자초한 화로 그리고 있는 것이다.

제2부인, 경계에서 출현하다

보시오! 학교 나오면서 한 양반과 "영원히 사랑하자"는 굳은 맹세를 하고 보니 그이는 벌써 장가가서 부인이 눈이 새파래 있고 어린 아기까지 있다겠지요. 그 양반 말씀은 이혼하고 살림을 차리자고 하지만 그것이 될 일입니까. 남의 집 남편과 연애하는 이년이 못된 년이지요. 또 그렇다고 그 양반과 깊어진 연애가 그렇게 단순하게 끊어질 수도 없습니다. (…) 그러니 어찌합니까. 첩 노릇 할 수 없고요. 아니 정 심하게 생각되는 때는 첩이라도 되고자 하지만 이것은 세상이 나를 비웃는다는 것보다 그이의 처지로서 도저히 못 할 일입니다. 이혼 이혼 해도 어린 아기까지 낳은 이가 이혼 조건이 붙습니까. 또 더욱 쌍방의 부모가 그렇게도 엄격하고 완고해서 이런 말만 나도 야단벼락이 내린다는데 될 리가 만무하지 않습니까.[32]

이 글은 여학교 출신의 한 여성이 정략결혼과 자유연애 사이에서 고뇌하는 상황을 보여준다. 문제는 그 자유연애의 대상이 이미 아기가 있는 기혼자라는 것이다. 첩이 되는 방법 외에 그와의 정상적인 결혼 생활은 불가능하다. 결혼에 대한 번민으로 괴로워하는 여학교 출신 영자는 집안에서 강요하는 김좌수의 아들이나 박참봉의 조카하고는 도저히 결혼할 수 없다고 말한다. 이들은 모두 이제 막 보통학교를 나온 서너 살 아래의 어린아이에 불과했으며, 무엇보다 성격은 어떠한지, 취미는 무엇인지, 장래의 목적은 무엇인지 등 이들에 대해 아무것도 알 수 없었기 때문이다. 영자는 집에서 아침저녁으로 '망할년', '죽일년' 소리를 듣지만, 홀로 늙을지언정 마음에도 없는 시집은 도저히 갈 수 없었다. 그렇다고 '그 양반'의 첩이 될 수도 없었으며, 깊어진 마음은 '그 양반' 없이 살 수 없는 영자를 만들었다 한다.

1920년대 이런 영자를 당시 사람들은 '제2부인'이라고 불렀다. 태종 13년에 있었던 '중혼금지법'은 한 남자는 한 명의 처만을 가질 수 있으며 나머지 '부인'은 처가 아닌 '첩'의 지위를 갖는다고 규정한다. 이는 처와 첩, 적자와 서얼을 엄격히 구별하면서 '차별'을 제도화했다. 첩은 자자손손 이어지는 차별과 세상으로부터의 냉혹한 비난을 감내해야 했고, 첩의 자식은 과거에 응시할 수 없었으며 계사 상속과 재산 상속에서 배제되었다. 따라서 첩이 되는 여성은 기생이거나, 경제적으로 빈곤하거나, 상민 혹은 천민으로 그 범주가 제한적이었다.

그런데 1920년대 새로운 유형의 첩이 나타났으니, 당시 사람들은 영자처럼 처 있는 남자와의 연애 끝에 부부가 된 여성을 '첩'이라고도 불렀고, '제2부인'이라고도 불렀다.

한 좌담회에서는 이 '제2부인 문제'가 거론된다. "남자의 흥"을 말해보라는 사회자의 질문에 여성들은 아내가 있고도 없는 체하는 남자, 아내가 있으면서도 "의가 없다는 말을 꺼내 부처가지고 덤비는" 남자의 태도를 질타하였다.[33] 이는 당대 여성들이 제2부인의 양산에 남성의 책임이 크다는 점을 인식하고 있었음을 보여준다. 그럼에도 불구하고 여성들 내부에서 제2부인 당사자들에 대한 질타가 사라진 것은 아니었다.

제2부인은 '첩'이라는 천한 이름을 '부인'이라는 아름다운 이름으로 바꾸는 '자위自慰'에 불과하며, 더욱 참을 수 없는 것은 여성의 이름 앞에 제2, 제3의 '넘버'를 붙여 여성을 노예시하는 그 모욕적 칭호라고 주장하는 이도 있었다. 제2부인이라는 '첨단적 문제'는 지금이 아니라 조선의 "도덕이 좀 더 첨단화한 후"에 논하고 싶다고 비꼬아 말하는 이도 있었다. 김자혜는 연애에 빠진 여성에게 "법적으로 제1부인이 되는 경우까지 기다릴 수 있는 이지적 판단력"을 기르라고 충고하였고 박화성은 아무리 정열이 100도에 달하였다 할지라도 본처가 있는 사람과의 연애라면 이것을 끊을 수 있는 힘을 가진 여자가 되어야 한다고 외쳤다. 모윤숙은 자기의식 박약의 결과가 바로 제2부인이라고 하였고, 김활란은 여름에 파리를 잡듯이 제2부인이란 '명사'부터 배척해야 하며, 제2부인은 "남성 본위의 장난거리"에 불과하다고 단언하였다.[34]

이렇게 당대에는 제2부인에 대한 동정과 질타의 시선이 교차

하였다. 그럼에도 불구하고 이들은, 제2부인 문제가 '자유연애-자유결혼'이라는 새로운 시대적 사명과 기존 보편적 혼속인 '조혼'의 충돌이 빚어낸 과도기적 현상이라는 데에는 모두 공감하고 있었다. 당대에 자유연애와 결혼을 통해 아내라는 지위를 여성에게 부여할 수 있는 남자들의 상당수는 이미 집안이 정해준 여자와 어릴 적에 혼인한 기혼남이었다. "인물과 재질이 상당"한 신여성 김정운은 동경미술대학으로 유학을 갔을 때 "여러 남자 유학생들과 교제도 빈번하였고 따라서 로맨스도 상당"하였다. 특히 C 청년과는 손가락 잘라 혈서까지 쓰며 사랑을 서약하였으나 C는 조혼을 한 몸으로 자녀가 둘 있는 기혼남이었다 한다. 이런 류의 이야기는 당대에 아주 흔했다.[35] 그래서인지 유광렬은 제2부인의 존재를 과도기에 나타나는 어쩔 수 없는 현상이라고도 말한다.

제2부인이라는 것은 사회의 병폐로 인하여 생긴 기형적 존재이다. (…) 현재의 제2부인이라는 것도 이 부권 중심 사회의 남녀 간 세력 불균형으로 생기는 기형적 존재의 유물이다. (…) 새로 생긴 연처戀妻는 부夫 자신의 눈으로 유일무이한 제1부인이나, 부모나 가정은 이를 인정치 아니하여 사회상 또는 법률상 형식의 제2부인이 되니 이런 경우에는 법률을 개정하기 전에는 어찌할 수 없는 일이나 사회에서만 적어도 신사상의 세례를 받은 사람 사이에서만은 그를 제1부인으로 대접하고 추호만치라도 논의를 하지 않을 만큼 확고한 신도덕을 세우지 않으면 안 된다.[36]

유광렬은 현재 조선에서 제2부인이 나타나는 원인이 여럿 있지만, 그중 하나를 "인습의 도덕과 엄숙한 사실과의 대립 모순"이라고 진단하였다. 부권 중심 사회와 조혼 풍습이 젊은이의 자유연애-자유결혼의 걸림돌이 되었고, 제2부인은 그 희생물이라는 것이다. 그래서 그는 이들을 동정한다고 말한다.

과도기의 희생자?

그러나 아무리 제2부인이 과도기의 희생자라는 동정의 시선이 있었다 할지라도 적어도 《신여성》에서는 이들을 첩으로 바라보는 시선이 더 우세하였다.

김 선생님! (…) 그 결혼은 부끄러운 말씀이지만 모씨의 제2부인으로 가시는 것이시라지요. 선생님은 일찍이 명예 있는 저희 모교를 졸업하셨고 멀리 바다를 건너 외지에 나가셔서 고등사범을 마치시고 명예를 등에 지시고 돌아오시어 나이 어린 후배들을 남 유달리지도해 주시었지요. 저희들은 선생님의 지도를 얼마나 기쁘게 감격하여 받았으며 선생님의 아름다운 생애를 얼마나 마음에 그리워하며 또 부러워하였는지 선생님은 짐작하십니까? (…) 그런데 선생님! 김 선생님! (…) 저희들의 모-든 기대도 돌보지 않으시고 여자로서의 가장 기막히는 모욕의 자리 첩 생활의 길을 찾아가신단 말씀입니까? (…) 박사요 또 유지신사의 세컨드가 되어가지고 날마다 안일하게 비단옷을 몸에 감고 손톱으로 물을 튀겨가며 호강을 맘껏 피시겠지요. 마치 기생이나 ××들처럼. 그리고 더러운 노리개 노릇을 웃음 웃어가며 달게 받으실 것이지요. (…) 이제는 아무개의 첩년으로밖에는 더 부를 수가 없습니다.[37]

이 인용문은 사모하는 선생님이었던, 고등사범까지 마친 인텔리 여성이 제2부인이 되어 '노리개', '첩년'이라는 모욕적인 칭호를 받게 되는 상황을 안타깝게 여긴 제자의 편지글이다. 그러면 제2부인 당사자들은 어떠했을까? 그들에게 이 결혼은 "인간 지고한 도덕이요 영구적 영靈과 영靈의 결합"을 의미하는 숭고한 연애의 열매이므로 '첩'이라는 호칭은 어울리지 않는다고 주장한다. 타파되어야 할 혼속으로 사회의 규탄을 받았던 조혼의 산물인 '제1부인'과 달리, 연애를 통해 완성되는 결혼만이 "사람의 완성"이며, "생활의 평화를 얻을 수가 있"는 유일한 "혼의 안주지安住地"라는 시대적 당위[38]는 제2부인 스스로를 당당하게 만들었다. 이 당당함은 이들에게 '첩'과 다른 이름, '부인'의 지위를 부여한다.

그녀들은 스스로를 '자유연애를 통해 자유결혼' 하라는 신시대의 사명을 몸으로 실천한 '선구자'라고 믿었다. 이미 남편에게는 처가 있다 할지라도 그는 남편이 선택한 아내가 아니었기에 그녀들은 자신이 남편의 진정한 '아내'라고 믿어 의심치 않았다.

그러나 당대의 결혼 제도와 관념은 그들 앞에 '제2'라는 수식어를 붙였다. 제2부인도 '부인'이라는 주장에 대해, 현실은 "너희는 첩"에 불과하다고 말했다. 변호사 이인은 문명한 사회에서의 법률은 제2부인의 존재를 용서하지 않음은 물론 "이 존재를 적지 않은 수치와 모욕"으로 생각하고 있다고 분명하게 말했다. 이렇게 법률이 '일부일처'만을 인정하고 있는 상황에서 제2부인은 부인으로서의 권리가 전무했다. 제2부인은 일반적으로 부부 간 의무로 규정되어 있는 동거, 부양, 정조의 권리를 요구할 수 없었으며, 무엇보다 제2부인의 자식은 '사생자'라는 꼬리를 달게 되었다.

소위 제2부인에 이르러서는 최초부터 남의 첩이 되고 정당한 부부가 아님을 각오한 나머지임으로 아무리 백 년의 굳센 약속을 하여 남편에게 몇십 년간 가진 성력을 다하고 물질적으로 많은 희생을 하였다 하더라도 남편의 마음이 변한 때면 그의 횡포한 남성의 발밑에 차버림을 밟고도 말 것입니다. 이와 같은 모욕과 학대를 받은 제2부인은 위자료나 사죄 광고 청구를 하지 못함은 물론이고 하소연할 길조차 막연한 것입니다. 이것이 제2부인 된 사람의 최대의 비애라고 할까?[39]

이렇게 제2부인의 당당한 존재성은 어디까지나 사적영역 안에서 제한되었다. 제2부인은 "신사상의 세례를 받은 사람 사이에서만" "제1부인으로 대접"받는 존재였다.[40] 그녀들은 "정처가 있는 남성"의 "제2호적 존재"에 불과했으며, "제1호적 존재"를 눈물짓게 만든 "침입자"였다. 제2부인은 같은 여성으로 "남성에게 유린"되어 "구도덕에 희생"된 본처를 "구렁에서 구출하여야 할 연대적 책임"을 도외시하고 있다는 비난에서 자유로울 수 없었다.[41] 이렇게 제2부인이라는 존재는 해결할 수 없는 모순적 상황에 빠져 있었다.

제2부인은 첩에 대한 봉건적 인식과 낭만적 사랑에 대한 굳은 믿음이 혼효되어 있던 '과도기의 희생자'였다. 유일한 해결책이라면, "이 과도기라는 시대가 지나간 뒤에는 '시간' 그것이 문제 해결의 열쇠"라는 믿음이었다.[42] 그들은 선구자라는 인식으로 냉대를 견뎌 냈으나, 결국 그들이 신념처럼 믿었던 '연애'는 그들을 지켜 주지 못했다. 그들의 가정은 손가락질을 받았다.

당대 여성들에게 '연애' 즉 '사랑'은 인습에 의해 억눌렸던 자기 존재성을 표현하는 하나의 방도이자 해방처였다. 신여성들은 '연애' 대상과의 관계 속에서 온전하게 자신이 하나의 인간 존재로 존중받길 원했다. 그리고 미약하게나마 표현된 성 담론은 그들이 자신을 하나의 욕망을 가진 존재로 자각했다는 점을 알려준다. 이는 당대로서 위계화된 성적 권력 구도를 위협하는 파격적인 관점이었다. 그런 만큼 이들의 '사랑'과 '욕망'이라는 관념은 당대 사회에서 늘 '정조'라는 결계로 단단하게 결박되어야 했다. 제2부인에 대한 사회적 인식의 불화는 이러한 과도기적 불안정성에 기인한다.

당대의 봉건적 인식에서는 이 자연스러운 인간의 감정과 욕망이 남성 권력 내부에서만 발휘되어야 하는 것으로 여겨졌다. 이는 당대는 물론 현재까지도 연애가, 그저 남성 권력의 상징으로 취급되어 동성 내부의 가십거리로 전락하거나 혹은 낭만적 판타지로만 존재하는 데 일부 기여한다. 그리하여 연애가 평등한 인간 간의 관계를 기반으로 한 존엄한 행위라는 인식을 사회적으로 공유하기 어렵게 만들었다.

주

1   오은서, 《사랑의 불꽃》, 한성도서주식회사, 대정 2년(1923), 26~27쪽.

2   이기석, 〈연애는 꽃〉, 《신여성》 4권 10호(26년 10월), 27쪽.

3   마면, 〈T 군과 K 양─악마주의 연애〉, 《신여성》 5권 11호(31년 12월), 54~59쪽.

4   김순영, 〈언니 저 달나라로─사춘기 소녀의 심정〉, 《신여성》 7권 6호(33년 6월), 54~56쪽.

5   소춘, 〈요때의 조선 신여자〉, 《신여성》 1권 2호(23년 11월), 58쪽.

6   현루영, 〈여학생과 동성연애 문제〉, 《신여성》 2권 12호(24년 12월), 20~25쪽.

7   현루영, 〈여학생과 동성연애 문제〉, 《신여성》 2권 10호(24년 12월), 22쪽.

8   〈여학생 신문〉, 《신여성》 5권 11호(31년 12월), 64쪽.

9   김기진, 〈김원주씨에 대한 공개장〉, 《신여성》 2권 11호(24년 11월), 51~53쪽.

10   박신애, 〈윤심덕 사건에 대하여〉, 《신여성》 3권 3호(25년 3월), 43쪽.

11   편집인, 〈미혼의 젊은 남녀들에게〉, 《신여성》 2권 5호(24년 7월), 7~8쪽.

12   주요섭, 〈결혼에 요하는 3대 조건〉, 《신여성》 2권 5호(24년 5월), 14쪽.

13   김경재, 〈결혼문제에 대한 조선청년의 번민〉, 《신여성》 3권 6호(25년 7월), 18~22쪽.

14   김옥엽, 〈청산할 연애론〉, 《신여성》 5권 10호(31년 10월), 10쪽.

15   장국현, 〈신연애론〉, 《신여성》 5권 3호(31년 4월), 14쪽.

16   울금향, 〈연애초등독본〉, 《신여성》 7권 5호(33년 5월), 38~39쪽.

17   배성룡, 〈젊은 여성의 육체미, 실질미〉, 《신여성》 3권 2호(25년 2월), 29쪽.

18   울금향, 〈신령양 지남판─연애초등독본〉, 《신여성》 7권 5호(33년 5월), 38쪽.

19   백세철, 〈약혼자 간 정조론〉, 《신여성》 6권 3호(32년 3월), 26쪽.

20   황인석, 〈부부학 전서〉, 《신여성》 7권 9호(33년 9월), 39쪽.

21   〈남자의 정조문제 이동 좌담회〉, 《신여성》 5권 3호(31년 4월), 20~23쪽.

22   신영철, 〈인처人妻 정조문제〉, 《신여성》 6권 3호(32년 3월), 27~28쪽.

23 주옥경, 〈과부 정조론〉, 《신여성》 6권 3호(32년 3월), 28쪽.

24 백세철, 〈약혼자 간 정조론〉, 《신여성》 6권 3호(32년 3월), 26~27쪽.

25 아드·킨쓰, 〈자유의지로 결혼하려는 처녀에게―넌즈시 일너드리는 말슴〉, 《신여성》 2권 6호(24년 6월), 17쪽.

26 최태훈, 〈양성문제에 대한 일고찰〉, 《신여성》 5권 5호(31년 6월), 37쪽.

27 쌍S생, 〈탐방기―대경성광무곡〉, 《별건곤》 4권 1호(29년 1월), 85쪽.

28 김옥엽, 〈가정 제도와 성 문제의 동향〉, 《신여성》 5권 11호(31년 12월), 12쪽.

29 〈외로운 어머니 남겨두고 주장酒場에 달려온 장유라―그 여자의 변명 2〉, 《신여성》 7권 6호(33년 6월), 25~26쪽.

30 〈광고〉, 《신여성》 7권 5호(33년 5월), 70쪽.

31 〈여교원 생활을 바리고 기생으로 전락된 백명숙―그 여자의 변명 3〉, 《신여성》 7권 6호(33년 6월), 30쪽.

32 영자, 〈처녀의 번민―어지러워져 가는 이 마음〉, 《신여성》 3권 11호(25년 11/12월), 15쪽.

33 〈명일을 약속하는 신시대의 처녀 좌담회〉, 《신여성》 7권 1호(33년 1월), 24~25쪽.

34 이익상, 〈칭호부터 불가당〉; 송금선, 〈도덕이 좀 더 첨단화한 후의 문제〉; 김자혜, 〈법률상으로 제일부인 될 때까지 기다려〉; 박화성, 〈계급해방이 여성해방〉; 모윤숙, 〈여자의 의식 박약을 상징〉; 김활란, 〈사이비의 연애행동〉 이상 《신여성》 7권 2호(33년 2월), 18~22쪽 참조.

35 〈배반녀의 군상〉, 《신여성》 7권 8호(33년 8월), 18~22쪽.

36 유광렬, 〈동의 또는 동정한다―근본적 광정전匡正前에 신도덕률 수립〉, 《신여성》 7권 2호(33년 2월), 14~15쪽.

37 이인숙, 〈이것이 참말입니까?〉, 《신여성》 7권 10호(33년 10월). 48~51쪽.

38 장국현, 〈신연애론〉, 《신여성》 5권 3호(31년 3월), 10~14쪽.

39 이인, 〈법률상으로 본 제2부인의 사회적 지위〉, 《신여성》 7권 2호(33년 2월), 8쪽.

40 유광렬, 〈동의 또는 동정한다―근본적 광정전에 신도덕률 수립〉, 《신여성》 7권 2호(33년 2월), 10~14쪽.

41 정연익, 〈여성의 투철한 자각에 의하야〉, 《신여성》 7권 2호(33년 2월), 10~14쪽.

42 전희복, 〈제2부인 문제 검토〉, 《신여성》 7권 2호(33년 2월), 5쪽.

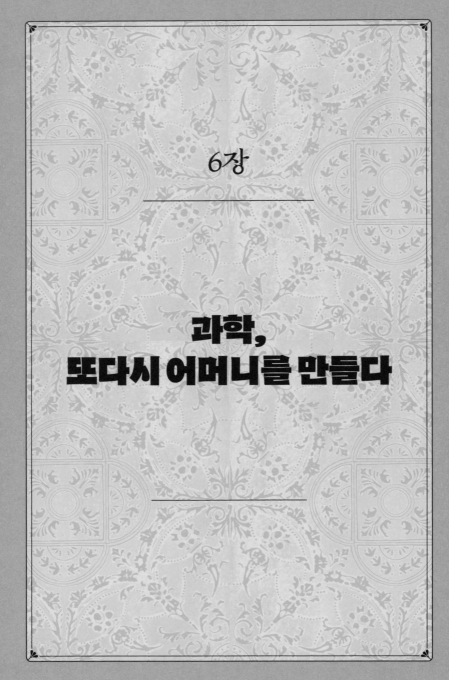

6장

과학,
또다시 어머니를 만들다

주의가 조밀한 어머님은 아이들의 병을 속히 발견해 적당한
처치를 함으로써 중태에 빠지는 일 없이 가볍게 나을 수 있
으나, 반대로 어린이들에게 무관심한 어머님은 병이 중하게
된 후에야 서두르기 시작하기 때문에 예상치 못한 화를 당하
는 경우가 종종 있습니다. 따라서 어머님 되신 분은 적어도
어린이들의 건강 상태와 병이 생겼을 때의 증세쯤은 알 수
있도록 의학적 지식과 소양을 닦아두어야 할 것이니….

新女性

지금은 과학의 시대

근대 이후 이상적인 가정의 표상은 단란한 가정, 원만한 가정, 명랑한 가정, 이름하여 "쉬잇 홈sweet home"[1]이다. 이 '스위트 홈'에는 일터로 출근하는 아버지와 집에서 이를 배웅하는 어머니와 아이가 있다. 그렇다면 스위트 홈의 이미지는 언제, 어떻게 만들어진 것일까? 1930년대에 이르면 그 모양새가 비교적 분명해진다.

때로는 아버지가 어린아이들을 안고 어머니는 오르간을 타는 일도 있고, 일요일이면 아이들의 손목을 이끌고 가까운 들판으로 산보도 하고, 집에 모여 앉아 트럼프도 합니다. 그리고 매월 나오는 잡지는 밤에 어린아이들을 잠들인 후 부부가 서로 평해가며 읽습니다. 매 토요일 날 저녁이면 집에서 밥을 짓지 않고 밖에 나가 빛 다른 음식을 먹고 옵니다. 물론 돈 드는 정도는 아닙니다. 어쨌든 박봉을 받는

살림치고는 그 취미에 맞는 오락을 가지고 있다는 점이 가정의 원만성을 담보하는 하나입니다.[2]

이때 밖에서 '엄마, 엄마' 하고 달려드는 아드님을 가슴에 안고 가지가지 재롱을 보며 진 선생은 재미있는 듯이 '이 녀석이 이제는 집을 다~ 가리키네. 하하하' '머리 틀고 구두 신으면 다~ 어머니 동무인 줄 알고 손짓하며 좋아한다우. 호호호' 얼마나 행복과 사랑이 가득찬 평화한 가정이리요.[3]

1920-1930년대 신여성은 도시로 나와 학생도 되고 극장 구경도 가고 직업도 가지며 남성들과 마찬가지로 집 밖으로 나왔지만, 빠른 속도로 다시 스위트 홈의 안주인이 되어버렸다. 이 글은 머리 틀고 구두 신는 신여성이 어떻게 '오르간 타는 어머니'가 되어버렸는지에 관한 것이다.

가사 노동의 과학화, 가정의 탈주술화를 주창했던 20세기 초반의 가정과학운동domestic science movement은 세계적인 현상으로, 식민지 조선 역시 예외가 아니었다. 특히 미국 가정학자들의 지원을 받은 이화여전 가사과의 역할이 두드러졌는데, 교육의 핵심 내용은 과학과 효율, 위생 등으로 요약할 수 있었다.[4] 따라서 신여성이 '신新'을 제대로 획득하려면 새로운 지향인 과학적 지식과 태도를 갖추어야 했다.

여자와 과학! 이는 특히 조선 여성뿐이 아니겠지만 그 거리가 대단히 먼 것 같습니다. 그 시대의 문화 향상과 아울러 가정생활의 향상을 꾀함에는 무엇보다도 과학! 그것을 반드시 우리들의 살림살이에까지 이끌어 붙여야 함에도 불구하고, 이 문제에 대한 무관심은 크게 한심한 상황입니다. 구가정의 부인은 모르기 때문이라고 하겠지만 새 시대의 새 호흡을 받고 자라난 새로운 여성들조차 여기에 대한 상식을 조금도 갖지 못할 뿐 아니라 알고 인용하려는 노력조차 없는 것 같습니다.[5]

초스피드로 달리는 자동차, 버스, 전차를 타고 우체국, 은행, 회사, 관청, 백화점, 공장 등 하늘을 찌를 듯 솟아 있는 빌딩이 즐비한 도회를 활보하는 신여성에게 과학적 상식의 겸비는 구구한 설명이 필요 없는 당위적인 것이었다. 당시의 담론은, 과학은 남자의 경우보다 가정을 담당하는 여성에게 더 긴요한 지식이라고 주장했는데, 과학이 학문이나 지식을 넘어 실생활과 밀접한 관계를 가졌다고 보았기 때문이다. 여성에게는 "되지 않은 연애소설을 책상머리에 장식하는 것보다 실지에 소용될 과학적 지식을 더 연구하고 아는 것"이 중요한 일이였으며, 적어도 신여성이라면 "과학의 눈으로 사물을 비판하고 해부하는 과학적 존재"가 되어야 했다.[6]

우리나라 고유의 민간신앙에 따르면 아이는 삼신할머니가 점지해 주는 것이다. 만약 아이가 생기지 않는다면 삼신할머니에게 정화수를 떠 놓고 절하며 간절하게 빈다. 그래도 안 되면 귀동냥으로 모은 온갖 것들을 시도한다. 돌조각의 남근 한 부스러기를 갈아 마시기도 하고, 아들을 많이 출산한 아낙의 속옷을 훔쳐 입기도 한다.

그러나 임신을 삼신할머니의 점지가 아닌, 수정 즉 남자의 생식세포와 여자의 생식세포가 결합하여 특유한 세포가 성립되는 것, 정자와 난자, 3억의 감자세포, 배란, 착상, 태반 등으로 설명한다면[7] 상황은 달라질 것이다. 과학은 아이가 생기지 않는 것이 더 이상 아내만의 잘못이 아니며, 자녀의 성별은 정자가 가진 성염색체에 따라 결정된다고 설명한다. 이러한 과학적 설명은 임신과 출산을 둘러싼 여러 통념에서 여성을 확실히 해방시켜 줄 것 같았으나, 잡지《신여성》이 강조한 과학은 오히려 신여성에게 새로운 과업을 부여하였다. 과학을 겸비해야 하는 신여성은 모성됨에 있어 위 세대 여성과 달리, 한 번도 들어본 적 없는 낯선 용어를 익히고 새로운 육아법을 실천해야 했다.

《신여성》에서 임신과 출산은 생소하고 세세한, 무엇보다 무수히 많은 과학적 용어로 설명되었다. 먼저 여성의 몸을 난소, 나팔관, 자궁, 질, 외음부(음문), 음모, 유방이라는 낯선 이름으로 자세히 묘사하였다. 출산의 과정도 마찬가지였다. 과학은 임신한 모체의 생식기, 유방, 피부의 변화를 상세히 톺아보며 출산일까지 정확히 예측하는 신기를 발휘했다. 무엇보다 임신한 모체가 겪는 입덧 등의 예사로운 변화를 질병으로 설명하였다.

(악조증은) 임신 초기부터 시작되어 임신 4-5개월까지 계속되며 처음에는 두통과 현기증이 있고 침이 많아지며 대개는 대변이 굳어집니다. 이 같은 증세는 이른 아침에 심하여 창백해지고 음식물은 조금도 넘어가지 않고 숯이나 흙 같은 것을 먹게 됩니다. 하루에 20-30여 구토하며, 목이 마르고, 혀가 타 검게 되며, 입냄새가 생기며, 신열로 헛소리를 하게 되면서 나중에는 생명까지 잃게 됩니다.[8]

자연스러운 입덧은 이제 관리해야 하는 '악조증'으로, 손과 발이 붓는 임산부의 흔한 증세는 통풍으로 정신을 잃을 수 있는 '자간'으로 설명되었다. 임산부의 부종을 자칫 잘못 관리하면 걷기가

産婦讀本

아기가 나오는 절차

城大産婦人科

尹泰權

해산이라는것은 태아와 그에부속물로
등이자연한힘으로 자궁에서나와서 친히
관게가떠러지는것이올시다。 이갓난아기를
兒) 라하며 해산되는데에는 순산과난산이잇습니다。순
산이라는것은 一、 아희를내여보내는힘(娩出力)이普通이
되며 二、 아희나오는길(産道)에 이상이 업서야만되며
三、 胎兒에위치、부속물、아기에큼이보통이되여해산되는
것이니 이세가지가 틀니면 난산이되는것입니다。

(가) 娩出力이라는것은 아기와부속물을 子宮으로부터
내여보내는힘이며 나라서子宮의수축으로이러나는 진통
(陣痛)과배의힘(腹壁)에 근육과횡격막(橫隔膜)등의수축으로생
기는 이압흿것은 사람마다다르옵니다。

에손을대이면 子宮이차々딴딴하야 돌과가튼써를
잇다가다시푸러지게됩니다。 이와가티 돌과가튼써를 진
통발작(陣痛發作)이라하며 그외에푸러지는써를 진통간
헐(陣痛間歇)이라합니다。 해산될처음에는 一分以上이나
二・三十秒동안이되며 곳해산이될써에는 一分이나
됩니다。 間歇期는 처음에는十分 또는二十分이되엿다가
나중에는 二・三分까지짜르게됩니다。 쏘해산한뒤에도자
조陣痛이잇습니다。 이것은 커진자궁을 원과가티 작게
하노라고 생기는것이니 後陣痛이라합니다。

(나) 産道는 해산할써 태아를 속히내여보내려는힘이나오는길이니 골반(骨
盤)을 일으키는것이며 연부산도는 자궁경관(子宮頸管)
腹壁은 태아가 膣部까지 나려와야만 생기는것이며
(骨部)와 産道는 연부(軟部)가 잇습니다。 골반산도는 골부

어려워짐은 물론이고, 심하면 외음부 살이 벗겨져 살이 썩는 일까지 생긴다고 하였다.[9]

또 "태아 머리에 구멍을 뚫어 잡아내"야 하는 난산은 태아와 어머니의 생명까지 잃게 하는 위험한 과정이라는 설명과 함께, 난산을 진통 미약, 경련 진통, 협착 골반, 태아 이상, 탯줄 이상, 난막 이상, 태반 이상 등으로 구분했다.[10] 태아가 건강하게 출산하였다는 사실은 임산부가 급성 열병, 폐결핵, 매독, 심장병, 신장병, 악조증, 자궁 외 임신 등의 숱한 위험을 무사히 통과했다는 의미이며, "금일의 의학으로는 100% 사망하는" 이산요열을 비롯한 이상분만, 태반조기박리, 자궁주위염, 혈증, 광범위 복막염 등의 무시무시한 질병을 용케 피했다는 것을 뜻했다.[11]

과학에 의해 임신과 출산에서의 위협적 징후가 포착될수록 예방의 가치는 높아졌다. 산모는 영양이 풍부하고 소화 잘되는 음식물을 섭취하되, 술, 차, 커피, 후추, 겨자 등의 자극적 음식은 피하고, 교외를 산보하며 신선한 공기를 마시면서 적당히 운동해야 했다. 여행은 삼가고, 유방을 청결히 관리하고, 배에 힘이 없는 임산부의 경우 복대 착용을 잊어서는 안 되었다.[12]

과학으로 새롭게 설명되는 모성은, 모유를 어머님만 가질 수 있는 천여 개의 고유하고 특별한 은혜의 물질이라고 설명하는 부분[13]에서도 잘 드러난다. 모유에 대한 과학적 설명에 따르면, 모유는 어머니의 혈액이 변화한 것이며, 모유수유는 산모의 빠른 산후 회복을 돕고 유아 생존율도 인공수유보다 5-10배 이상 높인다. 또 모유는 일정한 온도를 유지하며, 소독할 필요도 없다는 등, 모

유의 탁월함은 '영양' '질병' '저항력' '위생' 등의 낯선 용어로 설명되었다.[14]

　이처럼 과학은 모유수유가 가능한 어머니라는 존재를 위대하게 그려냈다. 그러나 동시에 여성을 '어머니로서의 정체성'을 거부하기 어려운 구도 속에 몰아넣었다. 임신과 출산의 고통을 보듬는 '과학적 설명'으로 말미암아 여성과 '모성'의 결속이 견고해지는 가운데 '여성=암컷=어머니=모성=가정'이라는 연결고리는 더욱 강력히 연동하였다. 식민지 시기 적극적으로 수입된 과학은 '사실'을 넘어 '진리'로 받아들여지기 시작했기에 여성은 어머니로서 갖춰야 할 과학적 지식과 태도에서 벗어날 수 없었으며, 따라서 과학은 여성의 모성됨을 공고하게 만드는 효과적인 기제로 작동하였다.

신여성의 과학적인 어머니 노릇

'시간 젖'이란 말을 들어본 적 있는가. 수유 방식의 하나인 '시간 젖'의 실천 여부는 지금도 여전히 어린 자녀를 둔 부모들 사이에서 현재진행형 이슈이다. 아기가 배고파 울어도 정해진 시간에 수유해야 한다는, 즉 '시간 젖'으로 아이를 키워야 한다는 사람이 있는 반면 시간과 무관하게 아기가 원할 때 수유해야 한다는 사람이 있다. '시간 젖'의 실천 여부로 고민하고 있을 때 전문가들의 조언은 결정을 내리는 데 큰 도움이 될 것이다. 만약 '시간 젖'의 실천 결과가 통계나 객관적 수치 등으로 제시된다면 선택은 더욱 쉬울 것이다. 이처럼 과학적 설명은 우리를 설득하는 데 매우 유리한 접근임이 분명하다.

1930년대 초반에 접어들면 '과학'을 앞세운 일군의 전문가 집단이 《신여성》에 등장해 자녀 양육의 새로운 방법을 주창하기 시작한다. 1931년 1월 속간한 《신여성》은 지식의 생활화, 생활의 지식화를 표명하였다. 속간 후 개설한 〈반드시 알아 둘 주부의 지식〉 꼭지에는 와이셔츠, '비로드'(벨벳), 모피 숄의 세탁법을 비롯해 시시콜콜한 생활 개선 내용, 겨울철 많은 소아 폐렴 간호법, 신경질 아동과 공부하는 학생의 영양 섭생법 등을 실었다.[15] 《신여성》은 전문가 집단에 의해 설명되는 아동심리, 자녀 양육법에 관한 내용을 많이 실었을 뿐 아니라, 이것들을 실익기사로 정착시키고자 하였다.[16] 이에 더해 어머니 대상의 자녀 양육 고정란을 개설하는데, 초기 담당 필자는 방정환과 함께 어린이 운동에 앞장섰던 천도교 소년회 소속 이정호였다. 그는 〈어머니의 란〉 개설 이유를, '귀여운 자녀의 보육문제·교육문제 또는 기타 어머니로서 반드시 알아야 할 상식이나 지식에 관한 것을 아주 쉽게 설명하여 여러 어머니들이 참고하도록 함으로써 이바지하려 함'에 있다고 밝혔다. "이 어머니! 저 어머니! 어린애를 위하여 꼭 읽으십시오"라는 부제를 단 〈어머니의 란〉은 어린이를 조선의 미래 일꾼으로 규정하며, 여성의 현모 역할이 갖는 의의를 강조하였다.[17] 아기는 여성 삶의 희망이자 목표가 되어야 하고, 어린 아기의 성장에는 반드시 어머니의 '전문적인' 손길이 필요하다는 것이다.

어머니 역할을 전문적으로 수행하기 위해 신여성은 구여성과 차별화된 새로운 양육 방식을 습득해야 했다. 속간 후 《신여성》은 양육 관련 기사를 대폭 늘리는 가운데 의사, 교수, 박사 등의 전문가를 필진으로 영입하였고, 이들은 전문성을 내세우며 신여성에게 올바른 양육법을 가르쳤다. 《신여성》은 신여성에게 그녀의 어머니들이 자신을 키워왔던 양육법과 철저한 거리 두기를 명하면서 새로운 '어머니 역할'을 구체적으로 제시하였다.

《신여성》 양육 담론의 가장 큰 특징은 올바른 '어머니 노릇'에 필요한 지식이 매우 광범위하다는 점이다. "신시대 어머니의 독본"이란 부제가 달린 좌담회에서 명사 부인들은, 조선의 어린이들을 올바르게 양육하기 위하여 어머니들은 모유수유를 멈추어야 할 때, 어린 아기의 영양·수면·체온 관리, 언어와 심리 문제, 장난감, 친구 사귀기, 의복 등에 관한 지식을 갖추어야 한다며 목소리를 높였다. 어머니는 세 시간 반에 한 번씩 수유하다가 점차 시간을 늘려나가는 '시간 젖'의 유용함을 알고 실천해야 하며, 젖을 빨리 뗀 아동이 학교에서 우수하다는 통계를 참조해 적절한 이유 시기를 현명하게 결정해야 했다. 이유식으로는 단백질, 지방, 물, 탄수화물을 함유한 우유, 양배추 삶은 물, 계란 등이 적당하며, 간식역시 신진대사를 고려한 영양 공급 차원에서 제공해야 한다는 과학적 사실도 놓치면 안 되었다. 붉은색, 검은색 등 자극성이 높은 색깔의 장난감은 그 자극성으로 아기가 시력을 잃을 수 있으므로 자극성이 없는 녹색, 백색, 엷은 청색의 장난감을 골라야 했다. 규칙적인 수면 습관 기르기, 매월 1회 몸무게 재기, 시시때때로 체온 재기, 거짓말하는 아이의 심리 이해하기, 경제적이고 편리하며 위생적인 의복 선택하기 등 과학적인 어머니 노릇은 매우 복잡하고 잡다했다.

《신여성》은 신여성 독자에게 어머니로서 알아야 하는 끝없는 주의 사항과 함께 아동 교육에 관한 지식, 아동의 먹거리와 관계한 영양학적 지식과 그에 맞는 조리법, 아동복에 관한 피복학적 지식, 아동심리, 아동기 질병과 간호에 관한 의학적 지식 등을 알아야 한다고 주장했다. 그중에서도 《신여성》이 특히 강조한 것은 의학 상식을 갖춘 '관찰자로서의 어머니' 역할이었다.

> 어머님 되신 분은 어린이의 육체와 정신 두 방면을 끊임없이 관찰해 혹시 어떤 이상이 있지 않은가를 항상 감시할 필요가 있습니다. 주의가 조밀한 어머님은 아이들의 병을 속히 발견해 적당한 처치를 함으로써 중태에 빠지는 일 없이 가볍게 나을 수 있으나, 반대로 어린이들에게 무관심한 어머님은 병이 중하게 된 후에야 서두르기 시작하기 때문에 예상치 못한 화를 당하는 경우가 종종 있습니다. 따라서 어머님 되신 분은 적어도 어린이들의 건강 상태와 병이 생겼을 때의 증세쯤은 알 수 있도록 의학적 지식과 소양을 닦아두어야 할 것이니….[18]

어머니는 자녀의 자세를 통해 정상 발달 혹은 늑막염, 기생충, 천식, 뇌막염 같은 질병의 유무를 가려야 하며, 자녀의 눈을 관찰해 근시, 사팔눈, 누낭염, 결막염, 야맹증 여부를 판단해야 한다. 피부를 통해서는 빈혈, 결핵, 매독, 위장병, 기생충이 있는지를 의심해야 하며, 자녀의 귀가 괜찮은지, 코를 보면서 감기가 아닌지, 입을 통해 인후병이 있는지를 계속 살펴야 한다. 이와 같은 촘촘한 주의 사항은 숨구멍, 눈물, 목소리, 경련, 수면, 체온, 체중, 호흡, 식욕, 대변, 소변까지 이어진다.[19] 어머니는 자녀의 몸이 말하

는 단서를 읽기 위해 끝없이 의심하고 감시하는 자세를 갖추어야
했다.

어머니의 무지가 아픈 아이를 만든다

육아에서 의학 상식이 중요할 수밖에 없었던 것은 무엇보다
'양육'에 내재된 위험성이 포착되었기 때문이었다. 예를 들어 아
기 재우기를 하찮고 쉬운 일로 여기는 것은 금물이었다. 과거 조
선의 어머니들은 갓난아기 잘못 눕혀 머리 모양이 뒤틀리는 "병
신"으로 만드는 경우가 많았으며, 심지어 "발짓, 팔짓, 걸음걸이까
지 반신불수처럼 만든 이"가 무수하다며 경고하였다.[20] 어머니의
부주의한 행동은 자녀에게 돌이키기 어려운 악영향을 미치기 때
문에 신여성 어머니에게는, 자녀의 행동 하나하나가 뜻하는 바를
파악하기 위한 긴장감 있는 주의집중이 요구되었다.

《신여성》에 따르면, 어린이에게 여름철은 여러 병이 생기기 쉬
운 시기이니 과학적 상식에 유념하고, 특히 땀띠, 식중독, 음료수
를 조심해야 하며, 무엇보다 자외선 자극으로 인한 눈병에 주의해
야 했다. 또 사소하게 여기기 쉬운 자녀의 '소화불량증'도 병세가
악화되면 천태만상의 여러 증세가 나타나 세상 모든 병 중 가장
무서운 병으로 발전할 수 있었다. 어머니들은 여름철 영아의 소화
불량증은 반수 이상이 사망하는 소름 끼치게 무서운 병이라는 사
실을 명심해야 했다.

잠자는 것이라든지 음식이라든지 변의라든지 호흡이라든지 맥박이

라든지 체열이라든지 혈색이라든지 특히 여자면 월경 시 이상까지 아주 세밀하게 주의를 해서 평소와 비교해 어떤 부분에 어떤 이상이든지 발견하면 즉시 그 원인을 캐어 고쳐주어야 할 것이요. (…) 어머니는 간호부 정도의 위생 지식이나 기능쯤은 가져야 어린 사람의 생리에 민감함이 생겨날 것입니다.[21]

신여성 어머니라면 아동이 잘 걸리는 질병인 '백일해'의 발병 원인과 그 간호법은 물론이고 십이지장충, 조충, 요충의 생태와 이 벌레에 습격받은 아이의 징후, 그 구제 방법을 알고 있어야 했다. 기생충 약을 먹여 80여 마리의 회충을 배설한 아이 사례, 맹장염 증세로 수술한 8세 아이의 배에서 장기를 뚫고 있는 90여 마리의 회충을 집게로 제거한 사례 등,[22] 전문가들은 어머니들의 무지의 소치를 자신들의 임상 경험을 통해 선명하게 예증하였다. 아이의 질병에 관한 세세한 설명의 목적은 어머니의 예방적 대처와 간호에 있었기에, 어머니는 더욱 주의 깊게 아이를 살펴야 했다. 에너지, 칼로리 같은 전문용어가 넘쳐나는 설명서[23]가 계속 유통되는 가운데, 과학이 발견한 아동 질병의 목록은 점점 길어졌고 여기에 비례하여 어머니 역할의 주의 사항 역시 늘어났다.

"병! 이것은 확실히 죄악"[24]이라는 사고가 팽배한 가운데, 자녀가 질병에 걸렸을 때 그 원인으로 어머니의 무지가 지목되었다. 이를 통해 당시 아픈 자녀를 둔 어머니에 대한 사회적 시선을 짐작할 수 있다. 장애 아동 시설을 찾은 기자의 방문기를 통해 이를 구체적으로 확인해 보자.

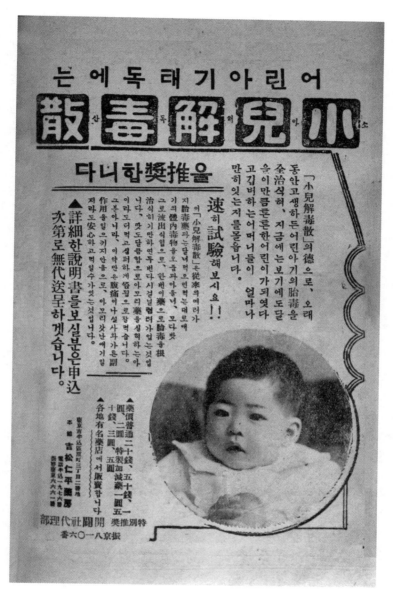

'소아 해독산' 광고. _《신여성》 6권 4호(32년 4월).

경성제생원맹아원을 방문한 《신여성》 기자 송계월의 소감을 한마디로 요약하면 어머니의 무지가 "병신 자녀"를 만든다는 것이다.[25] 맹아원을 찾은 송계월의 시선은 "벙어리" "소경"의 장애 아동이 아니라 이들의 어머니에게 머물고 있다. 그녀의 분석에 따르면, 맹아원에 일본 학생보다는 조선 학생이, 조선 학생 중에서도 무산계급과 "무식한 가정"의 아동이 많은 까닭은 부모 특히 어머니의 무지함 때문이다.

> 이러한 불행은 어머니가 알지 못하는 탓이므로 조선에 교육 못 받은 어머니가 많은 만큼 조선 어린애가 많은 것은 두말할 필요가 없습니다. (…) 사랑하는 자식을 왜 저렇게 만들었을까. 나는 우리 조상을 힘껏 욕했으며 우리 사회의 대대적 모순을 원망하였다. 남녀칠세부동석이란 구실 아래, 학교도 안 보내고 계집애가 공부하면 못쓴다는 철칙 아래 우리의 어머니와 할머니를 길렀기 때문에 그후에 출생한 조선의 어린이들을 이와 같은 불구자로 만든 것을 눈앞에서 보니 (…) 완전히 사회의 모순인 동시에, 장차 새 어머니가 될 다음 세대 국민이 무거운 책임을 잘 행해 줄 것을 예상하면서 말 못하는 어린이와 앞 못 보는 어린 동무들의 집을 떠났다.[26]

질병을 귀신의 분노로 여기거나 붉은 헝겊이 눈을 청명하게 만든다고 믿는 식의 미신적 태도, 혹은 소변으로 눈병 걸린 눈을 씻는 등의 비위생적인 양육은 유아 사망률을 높이는 주원인이었음이 분명하다. 그러나 여기서 주목해야 할 점은 이를 어머니의 무지와 미개함의 결과로 해석하고 있다는 것이다. 비난의 핵심은 온전할 수 있는 자녀를 '병신으로 만들고' 있는 어머니에게 있었고, '병신' 어린이에 대한 동정이 깊을수록 어머니를 질타하는 목소리는 커졌다. 그리하여 새 시대, 새 어머니의 새 양육법은 무엇보다 어머니가 자녀를 떠날 수 없게 만들었다.

지금까지 살펴보았듯, 전문가들이 제안한 올바른 양육법은 그 실천이 매우 어렵기 때문에 신여성은 이들이 말하는 좋은 어머니가 될 수 없었다. 단적인 예로 '젖 먹이는 법'을 살펴보자. 새로운 모유수유 방법에서 중시한 것은 아기의 개월 수, 규칙적인 수유 간격으로 모유를 몸무게에 맞게 제공하는 것이었다. 예를 들어, 태어난 지 이틀이 채 되지 않은 아이는 하루 네 번 젖을 먹이고 그 사이에는 맹물을 끓여 먹이되, 설탕물을 주어서는 안 된다. 3일째부터는 의사 지시에 따라 2-4시간 간격으로 수유하고, 의사의 도움을 받을 수 없는 경우에는 아기 체중을 감안해 수유 간격을 조정해야 한다. 젖 물리는 방법도 익혀야 하는데 중요한 것은, 모유수유 전 반드시 붕산에 적신 약솜으로 유두와 아기 입안을 깨끗이 닦는 일이다. 요컨대 과학적인 모유수유를 위해서는 시계, 체중계, 붕산수, 약솜을 갖추어야 한다.[27] 그 밖에도 좋은 어머니는 우유의 신선함을 가려낼 수 있어야 하며, 우유에 단맛이 부족하면 아이가 잘 먹지 않으므로 설탕이나 자양당을 2-5퍼센트 넣어 당도를 적당히 조절할 줄 알아야 한다. 이처럼 신여성은 우유 소독법, 우유 감별법, 연유 영양법, 분유 영양법 등도 알아야 했다.

전문가들이 제시하는 '어머니 노릇'이 현실과 매우 유리되어 있다는 사실은 아동복에 관한 어머니의 지식을 말하는 부분에서도 잘 드러난다. 아동복에 대한 어머니의 무지는 아동 발육의 지체, 신체 저항력의 약화, 질병의 유발 등 자녀의 건강한 성장을 해치는 문제를 유발하기에 어머니에게는 피복 지식이 반드시 필요했다. 어머니는 크게 모사, 견사, 마사, 목면사로 나눠지는 옷감의 화학적·이학적 특징을 알아야 하며, 빛에 따라 온도 흡수율이 다르다는 사실을 기억해 더울 때는 흰 옷을, 추울 때는 검은 옷을, 나아가 아동 개인의 체질, 감각의 예둔함, 습관, 동작, 연령에 따라 자녀의 의복을 적절히 골라 입혀야 했다.[28] 좋은 어머니가 되기 위해 노력하면 할수록 신여성의 '어머니 노릇'은 전문가들이 제시하는 무수한 전문 지식 속에서 길을 잃었다. 그리고 이러한 어머니들의 시행착오와 새로운 양육법을 수행하기 버거워하는 모습은 전문가의 목소리에 더욱 힘을 실어주는 계기가 되었다.

막힌 출구, 어머니

신여성들의 새로운, 즉 과학적 양육 방식은 '신시대 어머니'의 이상적 방향으로 소개되었다. 《신여성》은 신여성이 모델로 삼을 수 있는 신시대의 어머니를 찾아 나섰는데, 그 첫 사례가 《중외일보》와 《신가정》 기자로 활약한 황신덕이다. 모유량이 부족한 황신덕은 아이에게 하루 세 번 죽을 먹인 후 소화제로 사과, 밤, 우유가 든 과자를 시간에 맞춰 먹인다. 아침 식사 후에는 따뜻한 햇볕 아래에서 아이에게 일광욕을 시킨 후 낮잠을 재운다. 점심을 먹인 후에는 밖으로 나가 한참 새 공기를 마시게 하고 다시 잠을 재운 후 저녁을 먹인다. 그녀는 어린아이 기르는 일보다 힘든 일은 없다고 하면서도 온종일 아이 옆에 꼭 붙어 있는 어머니의 노력 덕분에, 오줌 싸고 똥 싸면서 화로나 엎어대는 아이가 비로소 완전한 사람이 된다고 말한다. 일이 있어 외출해야 할 때는 돌봐주는 할머니에게 갖가지 주의 사항을 강조하지만 안심할 수 없다고 토로한다. "어린애 교육의 책임이 어머니로서는 너무도 중한 책임"임을 깨달아 "우리 조선에 좀 더 뜻있는 일군"으로 길러내고 있는 황신덕은 모두가 본받을 만한 신시대의 대표적인 어머니였다.[29]

양육의 중요성은 여성에게 어머니로서의 정체성을 강화시켜 여성을 가정에 머물도록 했다. 다시 말해 전문가가 제시한 과학적 양육법이 세밀해질수록 어머니 역할의 수행에는 긴장감 있는 실천이 요구되었고, 충실한 실천이 거듭될수록 여성은 '어머니'로 포획되면서 공적영역에서 배제되었다. 즉, 과학적 양육법은 여성을 '어머니'와 등치시키는 동시에 남성을 가정 밖 일터로 밀어냈다. 이처럼 근대 가족은 공과 사의 이분화된 성역할이 고착되는 가운데 만들어졌다.

여성의 공적영역 진입이 매우 어려웠던 당시의 상황에서 '어머니'라는 역할은 신여성에게 자신의 가치와 개성을 드러낼 수 있는 기회이기도 했다. 여성은 조선의 미래를 짊어질 동량을 길러내는 막대한 책임을 담당함으로써 조선의 당당한 구성원이란 존재감을 획득할 수 있었다. 그것은 '암탉이 울면 집안이 망한다'는 경구를 말없이 수용해야 했던 이전 세대 여성과는 다른, 새로운 삶을 살게 해주는 출구였을 것이다. 《신여성》이 알려준 대로 아기를 재우고, 먹이고, 입히면서 키운다면 말이다.

그러나 《신여성》의 새로운 양육법은 실천이 불가능할 정도로 지나치게 어려웠고, 여성에게 '모성됨'은 버릴 수 없는 직분으로 강요되었다. 위 세대 여성과 마찬가지로 '어머니'는 운명처럼 받들어야 하는 역할이었다. 학교와 극장에 다니며, 사치와 허영이라는 조롱 속에서도 진고개를 돌아다니며 소비 욕망을 드러냈던, 신! 여성에게 말이다. 따라서 '아동'만 있고 '여성'이 없었던 《신여성》의 과학적 양육법은 신여성에게 '막힌 출구'와 다름없었다. 어머니로서의 욕망 외에 다른 여성 욕망은 금했고, 어머니로서의 욕망 역시 자녀를 위하는 경우에만 가능했다. 게다가 '아버지'도 없었다. 독박육아였다. 《신여성》의 스위트 홈은 과학적 지식으로 무장한 '좋은' 어머니와 그 품속에 안긴 아기의 모습에서 구체화되었으나, 가정이 '스위트'하게 되면 될수록 여성은 어머니로, 아내로, 주부로 분주하게 움직이면서 스위트 홈이란 고립된 섬에 갇히고 만다.

지금 우리 모두는 신여성처럼 산다. 학교에 다니고, 대중문화를 즐기고, 자신을 위해 소비한다. 욕망을 드러내는 데 주저함이 없다. 또 강요된 모성은 막힌 출구라는 것을 알아차렸고, 독박육아에 거부권을 행사한다. 《신여성》 시대와 달리 육아에 아버지가 돌아오고 있고, 정부의 각종 인구정책이 자녀 양육에 힘을 보탠다. 그래도 0.72명. 2023년 현재 가임여성 한 명당 낳을 것으로 기대되는 평균 출생아 수이다. 유례없는 숫자이며 세계에서 가장 낮은 출산율이다. 이 수치는 많은 변화를 불러오고 있다. 모성됨과 부성됨에 관한 각종 아이디어가 쏟아지고 이는 새로운 정책으로 탄생한다. 이렇게 우리는 당면 과제 해결을 위한 출구를 만들고 있다. 하지만 이 출구는 열려 있을까? 설마 막힌 출구를 또 만들어내는 건 아닐까? 지금 우리가 만든 출구를 100년 후 세대들은 어떻게 평할까? 당시 《신여성》을 읽던 신여성들처럼 막힌 출구를 진정한 출구라고 믿으며 열심히 만들고 걸어가고 있는 것은 아닌지, 솔직히 두렵다. 그러나 출구를 만드는 일을 어찌 멈출 수 있겠는가. 우리가 만드는 출구는, 우리가 그러했듯이 뒤 세대들의 교훈이 될 것임을 믿어 의심치 않는다.

봉근이는 어미의 손으로 죽었습니다

이 시기에 권유되고 한편으로는 강요된 근대적 양육 방식은 어머니들에게 벗어나기 어려운 죄책감을 심어주었다.

이광수의 부인이자 의사인 허영숙은 책상에 부딪히는 사고로 첫째 아들 봉근이를 잃게 된다. 그러나 허영숙은 자신의 무지 때문에 아들을 살리지 못했다고 하면서, 자신과 같은 일이 두 번 다시 발생하지 않기를 바라는 마음으로 자신의 '잘못'을 만천하에 알린다. 사고는 아들 봉근이가 사범보습학교의 입학시험을 하루 앞둔 날에 일어났다. 이날 봉근이는 학교 체격검사에서 의사로부터 '갑' 판정을 받은 후 다음 날 있을 '구두시험'의 정보를 얻기 위하여 친구 집에 간다. 그곳에서 봉근이는 책상에 부딪혀 눈두덩이가 크게 찢기는 불운한 사고를 당한다. 40시간 만에 사망한 아들 시신 앞에서 어머니 허영숙은 이 모든 것이 자신의 무지 때문에 일어났다며 절규한다.

제 잘못은 여기에 있습니다. 그 당장에 병원에 가서 치료를 받지 않은 것입니다. 의사는 더러운 손으로 다친 머리를 누르며 피를 닦아낼 때 더러운 균이 들어가 그 자리가 썩었다고 합니다. 이렇게 봉근이는 어미의 손에 죽었습니다. 나는 아무도 원망하지 않습니다. 모든 것이 어미의 잘못입니다. (…) 보이지 않는 무서운 균이 손끝에 붙어 있다는 것을 잊지 마세요. (…) 봉근아! 6년 8개월 이 세상에 사는 동안에 이 어미가 네게 잘못한 모든 죄를 용서해다오. 말로 혹은 벌로 혹은 매로 너를 슬프게 한 모든 죄를 용서해다오!!![30]

　지혈하는 과정에서 '균에 감염되어 머리가 썩어 사망하였다'는 전문의사의 진단은 사고 직후 잘못된 대처가 어떤 결과를 낳는지를 잘 보여준다. 봉근이가 무척이나 영리하고 민첩하고 믿음직하며, 희망을 품고 커가는 어린 생명이었다는 묘사는 애통해하는 어머니의 자책을 더욱 실감나게 만든다.
　《신여성》지면을 가득 채운 봉근이의 해맑은 미소 앞에서 독자들은 아들 잃은 허영숙에게 애도를 표하는 동시에 '나의 잘못입니다'라고 외치는 그녀의 절규가 결코 자신에게는 일어나지 않도록 해야겠다고 다짐했을 것이다.

1 나정월, 〈부처 간의 문답〉, 《신여성》 1권 2호(23년 11월), 70쪽.

2 이성환, 〈애정·공경이 조화된 가정〉, 《신여성》 5권 11호(31년 1월), 72쪽.

3 〈명사 부엌 참관기, 살림은 어려우나 깨끗하기 그지없는 여기자, 최의순 씨 주방〉, 《신여성》 5권 9호(31년 10월), 43~49쪽.

4 김혜경(1999), 〈가사 노동 담론과 한국 근대 가족—1920, 30년대를 중심으로〉, 한국여성학 15권 1호, 156~167쪽.

5 미소, 〈여자와 과학〉, 《신여성》 6권 11호(32년 11월), 1쪽.

6 정영순, 〈부인과 사회 상식〉, 《신여성》 6권 6호(32년 6월), 7~13쪽; CY생, 〈평론〉, 《신여성》 4권 5호(26년 5월), 13~14쪽; 박순옥, 〈신여성 평단〉, 《신여성》, 5권 11호(31년 12월), 47쪽.

7 윤태권, 〈임신독본, 수태와 태아의 발육〉, 《신여성》 6권 4호(32년 4월), 69~71쪽.

8 윤태권, 〈임부독본, 임신 시의 악조증惡阻症과 부증浮症〉, 《신여성》 6권 7호(32년 7월), 58~59쪽.

9 윤태권, 〈임신독본, 임신의 이상과 섭생법〉, 《신여성》, 6권 9호(32년 9월), 64~65쪽.

10 윤태권, 〈안산安産 교과서〉, 《신여성》 6권 11호(32년 11월), 70~72쪽.

11 윤태권, 〈실익기사, 포태로 출산까지 (2)〉, 《신여성》 6권 2호(32년 2월), 68~71쪽.

12 위의 글.

13 이선근, 〈실익기사, 어린 아기 기르는 법〉, 《신여성》 6권 1호(32년 1월), 84~91쪽.

14 이금전, 〈모유와 유아〉, 《신여성》 7권 6호(33년 6월), 86쪽.

15 이연옥, 〈반드시 알아 둘 주부의 지식, 새로운 세탁법 (3) 주부의 지식〉, 《신여성》 5권 3호(31년 3월), 96~99쪽; 편집국, 〈반드시 알아 둘 주부의 지식, 동기에 만흔 소아폐렴 간호법〉, 《신여성》 5권 11호(31년 12월), 76~81쪽; 〈체질과 영양 섭취법, 반드시 알아 둘 어머니 지식〉, 《신여성》 8권 1호(34년 1월),

96~99쪽.

16 특히 《신여성》 6권 3호(32년 3월)에는 〈모사 편물 지상 강습〉과 함께 〈어린 아기 기르는 법〉 〈포태로 출산까지〉 〈수험생을 둔 어머니들께〉가 '4대 실익기 사'로 묶여 있다.

17 이정호, 〈어머니의 란 (1), 아기에게 들려줄 이야기〉, 《신여성》 6권 2호(32년 2 월), 78~83쪽.

18 이선근, 〈어린이들의 질병을 속히 발견하는 법〉, 《신여성》 6권 8호(32년 8월), 58쪽.

19 〈특집기사, 육아 문제 이동 좌담회〉, 《신여성》 6권 10호(32년 10월), 58~63쪽.

20 〈갓난 아가 재우는 법〉, 《신여성》 2권 3호(24년 3월), 72쪽.

21 이정호, 〈입학시험과 어머니의 주의〉, 《신여성》 6권 3호(32년 3월), 61~62쪽.

22 이선근, 〈아동과 위생, 아동의 기생충 문제〉, 《신여성》 6권 9호(32년 9월), 67쪽.

23 이선근, 〈실익기사, 어린 아기 기르는 법 (2)〉, 《신여성》 6권 2호(32년 2월), 72~76쪽.

24 이선희, 〈병의 제일 철학〉, 《신여성》 8권 1호(34년 1월), 48쪽.

25 송계월, 〈누구의 잘못인가, 맹아원에서 들은 이야기〉, 《신여성》 5권 5호(31년 6월), 93~95쪽.

26 위의 글.

27 이금전, 〈모유와 유아〉, 《신여성》 7권 6호(33년 6월), 86쪽.

28 이정호, 〈아동과 의복〉, 《신여성》 6권 11호(32년 11월), 63~68쪽.

29 〈신시대의 어머니를 찾아서, 임봉순 씨 부인 황신덕 씨〉, 《신여성》 6권 1호(32 년 1월), 46~48쪽.

30 위의 글.

7장

슈퍼우먼의
탄생

지금으로부러 모든 여자가 비단옷을 벗어버리고 분과 향수
갑을 부숴버리고 두 손을 쥐고 공장에 가서 기계 돌리고 농
촌에 가서 농사짓고 길쌈하고 옷 짓고 글 가르치고 아이 기
르고 남편 사랑하고 밥 짓고 일하여 부지런히 날뛰어야 한
다. 적어도 조선의 장래 민족을 여자들이 나서서 제이국민을
양성할 것이고 우리 조선의 생명을 이어줄 여자들이 어찌도
그리 천박한가.

新女性

어쨌든 직업을 가져야 한다

1920년대에 발간된 《신여성》이나 《근우》 등 여성 관련 잡지에는 엥겔스나 베벨 사상의 수용을 토대로 한 마르크스주의적 여성해방론이 다수 발견된다. 계급해방이 여성해방의 지름길이라는 주장을 골자로 한 일련의 글들에서, 필자들은 여성이 공적영역에 진출하고 생산노동에 가담함으로써 여성해방을 이룰 수 있다는 일관된 입장을 내세웠다.

2023년 현재 OECD 국가 중 성별 임금 격차 1위를 기록하고 있는 한국에서, 여성의 생산노동 참여가 여성해방의 지름길이라는 100년 전 주장을 우리는 어떻게 이해해야 할까? 일터에서 여성들이 겪는 승진 및 임금 차별 관련 기사가 그야말로 차고 넘치는 것이 우리 현실이다. 일·가정 양립 정책이 실효를 거두지 못하고 있다는 사실도 나날이 낮아지는 혼인·출산율을 통해 가감 없이 드러난다. 잡지《신여성》에는 지금 우리가 겪고 있는 이런 문제를 100년 전에 미리 겪은 '직업부인들'의 초상이 선명히 남아 있다.

먼저 당시 직업여성 현황을 짐작할 수 있는 몇 가지 자료를 보도록 하자.

취업 인구에서 공무자유업 여성의 비율[1]

연도	가. 공무자유업(명)	나. 취업 인구(명)	비율(가/나, %)
1919	18,554	3,499,798	0.53
1920	16,361	3,214,750	0.51
1921	19,104	3,264,685	0.59
1922	21,099	3,391,740	0.62
1923	20,761	3,420,243	0.61
1924	19,645	3,501,103	0.56
1925	26,723	3,751,118	0.71
1926	25,773	3,817,699	0.68
1927	27,613	3,825,998	0.72
1928	26,067	3,757,662	0.69
1929	30,521	3,800,040	0.80
1930	30,849	3,800,938	0.81
1931	32,714	3,666,799	0.89
1932	25,541	3,336,211	0.77
1933	21,073	3,092,269	0.68

* 공무자유업: 교육과 언론, 예술, 종교, 의료업 등을 통칭하여 일컫는 말.

서울 직업부인의 보수와 근무시간[2]

직업		보수	근무시간	비고
생산적 여자 노동자군	제사직공	20~30전/일	오전 6시 30분~오후 7시	12, 13세~18, 19세 불량품은 품삯이 깎임
	연초공장	20~60전/일	오전 8시~오후 6시 (12월~3월) 오전 7시~오후 5시 (4월~11월)	12, 13세~30세 집은 빈민굴 수준
	서울대륙 고무공장	-	-	고무신 만드는 부인 수백 명
	정미소	15~50전/일	12시간 이상 노동	-
비생산적 방면의 직업부인	여점원	50~50전/일	오전 9시~오후 10시 30분	대개 보통학교 혹은 상업학교 졸업생
	전화교환수	83~87전/일 25~26원/월	8~12시간 노동	-
	간호부	83전~2원/일 25~62원/월	-	보통학교 졸업 후 간호부양성소에서 1~2년간 전문기술을 배움

취업 신여성의 보수와 근무시간[3]

직업	보수	근무시간	비고
엘리베이터걸	70전/일	오전 8시~오후 5시	동경에서 공부하는 동창에 비해 불행하다고 생각지 않음
전화교환수	40원/월	-	1년에 두 번 보너스

부인기자	30~50원/월	-	중등 이상 전문 정도의 학력
버스걸	20전/일	10시간 이상 노동	대개 어려운 집 아이들
백화점 숍걸	60전/일	오전 8시~하루 종일	1년에 두 번씩 승급
타이피스트	30월/월	오전 8시 30분~오후 5시	매우 한가한 직업

1920년대 초중반에 걸쳐 개벽사에서 발행한 《개벽》과 《신여성》 전반을 가로지르는 키워드를 몇 가지만 들라고 한다면 '의뢰'와 '자립(독립)'이라는 단어를 빼놓기 힘들 것이다. 타민족(특히 일본)에 대한 의뢰, 가진 자에 대한 의뢰, 구습舊習에 대한 의뢰, 부모에 대한 의뢰, 남편에 대한 아내의 의뢰 등 온갖 종류의 '의뢰(심)'는 새로운 각성과 '자립'의 의지로써 반드시 극복해야 할 악덕 중의 하나였다.

'경제적 자립'이라는 시대적 과제

《신여성》만을 놓고 보더라도 경제적 자립을 이루어야만 사람 구실을 할 수 있다는 생각이 당시 조선 사회에 꽤 광범위하게 퍼져 있었음을 짐작할 수 있다. 졸업을 맞이한 여학생들 사이에 "생활에 쫓겨서가 아니라 진정으로 직업을 가져야 한 사람의 몫이 된다는 생각"이 많이 퍼져 있음을 매우 "기뻐할 경향"[4]이라고 평가한 어느 학교장이 있었는가 하면, 여학교를 졸업하면 누구에게 얻어먹을 생각 하지 말고 "내가 벌어 내가 입고 먹을 독립적 직업을

구"[5]할 생각을 해야 한다고 주장하는 이도 있었다.

여성도 적당한 직업을 구해 자기의 의식주를 스스로 해결해야 한다는 당위적 목소리는 점차 커졌다. 특히 제 밥벌이를 제가 알아서 하는 것은 '신가정'을 꾸리려는 남녀 모두에게 부과된 의무 조항이었다. 조선의 대가족 제도에 반대하면서 "두 부부와 그 부부의 자식들로만 성립된 소가정" 제도를 주장한 주요섭은 "늙은 부부가 아들을 장가를 보낸 후에도 따로 독립생활을 시키지 아니하고 그냥 제집에 두"는 것은 그 아들을 "기생충"으로 만드는 것과 다름없다고 주장했다.[6] 그러므로 "결혼을 하려는 두 남녀는 동전 한 푼도 부모의 힘을 빌리지 말고 남자도 벌고 여자도 벌어서 집도 사고 세간도 사"[7]야만 한다는 것이다.

다 커서도 부모덕을 보려는 한심한 아들딸들이 주요섭에 의해 벌레 취급을 받았다면, 직업을 갖고 있지 않은 데다가 "유모 두고 식모 두고 침모 두고서 손가락 하나 꼼짝 아니하"면서 남편이 벌어다 주는 돈으로 생활하는 "소위 공부한다는 여자들"은 "그 남편에게 생식기를 팔고 얻어먹는"[8] 매음녀로 전락한다. 기생충이나 남편 전용 창기娼妓가 되고 싶지 않다면 여자도 직업을 가져야 한다는 말은 설득이라기보다는 협박에 가까웠다. 사람대접을 받으려면 노동을 해 돈을 벌라는 것이다.

김기전 역시 여성이 "자기의 경제적 생활에 있어 온전히 남을 쳐다보며 사는 것"에 대해 비판했다. 그는 종래의 구식 여자들이나 근래의 신여자를 막론하고 조선 여자들이 "성격상으로 겉과 속이 같지 못한(표리부동) 이중의 성격"과 "생활상으로 온전히 남의 계산 밑에서 어물거리고 말려는 거지새끼의 생활"을 하게 된 것은 "몇천 년을 남의 콧김 밑에서 살아"왔기 때문이라 진단했다. 조선 여성들이 이와 같은 "이중적이고 의뢰적인" 생활에서 벗어나기 위해서는 깊은 자기 번민을 통해 자신의 처지를 깨닫고 이 사회와 싸워나가야 한다는 것이 김기전의 결론이다.[9]

부모나 남편에 대한 조선 여성의 이러한 의뢰심은 소위 잘사는 외국 여학생들의 자립 정신에 비춰볼 때 한층 한심스럽다고 주장하는 기사도 발견된다. 예컨대 서서瑞西(스위스) 여학생들의 생활을 소개하고 있는 글 한 편을 보자. CWP라는 필명의 필자는, 조선 여학생들은 남에게 돈 받고 일해주는 것을 천하고 나쁜 일로 알고 있지만 "(서서의 여학생들은) '노동은 신성하다'라는 관념을 단단히 속 깊이 가지고 있"으며 "부잣집이나 점잖은 집안의 처녀라도 대개 한 가지의 벌이를 가지고 있는 형편"임을 강조한다.[10] 점차 자본주의화하는 조선 사회에서 여성이 인간으로 대접받기 위해서는 무엇보다도 스스로 돈을 벎으로써 경제적인 '의뢰'를 떨쳐내야 한다는 주문이다.

이처럼 《신여성》 발간 초기인 1923년부터 1924년 사이에는 '기생충' '매음녀' '거지새끼'와 같은 자극적 표현을 동원하여 여성의 경제적 종속 상태를 비난하거나 조롱하는 글들이 다수 발견된다. 그러나 대략 1925년을 기점으로 글의 논조가 바뀌기 시작하는데, 이 시기부터 여성 문제에 대한 사회주의적 분석 담론이 본격적으로 등장하기 때문이다. 이 글들은 '기생충'처럼 살아가는 여성을 탓하기에 앞서 여성으로 하여금 '기생충'처럼 살아갈 수밖에 없게 만든 사회·역사적 조건을 먼저 탐색하고 있다.

《신여성》1925년 1월 을축신년호는 여성운동에 있어 "개인주의적 해방 즉 해방운동의 첫 계단에서 민중적 사회적 제2계단으로 넘어서는 노력"이 필요함을 역설하는 의미심장한 머리말로 시작된다. 이 글에서 말하는 여성의 사회적 해방이란 경제적 자립을 통한 사회적 지위 상승을 뜻한다. 이어지는 독자논단에서 이경숙이라는 한 독자는 조선 여성의 해방을 "정신적 해방"과 "경제적 해방"으로 구분한 후 후자가 훨씬 실제적이며 긴요한 사안이라고 주장했다.[11] '이론'보다는 '실천'이, '정신적 개조'보다는 '물적物的 개조'가 우선시되어야 한다는 논리다.

물적 개조, 즉 여성의 경제적 해방이 선행해야 하는 이유는 무엇일까? 조선 여성이 기생충처럼 살 수밖에 없게 된 것은 그들의 선천적 결함 때문이 아니라, 물질적·경제적 조건이라는 외부 환경이 그들의 삶을 그렇게 강제했기 때문이라는 것이 달라진 인식의 핵심이었다.

> 사회가 가정을 이룬 부인의 생활보장을 해주기 전에는 결국 여자는 그 가정에 매달린 따라서 남편에게 매달린 물건이 될 수밖에 없습니다. (…) 이것이 고쳐지려면 먼저 그 근본인 경제적, 물질적 조건이 변해야 할 것입니다. 그러는 동시에 또한 거기 따른 사회적, 도덕적, 법률적 조건도 변동이 될 것이요 또 되도록 힘써야 할 것입니다.[12]

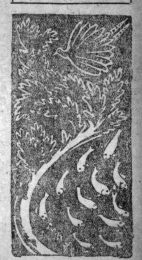

讀者論壇

女子解放과 우리의 必然的 要求

길만 夫人과 타 ― 벨 女史의 意見 相違 ―

解放을 브르기보다 먼저 생가할 問題 ―

京城 李 敬 淑

緒言

沒我的 奴隷 生活에서 解放된 우리 新女性은 장차 ㅅ 을 新時代의 建設에 餘念이업슬것입니다. 不合理와 不 正義로써 裝飾한 過去 歷史는 儼然히 竹帛에 남아 잇고 아즉도 頑强히 繁殖해가는 不正義와 非人道의 細菌이

人間 社會에 根絕되지아니하엿슴을 우리는 能히 볼수 잇슴니다. 그 細菌이야말로 人間 社會에 治療키어려운 病毒을 傳播함이다. 覺醒한 우리 新女性들은 積極的 으로 豫防 治療에 努力하고 積極的으로 撲滅 根絕에 奮 鬪치 안하면 안될것입니다.

男과 女는 性의 區別이고 人間의 區別은 안임니다

○讀者論壇은女子投書에限하야歡迎합니다
○반듯이原稿紙에쓰시되住所氏名을明記하시오
○한분써라도 머넘히기爲하이 純諺文으로써주십
○넘어길게쓰지마시고 敬字는 되옥뜩뜩히써주십 시요
○느즈면다음호에나눈흔아타주십시요

독자논단에 수록된 〈여자해방과 우리의 필연적 요구〉. 《신여성》 3권 1호(25년 1월).

주인과 노예의 관계?

경제권을 가진 자와 그것을 갖지 못한 자 사이에 피할 수 없는 예속 관계가 성립된다고 한다면, 남녀 문제 역시도 결국 넓은 의미의 계급 문제라 할 수 있다. 이런 관점에서 언론인이자 사회주의 운동가인 김경재는, 전적으로 사적공간이라 간주되는 가정 내의 부부 관계가 사실은 '사유' 관념을 바탕으로 한 경제·사회제도를 모델로 하고 있음을 밝히면서, 경제적 실권을 가진 남성과 그렇지 못한 여성 사이에 형성된 주인-노예의 관계에 대해 다음과 같이 서술했다. 가정은 결코 배타적으로 사적인, 아늑한 공간이 아니라는 것이다.

오늘의 세상은 남자의 세상이니 국가의 조직이 남자를 본위로 하고 되었다 할 수 있으며 따라서 소위 법률이란 것이나 도덕, 풍속, 습관에 이르기까지 전부가 남자를 위하여 존재되어 있다. 오늘의 여자가 남자에게 받는 그러한 대우를 받고 있던 것이 재산의 사유가 있게 되면서부터 여자는 집안에 있어 어린아이나 기르고 옷이나 지으면 그만이고 그나마 경제적으로 실권을 잡게 된 후로는 경제적으로 우월한 자가 세상에서 권력 계급이 되고 경제적으로 아무런 힘을 가지지 못한 자는 사회적으로 보아 아무런 권력을 못 가지게 됨과 같이 남자와 여자의 관계도 즉 부부의 사이에서도 경제적으로 실권을 잡고 있는 남자에겐 여자가 정복을 당케 된 것이다. 이에서 사회의 제도는 처음은 극히 적은 범위의 사유私有가 시일이 흐름을 따라 재산을 본위로 한 자본주의의 세상이 되자 더욱 더욱 여자는 남자의 노

예로 화化하였고 유린을 당케 된 것이다.[13]

김경재는 이 글에서 근대의 공공 분야가 지극히 성별화된 배타적 체계라는 사실과 그것을 형성시킨 사회·역사적 조건을 함께 폭로한다. 근대의 공/사 구획 논리, 특히 공=남성/사=여성이라는 이분법적 논리가 결코 자명한 게 아니라는 것이다.

연애 문제에 관한 입장도 크게 다르지 않았다. "연애라는 것은 그 본체는 성결聖潔한 것이지마는 지금 사회와 같이 남자만이 경제권을 갖게 되는 사회에 있어서는 남녀 관계가 평등이 되지 못하고 종속 관계를 생生"하게 되고 "모든 것이 '돈' 그것으로 요리하게 됨으로 남녀 관계도 '돈' 그것으로 결정"된다. "남녀의 결합이 완미하게 되려면 먼저 남녀의 경제적 평등이 있은 뒤라야 한"[14]다는 주장은 이런 맥락에서 제기되었다.

부부나 애인이 서로가 서로를 사적 소유물로 바라보기 시작하면 '밖'으로 나간 상대방에게 갖은 의혹과 의심의 눈길을 보내거나, 그 소유물에 대한 배타적 권리를 행사하는 행위가 쉽사리 합리화된다. 따라서 "여자가 남자의 사유물私有物"이 되어 "정조라는 의무"가 발생했으나 기실 "여자가 정조를 지킨다 함은 여자에 대한 남자의 소유권을 인정하는 데 불과"[15]한 것임을 아는 일이 중요하다. 김기전은 결혼에 있어 남편이 아내를 차지하거나 소유한다는 관념을 없애라고 강조했다. 소유 관념의 충만을 위한 혼인은 허튼 혼인이라는 것이다.[16]

이런 논리라면 여성이 해방되기 위해서는 궁극적으로 사유재산제도에 기반을 둔 자본주의 제도 자체가 해소되어야 할 것이다. 그러나 이는 원리적으로 그렇다는 것이지, 언제까지나 가만히 앉아 자본주의여 망해라, 할 수는 없는 노릇이다. 즉 사유재산제도가 실시되면서부터 남성의 경제권이 확립되고 여성의 경제적 독립권이 사라졌으니 "근본적으로 그 제도가 변경되는 날에야 완전한 남녀의 평등"이 실현되겠지만, 지금 당장은 여성이 "직업을 얻어 경제적으로 독립"[17]할 필요가 있다.

결국 현 상황에서 여성의 사회적 지위 향상을 위해 할 수 있는 최선의 일은 남성에게 양도한 경제권을 회수하는 것이라는 진단이 내려진다. 경제적 실권을 지닌 자가 우월한 지위에 처하게 됨은 불가피한 사실이니 "여자라도 경제 실력을 가"지게 된다면 "오늘의 처지와 반대적 현상을 치하"[18]할 수 있으리라는 것이다.

이러한 논리는 선진국 여성들이 어떤 과정을 통해 사회적 지위 상승을 꾀했는가를 소개하는 글들에 의해 뒷받침된다. 예컨대 독일 여성들이 모든 방면에서 자유와 평등을 얻게 된 것은 제2차 세계대전 중 싸움터로 나간 남성들을 대신해 직업을 구하면서부터인데, "자기 손에 수입이 있고 부모나 남편도 도리어 자기에게 생활을 의뢰케 되는 수까지 있음으로 경제적 자유가 있는 동시에 가정에 대해서도 발언권이나 의견권을 얻게 되어 매우 자유스런 살림을 하게 되었"[19]다는 것이다. 이러한 나라들의 사례를 통해 가정과 사회에서의 한 개인의 발언권이 그의 수입 수준과 정확히 비례한다는 사실이 새삼 환기된다.

생물학적 결정론에 맞서다

그런데 예나 지금이나 기득권자, 예컨대 자본가/노동자 구도에서의 자본가, 남성/여성 구도에서의 남성, 그리고 백인/비백인 구도에서의 백인이 자신의 우월성을 입증하기 위해 동원하는 오래된 레퍼토리 중 하나는 바로 자신들이 '선천적으로' 우월하다는 이야기이다. 1925-1926년 사이, 여성도 사회적 노동을 수행해야 한다고 주장한《신여성》의 필자들은 남성과 여성의 능력, 특히 지력과 체력에 있어 남성이 여성보다 선천적으로 우월하다는 생물학적 결정론에 어떤 방식으로든 맞설 수밖에 없었다.

《신여성》4권 3호(26년 3월)부터 4권 5호(26년 5월)까지 3회에 걸쳐 연재된 양명梁明의 〈유물사관으로 본 부녀의 역사적 지위〉는 피압박 계급인 여성의 역사적 지위를 계보학적으로 탐색하는 중요한 글이다. 여기서 필자는 조선 여성이 사회적(사회적 지위의 문제), 윤리적(사교와 정조의 문제), 경제적(임금 문제) 불평등이라는 전방위에 걸친 압박을 받게 된 것은 여성의 체력과 지력이 남성에 비해 떨어지기 때문이라는 사실을 전제한다. 그러나 "수천 년 이래의 피압제자로 가정에만 속박되어서 체력과 지력의 진보 발달될 기회를 완전히 빼앗기고 있었던 여자에 대하여 단순히 그의 현재만을 보아 그의 영원한 미래를 속단하려 함은 너무도 모순된 주장"[20]이라는 것이 필자의 궁극적 견해다. 모계사회에서 부계사회로의 변천 과정을 상세히 기술하면서 현재 남녀가 보이는 생물학적 차이는 남녀 차별을 정당화할 수 있는 자명한 이치가 아니라 시간에 따라 요동치는 가변적 구성물이라는 것이다.

직업이란 것 자체가 여성의 천성에 맞지 않는다는 주장, 즉 여성은 육체노동뿐만 아니라 정신노동에 있어서까지도 그 수행 능력이 남성에 비해 선천적으로 열등하다는 타벨Ida M. Tarbell의 견해에 대해, SJ생이라는 필명의 필자는 "여자와 남자의 우월, 차별을 짓게 된 것은 선천적 이유에 있는 것이 아니라 후천적, 곧 인위적 장애로 말미암"은 것이며 "성적 구별 이외의 남녀 간 차별은 부자연한 데서 생긴 기형적 산물"이므로 장래에 여성도 남성이 누려온 것과 동등한 수준의 혜택을 받을 수 있다면 사정은 전혀 달라질 것이라 지적했다.[21]

따라서 결국 중요한 것은 천성이 아닌 '교육'이다. 여성도 '교육'을 통해 남성과 같은 능력을 지닐 수 있고, 나아가 남성과 함께 사회적 노동을 수행할 수 있을 것이다. 그렇다면 당시 조선의 교육이 여학생들에게 그러한 기회와 능력을 과연 함양해 주었을까? 김기전이 보기에는 결코 그렇지 못했다.

오늘 조선에서 여자를 공부시킨다 하면, 공부시키는 그 사람이나 공부하는 그 당자이나 여자 그 자신의 독립한 지위와 성능을 인정해서 그리하는 것은 아니었다. 말하자면 그전 그대로의 직분을 다하는 여자를 만들되, 그 직분을 더 좀 슬기롭게 맵시 있게 지켜나가는 여자가 되게 하기 위하여 그리하는 것뿐이다. 더 좀 똑똑하고 애교 있는 시중꾼이 되어달라 하는 것, 이것이 오늘 남자가 여학생에게 바라는 첫 조건이오. '그러면 그리되도록 힘써봅지요' 하는 것이다.[22]

婦女解放運動史 (其一)

婦人運動의 潮流

一

S
J

「녀자는 남자의 노예라」이것은 오래전부터, 잇는일이오、또그것을 분명하게 세닷게된지도 임의

百年前이、百年前보다는 五十年前이、지금안저보면 월신차이가잇고진보가잇는것을 알수잇습니다。곳二百年前보다는

그러나 그것은 어느정도、또외형상의차이요진보에지나지못하얏습니다、녜나 이제나 여전히「녀

자는남의노예」적지위에잇는것은 조금도다름이업습니다、곳 사회의모든일을 다남자의손으로되엿다고

해도 파언이아닙니다、남자는밧게나와서 산업을게발하고 학술을연구하고 쏘정치적활동을하고 교육

사업을햇슴니다、그래서 집에들어와서는 가장의지위에잇게되엿습니다。이동안에 녀자는 집안에만잇서서

어떤애를낫코 기르고 쏘 재봉을하고 요리를만들고 그래서남편을 쏘하는절대의의무를 지고잇섯습니

다。그럼으로말노 산업게발이나정치덕활동、학술연구가른것을말할것도업고 죽으만한가정안에서 반드

시알아야될 일반적상식을 배우지도못하얏습니다。간혹백년이나 이백년에 하나둘의쒸어난 재조와성

력과 독립성을가진녀자가 잇기는햇슴니다마는 그것은 씨워잇는역사안에서 손으로쌈을수잇스리만치

소수밧게안되엿습니다。해빈에말하면 과거현재의모든녀자는 사회적지위를 엇지못하얏슴으로 사회적

〈부녀해방운동사─부인운동의 조류〉. 여성이 태생적으로 열등하다는 주장에 맞서, 불평등의 원인이 후천적이고 제도적인 데에 있으므로 동등한 교육 기회 등을 통해 해소해야 한다고 역설하고 있다.

김기전은 조선의 학교와 사회가 교육받은 여자로 하여금 사회에서 나름의 새로운 직분을 찾을 수 있도록 그들의 능력과 시야를 함께 함양해 주는 것이 아니라 예전의 직분을 좀 더 맵시 있고 슬기롭게 수행하도록 만들고 있을 뿐이라는 사실을 강도 높게 비판했다.

남학생 교육이 지력과 체력의 발달에 초점을 맞추고 있는 데 반해, 여학생 교육은 '감성'적 측면에만 맞춰져 있다는 사실을 비판하는 글이 소개된 것은 이런 맥락에서였다. 페-펠[23] 연구생으로 자신을 소개하는 한 필자는 교육이라든가 기타 공적 분야의 변화가 개인의 삶에 얼마나 긴밀하게 연동되어 있는가를 밝히면서 여성교육의 방향 전환을 촉구했다. 남성교육의 주요 방향은 지능 계발에, 여성교육의 경우는 감정 발달에 치중하는 것은 교육상의 큰 착오이며, "공적 생활에 참여"하는 것이 "사람의 가장 요긴한 의무의 하나"로 받아들여지고 있는 만큼 여성에게도 체력과 지력을 키울 수 있는 교육 기회를 주어야 한다는 것이다.

이처럼 여성교육이 '아늑한 가정의 파수꾼 양성'으로 수렴되고 있다는 문제 제기는 무엇보다도 교육 수혜자인 여학생 자신들에 의해 이루어졌다. 사회에 대해 지극히 폐쇄적이어서 세계가 어떻게 돌아가는지, 그리고 자신들이 어떠한 상황에 처해 있는지 알려 주지 않는 막연한 교육에 대해 불만을 토로하는 어느 여학생의 글을 보자.

좀 교문을 개방하고 사회과학을 학생에게 알리는 것이 소원입니다. 여학교의 타락이니 무엇이니 하고 욕을 하지만은 그것이 다 학교 교육이 불완전한 까닭으로 사회적으로 성교육을 받지 못한 까닭입니다. 결코 그 여학생 일개인의 죄가 아닙니다. (…) 사회에 일 분자─分子로서 개성을 가진 인간으로서 사상에 낙오자가 된다는 것은 얼마나 유감입니까. (…) 저는 가끔 이 모든 배우는 것이 너무나 막연한 느낌을 느끼는 때는 사뭇 울고 싶습니다. (…) 학교 책상만 알고 교과서만 끼고 다니지 세계 대세가 어떠한지 우리들의 형편이 어떠한지 하나도 모릅니다.[24]

취업으로 대표되는 여성의 사회 참여가 저조할 수밖에 없는 원인 역시 성별분업을 전제로 한 학교 교육에서 찾을 수 있다. 교육계에 있는 신사, 숙녀들이 아무 반성이나 의심 없이 현모양처주의를 여성교육의 근간으로 삼는 모습을 보고 글을 쓰게 됐다는 고소생笑生은 현모양처 교육을 노예교육이라 단정하면서 "현모양처 교육은 남권 전제 사회의 선전이요 또 남자 독재에 대한 노예적 봉사"[25]일 뿐이라고 주장했다. 졸업한 여학생들은 과거처럼 다만 한 가정의 현모양처가 되거나 졸업장을 일개 혼인의 매개물로 쓸 것이 아니라 "우리 다수 민중의 공리공익되는 일을 하는 데"[26] 뜻을 두어야 할 것이라는 신여성 4권 3호의 머리말도 같은 맥락에서 눈여겨볼 만하다.

직업부인의 공공성 문제

1920년대에는 여성도 직업을 가져야 한다는 주장이 널리 퍼졌고 실제로 많은 여성이 직업을 가지게 되었다. 그럼에도 불구하고 여성들이 '밖'에서 생활하는 건 쉽지 않다고 모두가 생각했다. 특히 일터에서는 가정에서와 달리 여성이라는 생물학적으로 불리한 성적 지위가 자의에 의해서든 타의에 의해서든 '악용'되거나 '남용'될 소지가 크다는 우려의 목소리가 심심치 않게 들렸다. '악용'된다는 것은 전적으로 남편에게 바쳐야 하는 아내의 정조가 기타의 목적에 두루 이용될 수 있음을 의미하며, '남용'된다는 것은 남편의 사유물이 여러 남성의 공유물로 화할 수 있음을 뜻했다.

당시 직업부인의 '성' 문제를 깊은 우려와 의심의 눈길로 바라보던 많은 이들은 '여성이라는 인간도 '공公'이라는 이념과 실재에 부합할 수 있을까?'라는 질문 앞에서 고심했다. 공적인 가치라든가 공공의 정신과 같은 추상적 개념으로부터, 공적인 것이라 일컬을 만한 온갖 구체적 실재에 이르기까지, '공'은 어떤 경우에라도 '남성'이라는 암호를 입력해야만 제대로 작동할 수 있게끔 만들어진 시스템이었기 때문이다. 따라서 어떤 의미에서 근대적인 공공영역과 공적 질서는 그것이 표방하는 공평무사라든가 공공성이라는 가치와는 무관하게 움직이는 시스템이었다고도 할 수 있다. 아니, 공평무사라든가 공공성이라는 이념 자체가 남성에 의해 전유되었다고 해야 한다.

여성이라는 암호를 넣고도 공적 시스템을 작동시키는 방법은 대체로 두 가지로 제한됐다. 한 가지는 자신이 '여성'임을 과시하는 방법이고 또 하나는 자신이 '여성'임을 철저하게 감추는 방법이다. 전자는 남성 중심 사회가 환영하는 섹슈얼리티에 호소함으로써 그곳에 안착하는 경우이고, 후자는 아예 탈성화를 통해 남성 사회에 잡음 없이 끼어드는 경우이다.

에로 서비스는 기본

'직업부인 문제 특집'으로 꾸며진 《신여성》 1933년 4월호에 실린 한 좌담회 내용을 보면, 공적영역에 진출한 여성에게 요구되었던 자질이 무엇이었나를 쉽게 확인할 수 있다.

최정희
(부인기자)

네 앞으로 직업부인이 점점 많아지리라는 것은 뻔한 일입니다. 그런데 그 사회적 원인이야 물론 다른 곳에 있겠지만 여자를 택하여 쓰는 자본주資本主의 심리를

	생각하여 보면 모두가 욕심이라고 말할 수 있습니다. 모두가 여자라는 한 가지 조건으로 이용이 되는 편인데 지금까지는 약하고 몰라서 그렇게 되었겠지만 앞으로는 그렇게는 안 될 것입니다.
전양옥 (간호부)	병원에 오는 환자들까지도 병 이외에 간호부를 위하여 오는 수가 많습니다. 이러한 것을 병원에서도 잘 알고 있지요. 그렇기 때문에 가령 결혼한 여자를 안 뽑는다든지 그 외의 조건도 많고 처녀를 사용하면서도 여러 가지 간섭하는 일이 많습니다. (…)
최정희	그렇기 때문에 같은 여자여도 처녀들은 취직을 하기가 쉽고 부인은 어렵습니다.
채만식 (本社측 참가자)	아하, 그러면 노동 이외에 에로 서비스를 조건으로 부칩니다그려.[27]

자본주가 여성 노동자를 채용할 때 그는 한 사람의 노동자가 아니라 한 명의 여성을 뽑을 따름이라는 추악한 사실을 최정희는 훤히 꿰뚫어 봤다. 고용하는 쪽에서만 이 같은 행태를 보이는 것이 아니다. 간호사 보러 병원에 오는 환자들이 있다는 위의 증언도 그렇지만, 실직한 남편 대신 보험회사의 외교원 일을 하며 한 달 벌어 겨우 30원도 못 되는 가난한 살림을 꾸려나가는 와중에 "생각하면 무서운 것은 이 세상의 이면"이어서 "걷고 걷고 또 걸어서 여위어가는 여자의 팔다리가 '에로'도 아니겠건만 엽기적인 세

상 사람들은 여기에 눈을 뜨고 있으니"²⁸ 개탄스럽다는 어느 여성의 목소리도 가위 충격적이다. 이들이 겪었던 고통과 그로부터 100년 세월이 지난 오늘날 직업여성이 겪는 고초가 별반 다르지 않다는 점이 놀라울 따름이다.

가장 큰 문제는, 직업을 가진 여성들에게 '에로 서비스'가 기본 덕목쯤으로 기대되면서도, 막상 그 부조리함이 문제시되는 대목에서는 어김없이 비난의 화살이 '잠재적으로 타락'한 여성들에게로 향했다는 점이다. 무엇보다도 직업부인은 성적 번민이 많은 여성으로 묘사된다. "젊은 여자의 고적한 심리"라는 글을 2회에 걸쳐 연재한 SD생의 글이 대표적이다. SD생이 보기에, 독신의 젊은 신여성에게 있어 '직업'이란 그녀가 대對사회적 자아로서 새로운 정체성을 획득할 수 있는 통로가 아니라 그녀의 생물학적 여성성 —무엇보다도 그녀는 '젊다'—이 물 만난 고기처럼 활개를 칠 수 있도록 그녀를 유인하는 일종의 유도관 같은 구실을 했던 것이다.²⁹

김기림 역시 직업부인의 성적 타락을 문제 삼는다.

직업전선의 모든 분야에서 활발하게 용감하게 그 개인 혹은 가정의 생활을 위하여 활약하는 젊은 직업여성은 성性 문제에 대한 지표를 요구하며 또 가져야 할 절박한 환경 속에 버려져 있는 것이다. (…) 그들은 한쪽에 무서운 향락주의의 깊은 연못에 빠질 위험을 한걸음 밖에 가지고 있고 또 한쪽에 부당한 황금과 지위와 세력에 그 정조까지를 짓밟힐 위협을 받고 있는 것이다.³⁰

정작 '에로 서비스' 자체를 직업으로 삼는 기생이나 여급에게는 신성한 노동을 수행하지 않는다는 사회적 비난이 쏟아졌다. 물론 이런 사태에 대해 강정희는 "여급의 직업을 직업 이외에 둔다는 쁘띠부르주아적 망상"을 절대 반대하면서 "여급은 직업부인"이며 특히 "사람들의 만연한 몰이해에 기반한 오해를 받고 있는 괴로운 직업"[31]이라는 견해를 피력하기도 했다. 직업여성의 에로 서비스를 노골적으로 기대하면서도 정작 에로 서비스 직업 자체는 성적 타락이라 혐오하는 남성들의 이중적 태도는 매우 공고하고 기만적이었다.

여자는 여자다워야 한다

그렇다면 철저한 탈성화를 통해 사회적 노동을 수행하는 여성들의 경우는 어떠했을까? 성적으로 위태롭기 그지없는 위 여성들의 대척점에 서 있던 이들은 바로 중성적이고 우직한 노동부인이었다. 이들이 상대적으로 무난히 '공'적 그물망을 통과할 수 있었던 건 이들의 '여성스럽지 않음'에 기인한다. 이를테면 농촌 여성들의 강한 생활력은 도회 여인들의 나약함과 종종 대조되면서 농촌 여성은 도회 여자처럼 아름다움을 뽐내려 하기보다는 "오직 강권强拳과 건각健脚을 자랑"하는 "남성적 풍風"[32]이 있는 것으로 묘사된다. 이들은, 결혼을 "고상한 직업으로 알고 모든 소비의 재료를 남편에게만 의뢰하는 것을 여자의 떳떳한 본분으로만 알고 있는 여자의 기생寄生 생활"과 다른 건강한 생활을 영위한다는 것이다. "이 세상의 모든 불공평이 없어지는 날에는 일반 노동부인에게 가장 큰 행복이 돌아가고야 말 것[33]이라는 말에서 농촌 여성을 비롯한 대다수 여성 육체노동자를 예찬하는 필자의 태도가 감지된다.

그런데 이번에도 남성 필자들은 '강한 주먹'과 '건장한 어깨'를 가진 여성 노동자에게 이중적 잣대를 들이민다. 노동하는 여성은 여성성이라는 가치 따위는 아랑곳하지 않는 자유로운 인간이 아니라 잃어서는 안 될 소중한 가치를 포기하고 만 인간처럼 간주된 것이다. 신체가 "장대하고 건전"할 뿐 아니라 경제관념까지 투철하여 무슨 일이든 남자 이상으로 해낼 수 있는 함흥 지방 여인들의 삶을 소개하는 글에서 필자는 신체적, 정신적으로 강한 함흥 여성들이 고유의 '여성스러움'을 잃은 데 대해 개탄을 금치 못한다.

> 그러나 함흥의 여자는 성질이 뚝뚝하여 여자다운 따뜻한 정情과 애愛가 없으며 상업에 눈이 밝은 까닭에 인색하고도 야박하며 또한 자태에 교육이 없고 문화적 생활을 해보지 못하여 미美의 관념이 전혀 없고 욕도 잘하고 싸움도 잘하며 의복 제도가 아주 불미不美하다. 이 것은 특히 함흥 여자의 깨닫고 개량할 일이다.[34]

한마디로 말해 여자답지 못하다는 것을 깨닫고 반성하라는 주문이다. 더 큰 문제는 이러한 모순적 판단을 직업여성 자신도 내면화했다는 점이다. "직업여성이라고 우리가 여성의 본의를 잊어서는 안 됩니다. (…) 결코 남성화해 버려서는 안 됩니다. 여성의 천직을 저버리든가 소홀히 하여가면서까지 여성이 직업전선에 나설 것은 없"[35]다는 어느 여성의 당부가 이를 잘 말해준다.

이런 맥락에서 여학생 교육의 대의가 결국은 현모양처주의로 귀결되리라는 점은 짐작하기 어렵지 않다. 주요섭은 아무리 배운 여성이라 해도 여성의 근본적 욕망은 현모양처됨에 있다고 못 박은 대표적 논자다. 그는 "신여성과 구여성의 행로"라는 글에서 조선 여성을 늙은 구여성/젊은 구여성/젊은 신여성으로 대별한 후, 신여성들에게는 아직 확고한 철학도 구체적 프로그램도 짜여 있지 않다고 보았다. "물론 그 죄는 신여성 자신들보다도 그들을 교육한 교육자들이 책임을 져야 할 죄"임을 부분적으로 인정하고 있으나 진짜 문제는 주요섭이 궁극적으로는 현모양처됨을 여성의 본능으로 환원시킨 데 있었다. "아무리 여성해방을 부르짖고 여성의 사회적 진출을 논하는 현대라고 할지라도 여자의 근본적 욕망 또는 소원은 현모양처됨에 있"으며 "좋은 배우자를 얻어 이상적 가정을 세웠으면 하는 것이 그들 최고의 소원"[36]이라고 주요섭은 확신한다.

통념상 근대화는 대가족주의에서 핵가족주의로, 가문 중심에서 부부 중심으로 모델이 전환되고, 이에 따라 전통적인 가부장제가 점차 완화되는 과정으로 이해된다. 그러나 적어도 《신여성》만을 놓고 볼 때, 자본주의화되고 근대화된 1920년대 식민지 조선의 가정과 사회에서 가부장제가 과연 약화되고 있었는지 의문이다. 가부장적 질서는 과거보다 훨씬 세련된 형태로 은밀한 영향력을 행사하고 있었는지 모른다. "여자다운 따뜻한 정情과 애愛"만은 지켜달라! 식민지 조선 사회는 여성에게 생산노동도 하면서 여성스럽게 행동하라는 압력을 지속적으로 행사했다.

다시, 집으로…

남자는 바깥일을 하고 여자는 집안일을 한다는 이분법이 깨지고 여자 또한 남자와 똑같이 사회적 노동을 수행하게 된다면 과연 집안일은 어떻게 해야 할까? 1920년대, 여성이 직업을 통해 공적 영역에 진입하기 시작하자 이런 질문을 피할 수 없었다.

가사 노동의 사회화 시비

우선 눈에 띄는 것은 가사 노동에 대한 혁신적 주장이 이 시기에 처음 본격적으로 제기되었다는 점이다. 《신여성》 3권 1호에 실린 〈아내에게 월급을 주라〉라는 글에서 필자는 "아내는 남편이 벌어먹여 살리는 것"이라는 "괴악한 생각"을 타파하기 위해 아내에게도 월급을 주어야 한다고 주장한다. 특히 흥미로운 것은 어느 미국 농부의 아내가 "자기가 혼인한 날로부터 결혼 생활 30년

동안에 한 일을 계산"하여 "조석으로 먹는 빵을 33,190근, 과자를 7,880개를 만들고 7,660마리의 병아리를 기르고 5,150근의 버터를 만들고 소제掃除와 세탁하기에 걸린 시간이 36,461시간인데 이를 모두 돈으로 계산하면 115,485불 50선仙—조선 돈으로 근 800원—가량이 된다"[37]는 결과를 냈다고 소개하는 부분이다.

만일 아내에게 월급을 주는 방식이 아니라면 가정 안에서 필요로 하는 노동은 어떻게 해결할까? 그것은 가사 노동을 "밖으로 내모는 방법", 즉 가사 노동의 사회화를 통해 해결된다. 역시 3권 1호에 실린 김명순이라는 독자는 "아무리 공부를 많이 하고 나온 기대 많은 신여자라도 한번 결혼하여 가정 안에 들어가면 그만 헤어나지 못하고 집안일에 붙잡히고 말아"버리니 이로부터 해방이 되려면 "장(간장 된장 고추장)과 김치 같은 것을 만드는 일을 집에서 하지 말고 밖에서 여러 사람 공공의 힘으로 회사를 경영하여 거기서 제조하여 공급하게 하고 일반은 아무 때나 필요한 만큼 돈 주고 사 먹을 수 있게 되어야 하"며 "세탁(빨래)도 세탁회사"[38]에서 해결해야 한다고 주장한다.

이러한 생각은 이미 《신여성》 발간 초기 방정환이 쓴 〈듣던 말과 다른 조선 여자〉라는 글에서 그 단초를 보이기 시작했다.

사실로 우리나라 사람의 생활은 아직도 가정이라는 감옥 속에 갇혀 있습니다. 정신 방면도 그렇고 물질 방면도 그렇습니다. 간장도 집에서, 된장도 집에서, 명주낳이도 집에서, 빨래도 집에서, 그저 모두 집에서이외다. 방금 우리 집 뒤뜰에도 장독이 십여 개 놓여 있습니다. 이리하여 여성은 이 가정적 사업에 노예가 되어버립니다. 장 파는 집도 있고, 세탁소도 있고 하면 얼마나 편리하고 남용이 적어지겠습니까?[39]

이론상으로 가사 노동을 사회화한다면 여성이 남성과 함께 바깥일을 하는 데서 생기는 갈등은 현저히 줄어들 것이다. 그러나 1920년대 사회에서 이런 해결법은 혁신적이기는 하나 현실적이지는 않았다. 그렇다면 여전히 아이를 기르고 살림하는 일은 집안 내 누군가의 손길을 필요로 했을 것이다. 도대체 누가 그 일을 해야 하나? 어차피 누군가 해야 할 일이라면 그것을 수행하(리라 기대되)는 사람에게 적극적인 동기 부여가 필요했고, 가사 노동의 신성화 담론은 이 과정에서 발생했다. 어머니 노릇과 아내 노릇에 절대적 가치를 부여하자 그것을 게을리하는 일은 바로 '죄악'이 되었다.

몇 푼 받는 직업 때문에 가정의 풍파가 일어나고 집안 꼴이 말이 아니 되는 것보다는 차라리 한 주부로서 사회의 기초가 되는 가정을 완전히 만들어나가는 것만 같지 못하다. 자녀가 있는 이로 직업을 가지는 것은 자녀에게 대한 죄악이다.[40]

김기전은 여기서 한 걸음 더 나아간다. "원체 일하는 것이란 신성한 것"이고 "게으른 생활을 한 놈보다 부지런한 생활을 한 사람이 한층 진리에 가까운 생활"을 하는 법인데, 특히 "조선의 여자는 조선의 남자보다 한층 이치에 맞는 생활"을 한다고 추켜세운다. 그러나 그 근거가 "여자된 그들만은 고요히 고요히 집을 지키고, 향토를 붙안고, 농사를 짓고, 옷을 지으며, 또는 자손을 양육하여, 단 하루일지라도 놀고먹은 적이 없었"[41]던 데 있다고 못 박는다. 이에 반해 "자본가의 미끼"가 되어버린 부인의 사회적 노동은 "착취가 따르는 직업 노동, 정조를 위협하는 직업 노동"이므로 "조금도 신성치 않"[42]은 것으로 평가절하된다.

집 떠나도 고생—최후의 적은 남편 아닌 자본가?

그런데 흥미로운 것은 여성도 직업을 가져야 한다고 부추겼던 사회주의 계열의《신여성》필자들도 가사 노동을 신성화했던 자유주의 계열의 필자들과 결국은 같은 결론에 도달한다는 점이다. 즉 여성이 직업을 갖는다는 것은 남편으로부터는 경제적으로 해방되는 길이나 결국은 자본가 계급에 예속되는 길임이 강조됨으로써 가정 내의 불평등 문제가 계급투쟁의 구호 아래 묻혀버리는 결과가 초래된다. "엄정한 의미에서 말하면 직업부인이 된다는 것도 역시 돈 있는 사람에게 공공연하게 팔리는 것"이지만 "개인에게 나 한평생을 온갖 것을 다 제공하고 노예와 같이 팔리는 것보다는 자기의 기술을 일시 파는 것이 나을 것"[43]이라 판단하는 필자도 있었다.

일터에서 이루어지는 자본가에 의한 노동착취가 집중적으로 부각되면서 자연스레 여성운동의 궁극적 목표는 계급투쟁이 된다. 1931년 근우회의 해소를 계기로 조선 여성해방운동이 나아갈 길에 관해 서술하고 있는 윤형식의 글은 이 같은 취지를 잘 담고 있다.

객관적 정세가 계급의 대립을 급속도로 첨예화하게 하였고 이 첨예화한 대립××은 다시 노동계급의 계급적 성장을 일으키게 한 데서 소부르주아의 지도급을 발로 차 내던져 버리고 오히려 노동부녀의 계급적 활동에 의하여 급진적인 소부르주아들이 딸려 오게 한 것이었다. 1931년에 여성운동은 이러한 전환을 일으키게 된 것이다. (…) 평양의 고무 여공들의 ××을 위시하여 영등포 방적공장 ×× 부산의 ×× 등 무수한 노동부녀의 계급적 ××은 이를 실증하고 있는 것이다. (…) 금후의 여성운동은 노동자계급의 계급투쟁과 합류하는 노동부녀의 대중적 활동이 활발히 진전되는 것이 가장 주목할 요점이 되는 것이다.[44]

《신여성》 6권 10호에 실린 안광호의 글 〈조선 여성의 당면문제〉에서도 자본가 계급을 또 다른 주인으로 삼는 한 직업부인의 경제적 독립은 절대 이루어질 수 없다는 사실이 강조된다. 그는 특히 경제공황의 여파로 직업부인이 당면한 실업과 임금 감하 문제의 심각성을 부각함으로써 이들의 투쟁 의식을 북돋는다. 이런 문제들을 해결하기 위해서는 "거기에 대한 X쟁 없이는 불가능"[45] 하다면서 필자는 "제사공장에 누에회사에 그리고 베틀과 벨트와 타이프라이터와 카운터 앞에서 고생"하거나 "석탄과 모래를 나르"고 "여관과 카페와 전차와 버스에서 일하는 그들"은 "하루에

열 시간 그리고 열두 시간 열네 시간까지 노동을 하지 않으면 아니 되는"[46] 상황에 처해 있다고 서술한다. 조선의 여성은 '조선 여성'이라는 단일한 범주로 묶이지 않는다는 다음 글 속에서는 계급 모순의 일차성이 한층 선명히 드러난다. "이때껏 우리는 막연히 조선 여성 조선 여성 하여 왔"지만 "구체적으로 조선 여성에도 아래위 두 층이 있"으며 "여성이 소위 경제권을 찾는 길은 ○○○○○○에서 해방되"[47]는 길밖에는 없다는 주장도 제기됐다.

《신여성》이 복간된 1931년 이후에는 자신들이 실제로 겪고 있는 이중고에 대해 토로하는 직업부인의 글이 많이 실렸다. 특히 남편의 불합리한 태도를 통렬히 비판하는 글에 주목할 필요가 있다. 1931년 《신여성》 5권 11호에서 조현경은 "가정 안에 남편과 아내 아들과 딸의 차별적 대우가 실시되어 있다는 불합리한 사실을 묵인"하거나 "감행하"는 "집안의 폭군"이 "사회적으로 계급 타파의 열렬한 운동자로 자처"하여 "붓방아를 찧어 세계 대세를 논하는 것"은 마치 "자기 맘속에는 여우 돼지 독사 구더기 같은 것이 가득 들어차 있는 어떤 목사가 수많은 청중을 향하여 죄를 회개하라고 열변을 토하는 일종의 만화"[48] 같다고 썼다.

그러나 모든 문제를 계급 모순에서 비롯된 것으로 진단한 사회주의 계열 필자들의 해답은 언제나 "최후의 적은 남편이 아니라 자본가"라는 말로 수렴되었다. 결국 '계급 철폐'라는 깃발 아래서 여전히 사적영역의 노동을 전담해야 하는 여성은 가정 내의 온갖 차별을 '당분간은' 고스란히 감수할 수밖에 없었다.

날아라, 슈퍼우먼

하나를 얻으면 다른 하나를 잃는다는 협박은 결혼한 직장여성들이 불필요한 불안과 죄책감에 시달리도록 만들었다. 여자가 바깥일을 하면 아이나 남편, 최악의 경우에는 가정 전체를 잃을 수 있다는 엄중한 경고는 가정을 지키자는 무수한 캠페인 속에서 지속적으로 되살아나고 있다. 이런 위협은 1920년대에 이미 시작되었다.

돈을 버는 아내는 돈을 벌지 못하는 남편의 눈치까지 살펴야 했다. 쌀, 나무, 간장 한 방울까지 자신이 벌어서 사는 처지를 비관하며 오빠에게 편지를 쓴 한 여성의 사연을 보자. 남편은 "나쁜 사람"은 아니지만 "큰 자격 없는 전문학교를 나온 그리고 노동을 하기에는 그 팔이 너무나 창백한 한 개의 슬픈 인텔리!"였을 뿐이나 정작 문제는 "남자의 비뚤어져 가는 심지"[49]에 있다고 그녀는 한

숨짓는다. 실업자인 자기 대신 아내가 직업을 가졌다는 사실을 남편이 부끄러워한 나머지 자격지심으로 인해 성격까지 비뚤어져 간다는 이야기다. 돈도 벌어야 하고 육아와 살림까지 도맡아 해야 하는 직업부인의 고통을 호소하는 송금선의 글[50]에서도 이들이 느꼈던 심리적, 육체적 중압감을 그대로 느낄 수 있다.

아이도 잘 돌보고 경제적으로 무능한 남편의 심정까지 헤아려 가며 직장 생활을 해나가기 위해서는 슈퍼우먼이 되는 수밖에 없었다. 어떻게 해서든 가정을 지키기 위해 여성 개개인이 안팎에서 좀 더 "부지런히 날뛰어야 한다"는 무책임한 대안이 오랜 기간 우리 사회를 지배해 온 것이다.

지금으로부터 모든 여자가 비단옷을 벗어버리고 분과 향수 갑을 부숴버리고 두 손을 쥐고 공장에 가서 기계 돌리고 농촌에 가서 농사 짓고 길쌈하고 옷 짓고 글 가르치고 아이 기르고 남편 사랑하고 밥 짓고 일하여 부지런히 날뛰어야 한다. 적어도 조선의 장래 민족을 여자들이 나서서 제이第二국민을 양성할 것이고 우리 조선의 생명을 이어줄 여자들이 어찌도 그리 천박한가.[51]

"우리는 우리의 경우가 허하고 역량이 자라는 한도 안에서 직업전선에 부대끼자!"라는 주문은, 가정에서 아이 기르고 남편 사랑하고 밥 짓고 옷 짓는 일, 그중에서도 특히 제2국민을 양성하는 어머니 노릇에 충실해야 한다는 요청과 정확히 동시에, 그리고 동일한 비중으로 여성의 어깨를 짓눌렀다.

남편과의 갈등과 과중한 노동으로 지친 여성들에게 잡지《신여성》은 기껏해야 사회적으로 이름난 여성들의 이상화된 삶이나 홍보하며 지친 여성들을 또다시 재촉할 뿐이었다. 유명 인사의 집을 찾아가 그들의 생활을 엿보는《신여성》의 각종 탐방 기사는 대체로 이런 관점에서 쓰였다. 이런 종류의 기사들은 탐방 대상 여성들이 사회 활동을 하면서도 가사를 전혀 게을리하지 않는 모습을 비현실적으로 강조한다는 점에서 한결같다. 예컨대 여성기독교청년회장 유옥경을 찾아간 기자는 "남부럽지 않게 사회 일을 보시며 또 한편으로 기울지 않고 가정생활을 하는 것은 (…) 부러워할 만도 하고 본받을 만도 한 것"이라며 그녀의 삶을 이상화하는 데 여념이 없다. "명사 가정 부엌 참관기"라는 코너에서도 기자는 사회적으로 명망 있는 여성들이 얼마나 살림살이를 깨끗하고 검소하게 하는지를 과장되게 묘사한다.[52] 《신여성》의 기자로 유명한 박경석이란 여성이 가정 살림을 잘한다는 사실은 〈색상자〉에까지 실릴 정도였다.

> 원래 매사에 알뜰한 그는 살림살이도 아주 알뜰하게 하여 식모나 행랑어멈도 두지 않고 자기의 손으로 조석과 빨래를 다 하며 그동안에 낳은 아드님도 잘 자라서 벌써 네 살이나 되고 처녀 시대에 잘 앓던 몸도 아주 건강하다 하며 가정이 깨가 쏟아지도록 재미있게 생활을 한다고 한다.[53]

　　창간에서부터 종간에 이르기까지 '직업부인'과 관련된 이슈에 지대한 관심을 표방한 《신여성》이었지만, 그 어디에서도 직업부인들의 일터를 방문해 그녀들의 사회적 성과를 일반에게 공개하는 기사를 찾을 길은 없다.

여성이 집 밖으로 나가 일하는 것 자체가 여성해방일 수 없고, 남성이 집 안으로 들어와 일을 해야만 자유든 해방이든 논해볼 수 있다는 인식이 이제는 낯설지 않다. 그러나 현실은 인식에 미치지 못하는 것 같다. 한국은 제도적으로 OECD 가운데 남성 유급 육아휴직 기간이 가장 긴 나라지만, 실제 사용률은 하위권이다. 26년째 OECD 회원국 가운데 남녀 임금 격차 1위를 기록한 나라도 한국이다. 2021년 기준 한국의 성별 임금 격차는 31.1퍼센트로 OECD 회원국 39개국 가운데 가장 크다.[54]

《신여성》에 소개된 1920-1930년대 '직업부인'들은, 슈퍼우먼이 되지 못할 바에는 직장 생활을 포기하라는 사회적 압력에 시달리는 현대 직업여성들의 원형原型이다. 지나가는 길의 굴곡이 목적지의 모습까지 보여주는 것은 아니지만, 어쨌든 과정을 알면 출구를 찾을 수 있으리라는 기대를 실현할 수 있는 것은 《신여성》을 읽는 오늘의 독자들일 것이다.

주

1 김경일, 〈일제하 여성의 일과 직업〉, 한국사회사학회, 《사회와 역사》 61, 2002를 바탕으로 함.

2 이성환, 〈부인과 직업전선〉, 《신여성》 6권 3호(32년 3월), 13~19쪽.

3 〈제1선상의 신녀성—직업여성의 생활상 모음〉, 《신여성》 7권 12호(33년 12월), 56~61쪽.

4 〈조각보—깃버할 경향〉, 《신여성》 2권 3호(24년 3월), 42쪽.

5 박달성, 〈내가 여학교를 졸업한다면—닭치고 누에 처서라도〉, 《신여성》 3권 3호(25년 3월), 24쪽.

6 주요섭, 〈결혼에 요하는 3대 조건〉, 《신여성》 2권 5호(24년 5월), 20쪽.

7 위의 글, 21쪽.

8 주요섭, 〈결혼 생활은 이러케 할 것〉, 《신여성》 2권 5호(24년 5월), 20쪽.

9 기전, 〈당신에게 '자긔번민'이 잇슴니가〉, 《신여성》 2권 7호(24년 7월), 22~23쪽.

10 CWP, 〈청아하기 짝이 업는 서서의 여학생들〉, 《신여성》 2권 6호(24년 6월), 11~12쪽.

11 이경숙, 〈독자논단—여성해방과 우리의 필연적 요구〉, 《신여성》 3권 1호(25년 1월), 78쪽.

12 주요한, 〈처녀독본〉, 《신여성》 5권 3호(31년 4월), 30쪽.

13 김경재, 〈여학생 여러분에게 고하노라〉, 《신여성》 4권 4호(26년 4월), 5~7쪽.

14 칠봉산인, 〈위인의 연애관—칼 맑스의 연애관〉, 《신여성》 4권 1호(26년 1월), 30쪽.

15 우해천, 〈연애의 계급성〉, 《신여성》 5권 9호(31년 10월), 28쪽.

16 기전, 〈죽은 혼인과 허튼 혼인〉, 《신여성》 2권 5호(24년 5월), 9~12쪽.

17 김영희, 〈신여성의 5대 번민—직업을 구하되〉, 《신여성》 3권 11호(25년 11월), 27쪽.

18 김경재, 〈조선 여자의 사회적 지위〉, 《신여성》 3권 8호(25년 8월), 3쪽.

19 김준연, 〈독일 여자의 향상과 번민〉, 《신여성》 3권 3호(25년 3월), 45쪽.

20 양명, 〈미래 사회의 남녀 관계─유물사관으로 본 부녀의 사회적 지위〉, 《신여성》 4권 3호(26년 3월), 12쪽.

21 SJ생, 〈부인해방운동사─부인운동의 조류〉, 《신여성》 3권 2호(25년 2월), 6~7쪽.

22 김기전, 〈오늘날 여학생에 대한 일반 남자의 그릇된 선입견〉, 《신여성》 4권 4호(26년 4월), 3~4쪽.

23 《부인론》(원제: 《여성과 사회주의》)의 저자 베벨August Bebel을 가리키는 듯하다.

24 이정순, 〈신년의 기망과 소원─사회과학을 우리에게〉, 《신여성》 4권 1호(26년 1월), 13쪽.

25 고소생, 〈현모양처주의의 교육 시비〉, 《신여성》 3권 3호(25년 3월), 11쪽.

26 〈권두언〉, 《신여성》 4권 3호(26년 3월), 1쪽.

27 송금선, 〈현대여성과 직업여성〉, 《신여성》 7권 4호(33년 4월), 47쪽.

28 노혜영, 〈여성과 직업: 직업 가진 안해의 비애─위험천만 유혹과 조소 속에〉, 《신여성》 6권 10호(32년 10월), 38쪽.

29 SD생, 〈젊은 여자의 고적한 심리〉, 《신여성》 3권 6호(25년 6/7월), 30~31쪽.

30 김기림, 〈직업부인의 성 문제〉, 《신여성》 7권 4호(33년 4월), 29쪽.

31 강정희, 〈여급도 직업인가〉, 《신여성》 6권 10호(32년 10월), 21쪽.

32 김명호, 〈조선의 농촌 여성〉, 《신여성》 4권 1호(26년 1월), 59쪽.

33 배성용, 〈농촌 부인의 생활〉, 《신여성》 4권 8호(26년 8월), 31쪽.

34 차상찬, 〈시장에서 본 함흥의 여자〉, 《신여성》 2권 10호(24년 12월), 19쪽.

35 송금선, 〈현대여성과 직업여성〉, 《신여성》 7권 4호(33년 4월), 47쪽.

36 주요섭, 〈신여성과 구여성의 행로〉, 《신여성》 7권 1호(33년 1월), 34쪽.

37 위의 글, 83쪽.

38 김영순, 〈새해부터 곳치고 십은 것 해보고 십은 일─장, 김치, 빨래〉, 《신여성》 3권 1호(25년 1월), 40쪽.

39 금성, 〈듣던 말과 다른 조선 여자〉, 《신여성》 1권 2호(23년 2월), 32쪽.

40 김자혜, 〈직업여성과 가정〉, 《신여성》 7권 4호(33년 4월), 35쪽.

41 김기전, 〈부즈런한 자여 당신의 일홈은 조선녀자외다―슬퍼할 것이 업소이
다. 당신들은 옛 사회의 혈육이오, 새 사회의 골격이올시다〉,《신여성》2권 6호
(24년 6월), 4~5쪽.

42 석남, 〈권두언―직업(노동)은 신성한가〉,《신여성》7권 4호(33년 4월), 1쪽.

43 일기자, 〈여성평단―부인 직업 문제〉,《신여성》4권 2호(26년 2월), 22쪽.

44 윤형식, 〈1931년의 여성운동과 금후 전망〉,《신여성》5권 11호(31년 12월),
7~8쪽.

45 안광호, 〈조선 여성의 당면문제〉,《신여성》6권 10호(32년 10월), 10쪽.

46 위의 글, 8쪽.

47 한철호, 〈사회시평〉,《신여성》7권 3호(33년 3월), 29~30쪽.

48 조현경, 〈자녀 차별 철폐론〉,《신여성》5권 11호(31년 12월), 14쪽.

49 정숙, 〈직업과 여성: 직업 가진 안해의 비애―근심 업는 안해가 되구 십다〉,
《신여성》6권 10호(32년 10월), 35쪽

50 송금선, 〈직업과 여성: 직업 가진 안해의 비애―호소 못 할 이중삼중의 고통〉,
《신여성》6권 10호(32년 10월), 36쪽.

51 금파, 〈조선 여성의 향할 길―특히 신여성들에게 말하야 일꾼녀자가 되기를
바란다〉,《신여성》4권 9호(26년 9월), 13쪽.

52 〈명사 가정 부엌 참관기 (1)〉,《신여성》5권 9호(31년 10월), 40~42쪽; 〈명사
가정 부엌 참관기 (2)〉,《신여성》5권 10호(31년 11월), 78~86쪽.

53 〈색상자〉,《신여성》5권 9호(31년 10월), 40쪽.

54 김향미, 〈한국 '아빠 육아휴직', 제도는 OECD 최장… 실제 사용률은 하위권〉,
《경향신문》2023. 6. 6.

부록

《신여성》을
펼치다

1920–1930년대 여성 대표 잡지인 《신여성》에 대한 다양한
정보들을 묶어 부록으로 덧붙인다. 잡지의 순차적 구성 방식
을 살펴보고, 실제 책으로 제작되는 과정과 하나의 상품으로
팔리는 과정을 추적해 보았다.

新女性

《신여성》의 구성

표지

표지는 제호, 그림, 호수 및 특집 표시로 이루어져 있으며, 두꺼운 모조지에 4도 내외의 석판 인쇄를 하고 있다. 표지에는 대개 서구적 기법의 여인상 그림이 그려져 있다. 당시 딱지본 소설의 조잡한 표지에 비하면 정연한 근대적 모양새를 갖춘 셈이다. 그래서 당시 다른 시사지나 교양지에 비해 매우 화려한 편이다. 그림은 일관성이 없는 여러 스타일—회화풍, 만화나 삽화풍, 도안풍 등—로 그려져 있다. 남성 독자를 주 대상으로 한, 다른 시사지의 모더니즘이나 구성주의 양식은 거의 없다. 다만 구상具象적 표현이 주를 이루면서 장식성이 강조된 아르데코 양식이 간간이 눈에 띈다. 이런 점으로 미뤄 보아 '여성적'이라고 분류되는 미적 감수성에 대한 틀이 이 당시 어느 정도 자리 잡혀간 듯하다.

1920년대에는 그림 없이 글씨만 집어넣은 경우,[1] 혹은 같은 그림을 반복해서 사용하는 경우[2]가 있는 걸 보면 표지 그림의 수급이 여의찮았던 모양이다. 반면 1932년 1월부터 10월까지는 강렬한 바탕색에, 여자 얼굴 그림으로 전면을 가득 채운다. 간혹 "표지는 너무 난한 것 같아서 보기에 좀 재미가 없는 것 같습니다. 너무나 방자한 말씀 같지만 이다음부터는 좀 얌전한 그림으로 표지를 하여 주셨으면 감사하겠습니다" 같은 독자 의견도 엿보인다.

1926년까지의 표지는 제호와 그림 부분이 상하 분리된 형식을 띠었다. 그런데 1931년 속간 이후에는 전체 그림 바탕 위에 제호가 올라앉는 형식으로 바뀐다. 이는 시각적 이미지를 매체의 기본

그 많던 신여성은 어디로 갔을까

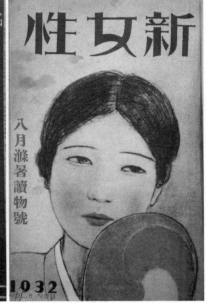

바탕으로 삼는, 현대적 커뮤니케이션 양식의 대표적인 사례다. 제호는 1926년 2월까지 붓글씨체였다가 3월부터 장식적이고 서구적인 글씨체로 바뀐다. 제호의 주 색상은 빨강이며 다른 색도 종종 사용되고 있다. 목차에 표지를 그린 이가 가끔 명시되기도 했는데, 석영 안석주와 웅초 김규택이 단골 화가다. 그 외 심산 노수현, 황정수, 최공의의 그림도 보인다.

특집

《신여성》이 이전 잡지들과 큰 차이를 보인 것 중 하나는 호별로 특정 주제에 관한 글을 집중적으로 실었다는 점이다. 종종 '특

부부는 서로의 성적性的 경향 이해할 것, 부부는 인생과 한 가정의 단위이므로 부부 중
심의 거처居處 정하는 것이 중요, 경미한 부부싸움은 자녀 교육에 필요함, 상처喪妻한
노부老父에게 후처後妻를 마련해 줄 것, 부부의 위기와 위태로움은 숙고한 후 원만히
풀어나가도록 정성을 다해 노력할 것 등을 언급한 글. _《신여성》 7권 9호(33년 9월).

집'이라는 말로 독자의 시선을 잡으려다 의미 없는 특집호가 양산
되기도 한다.³ 특집의 주제는 '결혼문제호(2권 5호)'를 시작으로 대
체로 여성이 겪는 문제들을 다루고 있다. 이후, 조선 의복의 장단
점과 의복 개량 문제를 다룬 '의복문제와 공개장호(2권 10호)', 당
시 신여성의 5대 고민거리를 다룬 '신여성 번민호(3권 11호)' 외에
도, '여학생호(4권 4호)' '제2부인 문제 특집호(7권 2호)' '직업부인
문제 특집호(7권 4호)' '부부생활 문제 특집호(7권 9호)' 등이 있다.

목차

출판과 편집이 근대화되면서 책 내용과 순서를 일목요연하게
보여주는 목차가 등장한다. 목차는 서구 편집 방식의 중요한 요소
로 책에 질서를 부여하고 책의 구조를 잘 보여준다는 점에서 근대
적이다. 《신여성》에서도 목차가 중요하게 다뤄지는데, 별색을 사
용하여 인쇄하고 그림과 사진으로 장식하고 있다. 1932년부터는

신량특집호의 목차. 《신여성》 6권 7호(32년 7월).

목차 페이지의 종이 크기가 달라지고 색지를 사용하거나 화려한 사진들을 목차 둘레에 배치해 돋보이게 한다.

광고

목차를 지나 본문이 시작되기 전까지 광고와 사진화보들이 실린다. 광고는 통페이지 광고, 한 페이지 분할 광고, 본문 중 박스형 광고 등 여러 가지 유형으로 삽입되고 있다. 광고는 1926년까지 매 호당 5-6개를 넘지 않았으나 1931년 복간 이후 점차 늘어 1932년경부터는 매호 15-20개에 달하기도 한다. 또한 광고에 사진과 그림의 사용 빈도가 높아지고 대범해진다. 기사로 오인될 만한 '기사형' 광고, '광고도 읽어두면 도움이 된다'는 글꼬리를 다는 광고 등 광고 방식도 달라지고 있다.

광고 상품 종류의 경우, 1920년대 초반에는 서적에 거의 한정되었다가 1930년대에는 약(가정상비약과 부인병약)과 화장품 광고가 주를 이룬다. 그 밖에 손난로, 사진기, 레코드, 월경대, 음료, 조미료 등의 물품 광고가 있고, 잡화상, 백화점, 시계점, 병원, 사진관, 음식점, 영화 등 광고의 대상이 다양하다. 표지와 마찬가지로 광고에도 여자의 얼굴이 등장하는 예가 잦고, 광고 물품 대부분이 일본 수입품이어서 상품명을 일어 그대로 표기하는 경우도 많다.

사진화보

광고와 함께 본문이 시작되기 전에 실린 한두 컷의 사진화보는 개벽사의 사진기자가 찍은 듯하다. 여학생과 신여성의 동정, 계

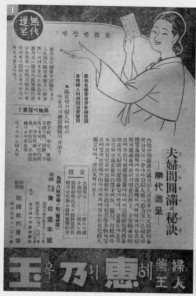

1 **여성 복용약 "혜내옥" 광고:** 상단에는 《신여성》 잡지를 보고 신청했다는 엽서를 보내면 일주일분의 '혜내옥'과 3일분의 '귀방탕' '여성의 위생'을 보내주겠다는 내용이, 하단에는 국내외에서 평판 좋은 부인약 '혜내옥'이 백대하(질염) 및 자궁병 등을 완치시켜주며, 부부 간의 애정을 깊게 만들어준다고 적혀 있다.

2 **"구라부 크림" 광고:** 거친 살결을 부드럽게 하는 세계 제일의 크림. 겨울 외출용, 세면용, 목욕한 뒤 반드시 필요한 크림이라고 적혀 있다.

3 **모발 기름 "메누마 포마드" 광고:** '메누마 포마드'는 흑발을 지닌 동양 부인들 특유의 아름다움을 가장 효과적으로 유지해주는 순 식물성 기름이며 모발 보호, 비듬 방지 및 악취 제거, 칠흑의 광택을 내어 단정한 모발을 유지할 수 있다고 적혀 있다.

절 풍경이 반을 차지하는데 여학생 단체 졸업, 웅변대회 및 정구대회, 여학생 기숙사의 김장 날, 최승희의 활약 등을 소개하는 사진이 그 예다. 다른 자료에서 따온 서양 명화 소개, 서양 여성의 활동상, 서양 영화 소개가 나머지 절반을 이룬다. 〈비너스의 탄생〉과 같이 여성이 등장하는 서양 명화류, 무용이나 운동을 하는 활동적인 서양 여성의 사진 등이 그 예다. 1930년대에는 화첩란이 생기면서 가정, 스포츠, 계절, 미인, 영화 등과 관련한 사진을 주로 싣는다. '변장 현상공모'나 '첨단여성의 모-던 표정술'같이 의도적으로 연출한 사진들이 실리는 특이한 경우도 있다. 이야기나 내용에 맞춰 연출한 사진(33년 6월호)을 삽입하는가 하면 1933년 8월호에는 무려 여덟 장가량의 사진을 화보로 싣는다.

본문

- 본문의 편집

당시 잡지에는 근대적 편집 양식이 많이 도입된다. 본문의 경우 단의 구분, 글 제목 크기, 항목 번호와 소제목 삽입, 페이지 표시, 글머리 부분의 장식그림과 삽화 등이 그 예다.

《신여성》의 경우 본문은 1단부터 4단까지 다양하고, 어떤 경우는 상하를 구분하여 각각 다른 크기의 활자를 사용하기도 한다. 글 제목도 글자 크기가 상대적으로 커져서 본문과 뚜렷한 구분을 이루는 근대적 편집 양식을 따른다. 한편, 시간이 지날수록 글 제목에 붙는 장식그림은 필수 요소가 된다. 같은 장식그림을 반복적으로 사용하는 것을 보니 다양한 그림을 준비하기 어려웠던 모양

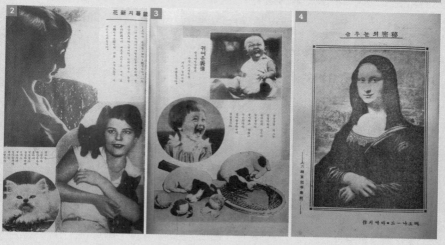

① 명화 소개: 밀레 작품 "양치는 처녀"(〈양치는 소녀〉).

② 상단 사진은 1931년 미스 아메리카에 당선된 로나슨 아이린 웨어, 하단 사진은 독일 우파 영화의 새 인기스타 토니벤 아이크.

③ 아기들의 표정이 담긴 사진을 보내면 잡지에 실어주겠다는 내용. 아래 잠자는 강아지들 사진은 빈 여백을 채우기 위한 삽화인 듯함.

④ 명화 소개: 레오나르도 다빈치의 "비밀의 눈웃음"(〈모나리자〉).

이다. 장식그림들은 거의 다 외국책에서 가져온 듯하고, 글의 내용과 어울리지 않는 장식그림들은 1930년대로 넘어가면서 거의 매 꼭지 등장한다.

본문에 삽화를 그려 넣는 것은 전통적인 편집 양식에서는 보기 드물다. 삽화는 글머리의 장식그림을 빼면 분량이 많지 않고, 글 내용에 맞춰 삽화를 그려 넣는 건 소설에서나 가능하다. 종종 글에 등장하는 인물 사진이 원형이나 타원형으로 그려져 있다.

삽화가 글의 시각적 장식 혹은 보조물이라면 간혹 등장하는 만화는 스토리가 있고 독자적인 역할을 맡는다. 그런데 만화는《신여성》에 정기적으로 실리지도 않았을뿐더러 다 합쳐도 분량이 많지 않다. 만화는 신여성의 복장이나 행태를 희화한 내용이 주를 이룬다. 만문 만화가로 유명한 안석주와 김규택의 만화가 많고, 때로는 서양 만화를 그대로 옮겨 싣기도 한다. 만화를 그리는 방식, 등장인물의 얼굴 표현, 인체 비례도 대부분 서구적이다.

책의 총 쪽수는 1926년까지 특호를 제외하고 90쪽 내외였으나, 1931년 복간 이후 100쪽 이상 넘겨 160쪽에 육박하기도 한다.

- 본문의 구성

《신여성》의 내용 구성은 아주 다양하다. 1926년을 기점으로 더욱 다양해졌고, 고정된 꼭지도 있지만 거의 매호 다른 꼭지들이 생길 정도로 구성이 복잡하여 일목요연하게 정리하기 어렵다. 어떤 종류의 글로 분류해야 할지 모호한 꼭지들이 많다. 특히 1930년대의《신여성》은 대중적 눈높이에 맞춰진 꼭지들로 가득하다.

두드러지게 달라진 점은, 매호 상설 꼭지로 영화 소개를 할 뿐 아니라 여러 쪽에 걸쳐 게재되고 있다는 것이다. 한꺼번에 여러 장의 영화 사진을 실어 놓아 눈요기 효과가 컸다. 또 하나 눈에 띄게 달라진 것은 부부 관계 및 부부생활과 관련한 남편과 아내의 역할에 대한 테마별 내용이 많아졌다는 것이다. 〈남자의 정조 문제 이동 좌담회〉를 필두로 한 좌담 꼭지는 합리적인 문제 해결 방법이나 고민이 아닌 대개 개인적 발언의 말장난 수준에 그치고 있다. 또 다른 흥미성 기사로 애화나 실화, 비화류의 이야기들이 있다.[4] 이 꼭지에는, 여성과 관련한 결혼, 이혼, 연애담 그리고 정사와 자살 이야기가 상당히 많다. 비화 및 애화류의 경우 1920년대는 백화점 여급 및 연애로 빚어진 이야기가, 1930년대는 정사와 자살 이야기가 주를 이룬다. 중요한 것은, 1920년대 주를 이루던 '여학생'의 키워드가 1930년대 가서는 '여성·부인·주부'로 전환되고 있음을 꼭지의 제목만 보아도 알 수 있다는 점이다.

《신여성》의 서두 또는 말미를 장식하는 꼭지는 대개 기성 문인들의 문예물이다.[5] 문예란이 처음부터 따로 있었던 게 아니라 혁신호(24년 2월)에서 잡지의 대변화를 예고하며 문예란을 새롭게 구성하기 시작한다. 초기에는 번역물에 의존했던 반면에 창작물이 주를 이루고 있다가 1931년 문예란이라는 명칭이 사라지고 장르가 분산되어 실린다.[6] 문예물이 서두에 배치되는 경우에는 시詩만 한정해서 3-4편 싣고 있다. 반면 말미에 실릴 때는 노래·번역·동화·소설·시·전설·수필 등 다양한 장르와 더불어 중·장편 소설이 꾸준히 연재되고 있다. 특히 번역·번안물은 번역 소설(단편·콩트·

장편), 번역 동화, 번역 희곡, 번안 희곡 및 소설, 번역시 등 다양한 장르를 아우르고 있다. 또한 문예물들은 계절의 특색을 살려 〈여름 정취 7편〉(여름특별호) 〈애상의 가을〉(2권 8호)이란 꼭지로 등장하기도 한다. 갑작스러운 특집 및 논설 코너가 생기지 않는 한 문예란 꼭지나 관련 문예물은 후반까지 제자리를 지킨다. 남성 문인들의 시나 단편 혹은 연재소설은 거의 빠지지 않고 싣고 있으며, 한둘씩 싣던 여성 문인의 작품들은, 종종 〈여인수필〉(특집호) 〈처녀서정시집〉 〈여류작가 창작 특집〉이란 이름으로 따로 묶어 싣기도 한다.

또한 독자 참여를 독려하여 1926년 8월에 〈독자문예〉[7]라는 이름으로 독자들의 문예물이 처음 등장한다. 독자문예물은 대개 시와 편지 형식의 수필이 주를 이룬다. 시의 경우, 필명만으로는 여성인지 남성인지 분간하기 어렵다.[8] 또한 문장과 내용만 좋으면 얼마든지 내주겠다며 억울한 이야기, 분한 이야기, 숨은 속사정, 아니면 사실만이라도 간단하게 적어 보내달라는 편집부 원고 청탁 광고가 말해주듯 독자문예란의 글들은 독자가 제공한 내용을 바탕으로 재편집된 것임을 알 수 있다. 1932년 3월의 〈독자문단〉에는 독자의 수필이 여덟 편이나 실릴 정도로 독자들의 문예 욕구도 더 커진다. 그 외 〈독자논단〉이 있는데, 독자들의 간접적인 목소리의 〈지방 통신〉, 〈여학생 통신〉과는 달리 《신여성》에 대한 자신의 목소리를 직접적으로 드러낸 꼭지다. 주로 전호의 어떤 기사가 좋았다, 문예란을 늘려달라 등의 의견이 많다.

편집후기

《신여성》의 마지막 페이지에는 편집후기가 있다. 편집후기는 말 그대로 책의 편집을 마친 후 기자들의 소감을 드러낸 곳이다. 잡지 제작 과정의 고단함, 순조롭지 못한 발행에 대한 사과, 혹은 당호의 기획의도 및 다음 호의 특집 주제를 홍보하는 내용, 기자들의 소식을 포함한 개벽사 소식 등을 작은 활자로 가득 채우고 있다.

가격

《신여성》의 가격은 창간부터 1926년 10월까지 30전을 유지한다. 특별증대호는 40-50전을 받고, 1925년 10월에 책값을 40전으로 올리려 했으나 성사되지 않는다. 1920년대에 비해 쪽수가 증가했음에도 1931년 복간 3호부터 가격은 오히려 20전으로 하락한다. 당월(1931년 4월)에 발간을 시작한 자매지 《혜성》은 160여 쪽의 분량에 정가를 30전으로 책정한다. 이와 균형을 맞추려고 편집후기에 100여 쪽 분량의 《신여성》은 20전, 《별건곤》은 단돈 5전으로 인하한다고 밝힌다. 판매 부수가 더 증가한다면 100쪽짜리 《신여성》을 15전에 내놓겠다며 구독을 권장하는 사고社告도 낸다. 1920-1930년대 개벽사가 발행한 다른 잡지의 가격은 《개벽》 50-70전, 《조선농민》 50전, 《어린이》 10-15전이고, 《별건곤》은 5전[9]이었다. 당시는, 보통학교 선생 월급이 40-50원, 여학교 기숙사비가 한 달 7-8원, 남성용 모자 5원, 여성용 파라솔 3원 그리고 두붓값 15전, 비눗값 10전, 시골 장터의 떡이나 국숫값이 10전이던 시절이다.

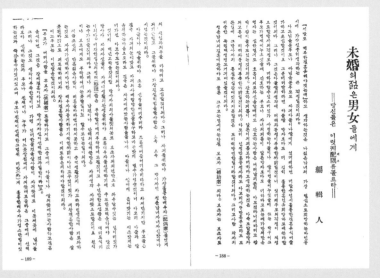

〈미혼의 젊은 남녀들에게—편집인〉. '경솔한 배우자 선택은 불행한 결혼 생활이 되므로 자유로운 남녀 교제 후 각자의 인생을 위한 신중한 선택을 하면 행복한 결혼 생활이 된다. 선택 이후에는 책임과 의무를 다해야 한다'는 내용. 《신여성》 2권 5호(24년 5월).

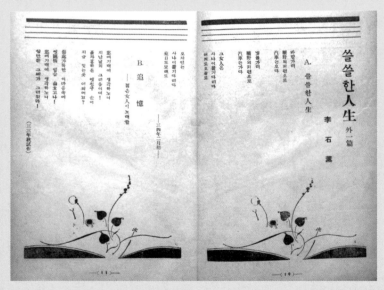

이석훈의 시 〈쓸쓸한 인생〉과 〈추억〉(《신여성》 8권 2호, 32년 2월). 기성 문인들의 작품은 〈시와 노래〉, 〈시첩詩帖〉, 문예란 등에 꾸준히 소개되었다.

《신여성》 4권 6호(26년 6월)에 실린 "독자문예 모집" 광고 사진. 모집 장르, 모집 기간을 담고 있고 원고지에 언문을 사용할 것, 주소·성명을 기재할 것, 원고 게재 및 첨삭은 편집부 자율로 할 것 등을 안내하고 있다.

독자의 목소리는 이전부터 〈독자와 기자〉, 〈회화실〉 등을 통해 등장했으나 시와 편지 형식의 수필류에 대한 문예 욕구는 특집 코너 〈독자문예〉, 〈독자문단〉, 애독자란 등에서 표출되고 있다. 그러나 독자문예는 다른 특집 및 논설에 밀려 지속적인 코너로 자리 잡지 못한다. _《신여성》 4권 8호(26년 8월).

단권 정가에 따라 3개월, 6개월, 1년 치 정기구독료 변동도 있었다. 1931년 4월부터 1934년 8월 폐간 때까지는 각호 정가 20전을 고수했으나, 1932년 3월부터는 1년 치 구독료를 10전 더 깎아주는 판매 정책을 쓴다.

《신여성》의 인쇄와 유통

　《신여성》의 출판과 인쇄는 19세기 말까지의 전통적인 제본 방식과는 완전히 다른 근대적 방식을 따르고 있다. 편집도 근대 양식인 단의 구분과 쪽 표시, 장식그림과 삽화 등을 사용하고 있으며, 본문은 세로쓰기에 국한문 혼용으로 구성되고 있다. 잡지사에서는 《신여성》이 여성용 잡지임을 강조하며 독자 확대를 위해 '순언문의 원고만을 받겠다'는 권고를 여러 차례 내보낸다. 《신여성》은 당시 다른 잡지에 비해 한글 비중이 높았으나 온전히 한글로만 발행한 경우는 없다.

　《신여성》 본문에 주로 사용된 한글 글자체는 최지혁체(1880년 경 일본 제작 추정)의 변형으로 추정된다. 최지혁체는 궁서체의 세모 글꼴로 세로쓰기에 적합하며, 붓글씨의 흔적이 남아 있는 글자체였다. 그런데 1926년 9월을 기점으로 네모 글꼴에 가까운 활자체로 바뀐다. 활자 제조 기술이 점점 발전해서 가로세로획이 더 가늘고 정교해진다. 반면 한자의 경우는 네모 글꼴을 바탕으로 가로획이 가늘고 세로획이 굵은 명조체가 주로 사용되었으며, 글 제목과 광고에서는 고딕체가 사용되기도 한다.

그 많던 신여성은 어디로 갔을까

1 《신여성》 3권 9호(25년 9월)와 3권 11호(25년 11/12월), 4권 1호(26년 1월)의 경우.

2 《신여성》 1권 2호(23년 11월)와 3권 10호(25년 10월), 4권 2호(26년 2월)의 경우 같은 꽃 항아리 그림을 사용했고, 4권 7호(26년 7월)와 4권 9호(26년 9월)의 경우 같은 여인상을 배경만 약간 달리하여 집어넣는다. 1931년 속간 후에도 초기에는 표지 그림이 변변치 못한데, 5권 4호(31년 5월)와 5권 5호(31년 6월)의 경우도 같은 그림을 사용한다. 발행인이 차상찬으로 바뀌는 1931년 10월부터 표지 그림은 안정적으로 수급된 것 같다.

3 창간 기념, 신년과 송년, 계절과 같은 시기적 특성을 주제로 삼는 경우가 많다. 1932년에 들어 그러한 특집 인플레이션이 심해져서, 아무 의미 없는 월별 특집호를 1년 동안 양산하는데, 신년특대호, 2월 특집호, 3월 특집호, 4월 특집호… 하는 식이다. 그나마 8월의 척서독물避暑讀物호가 약간의 체면을 살려주고 있다.

4 그 외에 '여성계 소식' '여학생 소식' '여성신문' '지방 통신' '가두잡설' '가두유행 풍경화' '사회축쇄면' 등이 사회 소식과 가십을 전하는 창구 역할을 하고 있으며, 중간중간 박스 기사로 토막 우스개를 실은 '넌센스' '소화탑笑話塔' 등이 있고, 생활 상식을 전달하는 '가정수첩'이나 '여인비망록', 그리고 계절별로 음식이나 옷 만드는 법을 알려주는 꼭지들도 유익한 정보 전달의 의미에서 자주 게재되고 있다.

5 서두는 시, 중간은 수필, 말미에는 소설, 대개 이런 배치로 구성되고 있다.

6 1931년 4월엔 "서정 문예 수첩"으로 다시 편성되어 '시(소곡)' '산문' 등과 수필 다수가 증가되어 실린다. 그러나 이 또한 일정한 꼭지로 편성되지 못하고 있다. 그러다 "특집 문예"(31년 12월)로 생겼다가 사라지고 "10월 특집 문예"(32년 10월)로 11편의 시, 수필, 소설 등을 싣고 있다.

7 "독자문예 모집" 광고를 내어 매호 독자의 문예를 장르별로 모집할 테니 계속

응모하라고 안내한다. 사실은 1926년 6월(4권 6호)부터 독자문예란을 열기로 하였으나 편집부 사정으로 싣지 못했음을 편집후기에서 밝힌다.

8   당시 남성에게 주로 썼던 이름을 여성들이 쓴 경우도 많았다고 한다.

9   《별곤건》은 창간 당시 정가 50전이었으나, 《신여성》의 속간과 《혜성》 창간 이후엔 가격 하락, 그 외 다른 출판사 잡지의 경우, 《금성》이 30전, 주간지 《조선지광》이 10전이었다. 단행본의 경우는 《사랑의 선물》 50전, 《사회주의 학설강해》 30전, 《세계일주 동화집》 60전 정도였다.

도시로 숨 쉬던 모던걸이 '스위트 홈'으로 돌아가기까지

그 많던 신여성은
어디로 갔을까

ⓒ 김명임·김민숙·김연숙·문경연·박지영·손유경·이희경·전미경·허보윤, 2024

초판 1쇄 발행   2005년 11월 30일
개정판 1쇄 인쇄 2024년   8월 21일
개정판 1쇄 발행 2024년   8월 30일

지은이   김명임·김민숙·김연숙·문경연·박지영·손유경·이희경·전미경·허보윤
펴낸이   이상훈
편집2팀   원아연 최진우
마케팅   김한성 조재성 박신영 김효진 김애린 오민정

펴낸곳   (주)한겨레엔 www.hanibook.co.kr
등록   2006년 1월 4일 제313-2006-00003호
주소   서울시 마포구 창전로 70(신수동) 화수목빌딩 5층
전화   02-6383-1602~3 팩스 02-6383-1610
대표메일 book@hanien.co.kr

ISBN 979-11-7213-115-9 03910